大众体育宏观调控法律问题研究

刘子华 著

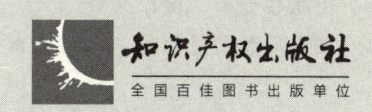

知识产权出版社
全国百佳图书出版单位

图书在版编目（CIP）数据

大众体育宏观调控法律问题研究／刘子华著 . —北京：知识产权出版社，2018.3
ISBN 978-7-5130-5445-4

Ⅰ.①大… Ⅱ.①刘… Ⅲ.①群众体育—体育法—研究—中国 Ⅳ.① D922.164

中国版本图书馆 CIP 数据核字（2018）第 037260 号

责任编辑：刘 睿 刘 江　　　　　　责任校对：王 岩
封面设计：张国仓　　　　　　　　　　责任出版：刘译文

大众体育宏观调控法律问题研究

Dazhong Tiyu Hongguan Tiaokong Falü Wenti Yanjiu

刘子华　著

出版发行：	知识产权出版社 有限责任公司	网　址：	http://www.ipph.cn
社　址：	北京市海淀区气象路50号院	邮　编：	100081
责编电话：	010-82000860 转 8344	责编邮箱：	liujiang@cnipr.com
发行电话：	010-82000860转8101/8102	发行传真：	010-82005070/82000893
印　刷：	北京嘉恒彩色印刷有限责任公司	经　销：	各大网上书店、新华书店及相关专业书店
开　本：	720mm×960mm　1/16	印　张：	15.75
版　次：	2018年3月第一版	印　次：	2018年3月第一次印刷
字　数：	240千字	定　价：	56.00元
ISBN 978-7-5130-5445-4			

出版权专有　侵权必究
如有印装质量问题，本社负责调换。

序

在迎来祖国国庆之日，我收到的最好礼物是子华学友送来了他辛苦撰写的专著《大众体育宏观调控法律问题研究》，他请我帮他审阅初稿并撰写序言，我欣然接受。之所以接受，一是他曾是我的硕士研究生，且这部专著是我指导他的硕士学位论文的延续；二是作为他的硕士生导师，我既为他十年来孜孜以求的精神所感动，也为他的进步感到骄傲。

呈现在我们面前的这部专著，是把大众体育和宏观调控法结合起来研究的一部难得的成果。十年前，我主持国家体育局项目"宏观调控视野下的体育政策法规理论与实践问题研究"时，即把有关大众体育方面的研究任务交给子华，从而引发了他的科研兴趣。从那时起，他不仅以大众体育宏观调控法律问题研究为题，顺利完成他的硕士学位论文，而且在参加工作后的十年里，还紧紧抓住这一主题进一步深入研究，发表了几篇相关论文，最后形成现在的成果，这符合一般的科研规律，也反映了一个青年学者如何一步步扎实成长的历程。在当前学术界普遍浮躁的背景下，他这种科研做法，尤其值得赞许，也是其他青年学者应该学习的榜样。

以我的观察和研究，宏观调控及其法制是我国改革开放以来最重要的成果之一。宏观调控及其法制所涉及的领域关系国计民生，关系社会整体利益的实现，关系国家的政治、经济和社会安全。因此，有关宏观调控及其法制研究的领域涉及的是公共利益或社会普遍利益的实现问题。而大众体育的积极推进，与宏观调控及其法制的目标与价值实现是一致的。这是因为，对于我国而言，只有国民身心健康，才会社会稳定，才会完成中华民族伟大复兴的艰巨任务，才会使我国的社会得以可持续发展。为此，有关大众体育事业的发展，不只是个人的私事或私法领地，必须纳入国家的发展战略法治治理，年年讲，月月讲，天天讲，并辅之以实际的行动，才能获得成效。也正因为此，大众体育事业的发展需要制度化、法制化地推进与保障。

  本书运用法学与宏观调控法的原理,对大众体育发展涉及的法律问题进行全面阐述,资料翔实,分析得当,所提出的完善建议对于推动我国大众体育事业的发展具有重要的参考价值。有鉴于此,特向学界及实务部门予以推荐,也希望作者和关心大众体育事业发展的学者进行更广泛、更深入的研究。

  是为序。

山西大学法学院教授
山西省经济法学研究会会长
董玉明
2017年10月8日

目 录

前　言 ··· 1
第一章　大众体育宏观调控法律的基本问题 ··································· 4
　　第一节　大众体育概述 ·· 4
　　第二节　宏观调控概述 ·· 10
　　第三节　宏观调控法概述 ·· 14
　　第四节　大众体育宏观调控法律分析 ······································· 27
第二章　我国大众体育宏观调控法律发展历程 ································ 32
　　第一节　我国大众体育的发展历程 ··· 32
　　第二节　我国大众体育宏观调控法律发展历程 ······················· 37
第三章　我国大众体育宏观调控法制现状分析 ································ 57
　　第一节　我国大众体育宏观调控法制现状概览 ······················· 57
　　第二节　我国大众体育宏观调控法制取得的成就与不足 ······· 75
　　第三节　我国大众体育宏观调控法制建设的必要性与可行性 ··· 79
第四章　国外大众体育宏观调控法律问题分析 ································ 87
　　第一节　英、美、德、澳大众体育宏观调法律问题分析 ········· 87
　　第二节　俄、日、韩大众体育宏观调控法律问题分析 ··········· 109
　　第三节　国外大众体育宏观调控法律思辨 ······························ 124
第五章　大众体育宏观调控法律理念 ··· 127
　　第一节　大众体育宏观调控法律理念内涵 ······························ 127
　　第二节　大众体育宏观调控法律理念的内容 ·························· 129
　　第三节　大众体育宏观调控法律理念的意义 ·························· 139
第六章　大众体育宏观调控法律基本原则 ····································· 141
　　第一节　大众体育宏观调控法律基本原则概述 ······················ 141
　　第二节　大众体育宏观调控法律基本原则内容 ······················ 144

i

第三节　大众体育宏观调控法律基本原则意义 …………………151
第七章　大众体育宏观调控法律运行机制的完善………………153
　　第一节　大众体育宏观调控法律运行机制概述 …………………153
　　第二节　大众体育宏观调控法律运行机制分析 …………………155
　　第三节　大众体育宏观调控法律运行机制完善 …………………156
　　第四节　大众体育宏观调控法律运行机制完善意义 ……………166
第八章　大众体育宏观调控基本法律的制定………………………167
　　第一节　大众体育宏观调控基本法律制定概览 …………………167
　　第二节　大众体育宏观调控基本法律之大众体育权利完善 ……170
　　第三节　大众体育宏观调控基本法律之调控体制完善 …………171
　　第四节　大众体育宏观调控基本法律之基本制度完善 …………184
　　第五节　结语 ………………………………………………………190
第九章　大众体育宏观调控保障法律的完善………………………191
　　第一节　大众体育宏观调控保障法律完善概述 …………………191
　　第二节　大众体育发展资金保障法律完善 ………………………192
　　第三节　大众体育发展环境改善法律完善 ………………………196
　　第四节　大众体育发展倾斜性保护法律完善 ……………………205
　　第五节　大众体育产业促进法律完善 ……………………………210
第十章　大众体育宏观调控法制环境的营造………………………218
　　第一节　大众体育宏观调控相关法制的完善 ……………………218
　　第二节　大众体育宏观调控守法意识的增强 ……………………223
　　第三节　大众体育宏观调控执法制度的完善 ……………………228
　　第四节　大众体育宏观调控司法制度的完善 ……………………234
参考文献……………………………………………………………………238
后　　记……………………………………………………………………243

#　前　言

伴随着经济的高速发展，社会竞争的日益激烈和社会节奏的加快严重影响人们的身心健康，同时，一些诸如高血压等富贵病也严重损害人们健康。在此背景下，大众体育兴起于20世纪60年代的北欧国家，英国、美国和日本等发达国家通过法制的手段促进了本国大众体育的迅速发展。

1952年6月10日，毛泽东主席为中华全国体育总会成立大会题词："发展体育运动，增强人民体质"，这在本质上就是发展大众体育。由于当时各种条件的限制，这一体育发展的指导思想并未得到很好地贯彻实施，甚至受到严重破坏。改革开放以后，在崭新的社会条件下，我国大众体育迅速发展。随着《中华人民共和国体育法》（1995年）、《全民健身条例》（2009年）等一系列法律法规的颁布，我国大众体育的发展步入法制化轨道。目前，我国大众体育发展取得巨大成就，正如《体育发展"十三五"规划》指出的："全民健身上升为国家战略，公共体育服务体系建设速度加快，全民健身意识极大增强，组织网络日趋完善，活动形式呈现多样化，包括青少年在内的群众体育蓬勃发展。"在大众体育取得的巨大成就面前，我们必须清醒地认识到其仍存在一些矛盾和问题，尤其是在党的十八大以来，"四个全面"的提出对我国大众体育的发展提出更高的要求。因此，通过不断完善大众体育宏观调控法制，从国家战略的高度促进大众体育的发展具有重要意义。

国内已有学者撰文论述我国大众体育法制化的相关问题，这些论述对我国大众体育法制化的完善具有重要借鉴意义，但是，相关论述尚不够系统和全面，特别是从宏观调控角度论述的更为鲜见。❶ 笔者有幸在2007年承担了导师山西大学法学院董玉明教授组织的国家体育总局课题"宏观调控视野下的体育政策法规理论与实践问题研究"的大众体育部分，在此后十年间坚持关于大众体育宏观调控法律问题的研究，并且取得相应成果，如《大众体育宏观调控法制完善浅探》（载《山西煤炭管理干部学院学报》2008年第3期）、《宏观调控法视角下的社会体育指导员法制完善探析》（载《山西经济管理干部学院学报》2010年第4期）、《我国大众体育运动场地宏观调控的法制完善》（载《山西政法管理干部学院学报》2011年第2期）、《大众体育组织形式宏观调控法律问题研究》（载《山西经济管理干部学院学报》2013年第3期）。这些成果的累积使我对大众体育宏观调控法律问题有了比较初步的认识，同时也激发了对其进行系统研究的兴趣。

　　本书主要运用文献资料分析法、历史分析法、比较分析法、实证分析法等，以我国大众体育宏观调控法律的基本知识为理论前提，对我国大众

---

❶　国内已有学者提出大众体育法制化的必要性与意义：如石立江《我国大众体育权益及其保障系统》（载《山西师大体育学院学报》2007年第1期）一文指出，政策法律保障系统是我国大众体育权益的重要保障系统；王程、张雁《大众体育：和谐社会的呼唤——论和谐社会下我国大众体育的发展》（载《南京体育学院学报》2005年第4期）一文指出，随着社会的发展和人民增强身心需求的日益提高，社会参与面将日益广泛，所形成的社会关系也愈加复杂，原有的相关法规建设已跟不上时代需求，因而必须建立和完善大众体育的法规及其运作机制。与此同时，已有学者对大众体育政策和法律的具体制度进行一定研究：如于善旭教授《试论我国全民健身法治系统》（载《天津体育学院学报》2000年第1期）一文提出全民健身法治系统的基本结构，即全民健身法治理念法规制度法制机构法律秩序和全民健身法治系统的建设思路是坚持赶超创新与渐进发展的结合等，同时《我国全民健身事业发展的法治之路》（载《天津体育学院学报》2006年第2期）一文提出需要制定与《体育法》相配套的《全民健身条例》，此条例应突出对全民体育健身权益的确认和保障，具体规定各级政府和各类社会组织在开展全民健身活动中的工作职责，对公民参加全民健身活动所需的各方面条件做出明确规定和保障，强化对影响和破坏全民健身事业法律责任的追究。

体育宏观调控法律的发展历程进行回顾，并对当前我国大众体育宏观调控法律的现状进行分析，提出我国大众体育宏观调控的必要性与可行性，并且对大众体育发达国家的宏观调控法律进行相关分析。在此基础上，根据我国大众体育发展的基本国情并借鉴国外的先进经验，提炼出我国大众体育宏观调控法律的理念，对大众体育宏观调控法律的基本原则进行定位，并且对大众体育宏观调控法律的运行机制从整体上进行分析，最后从大众体育宏观调控基本法律的完善、大众体育宏观调控保障法律制度的完善以及大众体育宏观调控法制环境的营造三个方面提出具体对策，以期对我国大众体育宏观调控法律的完善尽一份力。

第一章　大众体育宏观调控法律的基本问题

第一节　大众体育概述

一、含义辨析

　　大众体育是广大人民群众以增强体质、提高健康水平为目的，内容丰富、形式多样的群众性体育活动，它是体育事业的有机组成部分，是反映一个国家体育水平的基础。❶大众体育本身就是一个很宽泛的概念，其和竞技体育相对应，现在有许多表述如"社区体育""社会体育""休闲体育"代替这一概念，这是不严谨、不科学的。从大众体育运动的层面来说，近十多年来，许多国外的户外运动、休闲运动逐渐在我国兴起，如登山、攀岩、野外长走、冲浪以及垂钓等，这些作为大众体育运动的内容完全可以，但如果将其表述为体育运动项目就不正确，笼统地称为体育运动也不正确。❷

二、发展历程

　　法国人顾拜旦首次提出"体育为大众服务"的体育发展理念，主张效法古希腊的奥林匹克精神，以体育运动的方式来强健身体，塑造灵魂。正如1919年顾拜旦在以"奥林匹克精神"为题的演讲中所言："我刚才回忆起1914年6月的庆典。当时，我们似乎是在为恢复奥林匹克的理想变成

---

❶ 刘飞宁．论我国大众体育功能的充分发挥[J]．湖湘论坛，2008（1）：93．
❷ 鲁威人．体育学[M]．北京：清华大学出版社，2016：173．

现实而庆祝。今天，我觉得又一次目睹她含苞怒放，因为从现在起，如果只有少数人关心她的话，我们的事业将一无所成。在那时，有少数人的关心也许够了，但今天，则需要触动怀有共同兴趣的普通大众。事实是，凭什么要把大众排除在奥林匹克运动之外呢？凭什么样的贵族法令将一个青年男子的形体美和强健的肌肉，坚持锻炼的毅力和获胜的意志同他祖先的名册或者他的钱包联系起来呢？这样的矛盾显然没有法律依据。"❶ 但在当时的社会历史背景下，欧洲刚刚从"一战"的废墟中走出，此后不久，1929~1933年的世界经济危机严重地创伤了美国以及欧洲的社会生产力。因此，虽然顾拜旦提出发展大众体育的理念，但受制于当时的社会影响，大众体育没有兴起。

"二战"之后，世界各国在恢复经济建设的过程中，将发展大众体育运动提高到关乎国家发展的高度，积极提倡国民参与体育运动，因此，在政府的推动下大众体育开始迅速发展。随着西方资本主义国家的经济在战争的废墟上迅速恢复并且快速发展，社会竞争日益激烈，社会大众的生活节奏加快，使得人们普遍感到心理紧张和压抑，从而严重影响人们的身心健康。同时，伴随经济的发展，一些富贵病如高血压、糖尿病等开始影响人们的生命健康。这一系列的因素迫使欧美发达国家开始关注大众健康问题，并且采取一系列措施来提高大众健康水平。可见，在国家层面上的推动与倡导以及关系国民自身健康危险因素的存在，使旨在提高大众健康水平的大众体育在西方发达国家悄然兴起。

从20世纪60年代初期大众体育在联邦德国及挪威等北欧国家兴起，继而扩展到大多数西方发达国家。1975年，欧洲共同体通过《大众体育宪章》，同年，联合国教科文组织成立"政府间体育运动委员会"，其主要任务是"促进大众体育的发展"。❷

20世纪70年代初期以来，发达国家已相继进入经济稳定增长期，人们的生活水平有了显著提高，再加上闲暇时间的增多，以及大多数发达国

---

❶ [法]顾拜旦. 奥林匹克宣言[M]. 北京：人民出版社，2008：146-147.
❷ 黄美好. 体育学概论[M]. 北京：人民体育出版社，2007：147.

家居民由于营养过剩和运动不足等原因导致的文明病发病率不断上升，如何全面提高生活质量和身心健康水平越来越受到世人的关注。❶ 因此，发达国家开始采取一系列措施来促进大众体育的发展。如在美国，最具有影响力的大众体育运动当属"总统挑战计划"。"总统挑战计划"中一项重要的任务便是联合社区体育俱乐部鼓励所有美国人参与体育运动，并且具有一系列的鼓励性措施，如对经常性参与体育活动的人授予"积极生活方式总统奖"。美国政府机构中唯一负责体育事务管理的部门是公园与休闲委员会。在开展体育活动方面，它的主要任务是：（1）利用社区中一切可以利用的体育资源，向社区内所有的成员平等地提供参与体育运动和休闲的机会；（2）了解和研究社区成员的各种体育需求和兴趣，在此基础上，与有关体育社团体合作，制订社区体育活动计划，组织和引导社区体育活动，使其良性运行；（3）在社区政府各部门、社区体育官方机构，各种体育协会和俱乐部等社会团体及其他有关组织之间进行联络，促进合作和信息沟通，并通过财力、人力、物力等多种管理手段，最大限度地满足社区居民的各种体育需要。❷

与此同时，国际组织对发展大众体育同样起到极大的促进作用。1985年国际奥委会设立"大众体育委员会"；1986年在德国法兰克福组织召开了第一届"世界大众体育大会"，自此以后，世界大众体育大会每两年举办一次，它通过有力的宣传大大增强了人们的大众体育意识，如第五届大众体育大会的主题是"体育为大众与健康为大众"；1994年世界卫生组织与国际运动医学联合会在德国科隆联合召开"健康促进与体育"（Health Promotion and Physical Activity）国际会议，并共同建立了"体育为健康"联合委员会；2002年世界卫生日的主题是体育锻炼，提出的口号是"运动有益健康"。在国际组织的大力推动下，大众体育在世界范围内尤其是发达国家蓬勃发展起来。

---

❶ 黄美好. 体育学概论[M]. 北京：人民体育出版社，2007：148.
❷ 鲁威人. 体育学[M]. 北京：清华大学出版社，2016：173.

三、特征分析

大众体育就发生在人们的日常生活之中，是比较普遍的体育现象，与竞技体育相比，其参与的人数非常广泛，并且参与人员的结构与种类较复杂，包括不同的年龄段、不同的种族以及不同的社会阶层。因此，大众体育呈现异常丰富的特征，一般而言，它具有如下主要特征。

（1）健身娱乐性。国民在自愿的基础上，通过参与自身所喜好的运动形式，从而达到强身健体的目的。强身健体是大众体育参与者的目的所在，这与竞技体育是截然不同的。就竞技体育而言，其所追求的是在竞技的过程中不断追求人类自身潜能的一种突破，其主要体现在奥运会的"更高、更强、更快"的精神理念方面。在强身健体的过程中，大众体育的参与者通过运动，使自身的心理压力得到舒缓，并且在运动过程中彼此进行交流，尤其对于老年人更是在离开岗位之后重新融入社会群体。可见，大众体育在健身的过程中也愉悦了身心，陶冶了情操，实现身心健康的目的。由此观之，健身娱乐性是大众体育的追求目标与本质所在。

（2）全民参与性。追求健康是人类永恒的主题，大众体育形式多样且参与方式比较灵活，因此，不同年龄、职业、爱好的人都能够找到适合自身的锻炼形式。这是由大众体育本身的内容广泛所决定的。这与竞技体育的参与人数相对较少形成鲜明对比。在竞技体育中，一般而言，体育的项目比较专业而且必须经过相对系统训练，这样就使得其参与者的人数受到较大的限制。如参加奥运会为国争光的运动员毕竟是少之又少，但参加大众体育锻炼的人数则几乎不受限制，这就使大众体育呈现出全民参与性的特征。

（3）形式多样性。大众体育的形式本身具有多样性，这是由大众体育的性质所决定的。大众体育的形式并不是一成不变的，而是随着社会的进步不断呈现出多样性的特征。如在体育运动尚未普及的阶段，大众体育的形式也只是局限于学校、部队以及社会生活中比较富裕的群体中，人们仅参与种类比较少的体育运动。随着社会经济发展的进步，尤其是人们生活方式的不断变化，大众体育的形式呈现出多种类型，适应于各类群体，如健身操、交谊舞、滑雪以及各种亲近大自然的户外运动。与此同时，值得关注的是，随着体育运动的不断普及，一些本来属于竞技体育的活动也进入大众体育的范畴，因此成为大众体育的新的组织形式，如拔河、赛龙舟等。可见，随着社会经济的不断发展，大众体育的形式会呈现出更精彩的一幕。

（4）组织号召性。在参与大众体育的过程中，大众体育不同于竞技体育，它是一种纯属自愿参加的健身活动，没有任何的政府强制性。在特殊历史条件下的强制性，其本身不具有代表性，在此不予阐述。因此，在大众体育参与中，第一，要不断提高国民对参与体育运动积极健身的认识水平，这样可以使得更多的人积极主动地参与到大众体育活动中来。第二，政府需要采取积极的措施去组织和激励人们积极参与到大众体育运动中来。如我国在20世纪50年代实施的"劳卫制"❶则是由教育部、国家体委等多个政府部门联合实施的一种号召全民积极参加体育锻炼的一种措施。在美国则由"总统挑战计划"来激励社会成员积极参加大众体育运动。

（5）个人与社会性。对于大众体育而言，参与者是完全出于一种自愿的心态。参与者积极参加自身所喜好的体育运动形式，从而起到强身健体、愉悦身心的作用。由此可见，大众体育具有个人性，但是，这种个人性并不否定其本身所具有的社会性。在当今世界，大众体育的发展水平尤其是参加大众体育的人数已成为评价一国体育发展水平的一项重要标准。综合评价一国的体育发展水平，已不单单是这一国家在奥运会中的金牌排行榜，这已成为一种历史。因而，大众体育从表面上看是个人性但其从一个国家的层面来看则具有社会性。

---

❶ "劳卫制"的创始者是苏联。1931年3月14日，根据列宁共青团的倡议，苏联部长会议体育运动委员会颁布第一个"准备劳动与保卫祖国体育制度"，即通过运动项目的等级测试，促进国民特别是青少年积极参加各项体育运动，以提高身体的体力、耐力、速度、灵巧等素质，按年龄组别制定达标标准。中华人民共和国成立之初学习苏联的体育发展模式，国家颁布了《劳动与卫国体育制度》，即"劳卫制"。

四、发展大众体育的意义

大力发展大众体育对个人、社会和国家都有重要的意义。

（1）发展大众体育对个人的意义。发展大众体育对个人而言，有利于消除各种疾病的隐患，提高个人的健康水平，同时，还有利于培养个人的内在心理品质。一个经常参加体育锻炼的人，给人的印象是强健的体魄和积极向上的人生态度，给人一种充满青春活力和对生活的热爱，透射出一个人完美的内在修养。❶尤其是在当今世界竞争日趋激烈，生活节奏加快的背景下，个人的身心健康受到严重的损害。同时，随着经济条件的改善，人们更有充足的时间去参加体育运动。这样可以通过大众体育的发展，促进国民个人的身心健康。

（2）发展大众体育对社会的意义。对整个社会而言，由于人们在参与大众体育活动的过程中，相互交流与合作，甚至有的大众体育项目存在竞争。因此，通过参加大众体育项目，有利于形成积极向上的社会风气，摒弃不良社会风气，从而增强整个社会的凝聚力和向心力，因此，增强人民对整个社会的认同感。

（3）发展大众体育对国家的意义。发展大众体育对整个国家而言有利于节约医疗卫生开支，增强国家的竞争力。医疗卫生开支是一个国家重要的财政支出，发展大众体育有利于提高国民的健康水平从而有效降低国家医疗卫生开支；在全球化的背景下，国家之间的竞争日益激烈，而国家之间竞争的实质是人才的竞争，健康的体魄和良好的内在品质则是人才基础，可见，发展大众体育增强国民健康水平具有国家战略意义。

---

❶ 张军. 对目前我国大众体育的功能及其发展优势的探析[J]. 怀化学院学报，2007（11）：189.

第二节 宏观调控概述

一、产生背景

"宏观调控"一词是伴随着宏观经济学的产生而出现的。在自由资本主义时期,自由放任的经济思想占主导地位,其经济发展理论是以亚当·斯密的《国富论》为代表的微观经济学,政府在经济发展中定位于"守夜人"的角色。不可否认,在自由资本主义时期微观经济学理论大大促进了经济的发展,但由于单一市场的调节存在缺陷,经济危机周期性地爆发,对社会生产力造成严重破坏。1929~1932年,资本主义世界爆发了一场世界性的经济危机,这场经济危机席卷包括英国、美国、德国、日本等几乎所有的资本主义国家,不仅动摇了资本主义的政治和经济基础,而且宣告古典经济学和新古典经济学的破产。❶ 面对这场世界性经济危机对社会生产力的严重破坏,英国杰出的资产阶级经济学家凯恩斯(John Maynard Keynes)于1936年出版了《就业、利息和货币通论》(The General Theory of Employment, Interest, and Money),提出:"在下文中我要论证的是:古典理论的前提只适用于某种特殊情况,而不适用于一般情况;它所假定的情形只是各种可能的均衡位置的极点,而且古典理论所假定特殊状态的特征恰恰不符合我们实际生活于其中的经济社会的特征,如果我们企图将它应用到实践中,结果势必成为一种误导,甚至造成灾难。"❷ 这本书对传统的古典主义的经济理论和在此基础上形成的经济政策进行完全的批判,同时建立了以国家干预经济为核心的较为完整的理论体系,这标志着宏观经济学的产生。伴随着宏观经济学的产生,国家的宏观调控应运而生。

---

❶ 卢炯星. 宏观经济法[M]. 厦门:厦门大学出版社,2005:34.
❷ [英]约翰·梅纳德·凯恩斯. 就业、利息和货币通论[M]. 宋韵声,译. 北京:华夏出版社,2005:3.

二、宏观调控范围界定

在对宏观调控的调控范围界定之前，首先要对一国经济运行层次进行划分。按照市场经济基本理论，在市场经济条件下的经济运行层次，一般可分为宏观经济和微观经济。但随着国民经济运行关系的日益复杂化，有学者提出界于宏观经济和微观经济之间的中观经济。❶ 宏观调控指国家从总体上、总量上对宏观经济活动所进行的调节与控制。❷ 由此可见，宏观调控的调控范围为一国的宏观经济活动。

一般而言，宏观调控的调控范围为一国的宏观经济运行。但是，宏观调控与一国的政治体制和宏观经济运行方式有密切关系。我国的宏观调控体系中，国民经济和社会发展规划与计划在整个宏观经济运行中处于牵头的地位，它决定我国一定时期宏观经济运行的基本方向和基本政策，同时，涉及社会发展的规划与计划则对一定时期社会的发展具有指导作用。由此可见，我国宏观调控的范围包括社会发展。就社会发展调控而言，其主要是在计划调控的总的指导之下，运用基本的宏观调控手段，对于区域经济发展、社会保障事业、科、教、文、卫、体等事业发展的调控。❸

---

❶ 《社会主义中观经济学》（张朝尊、陈益寿、黎惠民编著，成都出版社1992年版）指出：所谓中观经济，系指介于整个国家和单个企业之间的经济活动，其包括部门（行业）经济、地区经济、城市经济等。山西大学法学院经济法研究室主任董玉明教授在其《试论中观经济法治化的几个基本问题》（载《山西大学学报（哲学社会学版）》1998年第3期）一文认为，在我国这样的大国，确立作为介于微观经济和宏观经济之间的中观经济的独立地位，具有重要的理论与实践意义。

❷ 宏观调控的具体调控内容其实就是与宏观经济有关的一系列的基本问题，《经济法》（王继军、董玉明著，法律出版社2006年版）一书指出，宏观经济运行中所涉及的基本问题包括：一是总供给与总需求问题；二是国民产出的衡量问题；三是消费和投资问题；四是产出决定问题；五是财政政策的制定与实施问题；六是总供给与经济周期问题；七是失业与充分就业问题；八是通货膨胀问题；九是货币政策与政府赤字问题；十是政府失灵的矫正问题。

❸ 王继军，董玉明. 经济法[M]. 北京：法律出版社，2006：209.

三、宏观调控的目标和手段

在西方经济学的著作中一般都论述到宏观调控具有四大目标：经济增长、稳定物价、充分就业、平衡国际收支。❶ 宏观调控的这四大目标具有广泛的适应性，体现了在一般市场经济条件下宏观调控的目标。同时，由于各国具体国情的差异和经济发展的不同阶段，各国的宏观调控目标各有侧重。

在现代市场经济条件下，宏观调控必须在遵循经济规律的前提下进行间接调控。由于各国国情并不相同，因此，各国的宏观调控手段各有不同。一般而言，宏观调控的手段主要包括规划与计划手段、财税手段、金融手段等。规划与计划手段就是国家通过制定国民经济的总体发展目标对国民经济进行调控，如法国是利用计划手段进行调控的典型国家；财税手段就是国家利用财政税收在整个宏观经济的作用来对国民经济进行调控；金融手段就是国家利用货币的发行、利率的变化等金融方法来对国民经济进行调控，如美国是利用金融手段来进行调控的典型国家。

由前文分析可知，大众体育是体育的一个重要组成部分，在整个体育发展中，大众体育是整个体育发展的基础。由上文可知，宏观调控的范围一般而言是一国的宏观经济运行，但是，由于宏观调控受一国的政治体制和宏观经济运行体制的影响，在不同国家宏观调控的范围略有差异。我国的国民经济和社会发展规划在整个宏观经济运行中起到牵头的作用，因而，我国的宏观调控除包括宏观经济发展之外，还包括社会发展，即科、教、文、卫、体等社会发展。由此可见，大众体育也属于我国宏观的范围。

---

❶ 我国的宏观调控目标经历了一个不断转变的过程：改革开放之前，我国实行的是高度集中的计划经济体制，主要注重设置产品产量等具体指标。随着改革开放的进行，尤其是党的十四大提出建立和完善社会主义市场经济体制的改革目标后，我国的宏观调控目标体系逐步完善。1993年，提出八大主要目标：经济增长、固定资产投资、金融财政、外贸进出口和外汇储备、商品零售、物价、经济效益及人口自然增长率。党的十六大报告确定宏观调控的主要目标是促进经济增长、增加就业、稳定物价和保持国际收支平衡。

四、大众体育宏观调控的意义

大众体育是社会发展的重要组成部分，也是社会发展的一个标志，大众体育的发展对个人、社会和国家都有重要意义。尤其在我国积极构建和谐社会的今天，对大众体育进行宏观调控有重要意义。具体而言，大众体育宏观调控的意义主要体现在以下几个方面。

（1）利用政府的力量迅速促进大众体育的发展。在市场经济的条件下，发展大众体育的职责应主要由政府来承担，如通过宣传增强人们大众体育意识，进行体育场地和公园等供人们娱乐休闲场所的建设等。因此，政府可以通过科学规划、增加财政投入等宏观调控手段来向大众体育倾斜，从而迅速促进大众体育的发展。

（2）通过对大众体育的宏观调控可以带动与大众体育相关产业的发展和提供就业机会。大众体育的发展能够带动与其相关产业的发展，比如运动服装业、健身器材业等。可见，政府通过对大众体育的调控促进大众体育的发展可以创造新的消费需求从而带动相关产业的发展，同时也创造了就业机会。

（3）通过对大众体育的宏观调控可以提高人们的健康水平、形成良好的社会风尚，并提高人们对社会的认同感，增强社会的稳定和增强国家的竞争力。政府通过对大众体育进行宏观调控促进大众体育的发展，可以提高人们的健康意识和参与大众体育的积极性，从而提高人们的健康水平。伴随着大众体育的发展，在社会上形成一种积极向上的社会风气，使人们身心得到愉悦，增强对社会的认同感。人们健康水平的提高和积极的社会风尚有利于充分发挥人们的创造潜力，从而增强国家的国际竞争力。

第三节　宏观调控法概述

一、含义分析

宏观调控法是经济法的一个子部门法，是调整国家进行宏观调控而产生的社会关系的法律规范的总称。在现代市场经济的条件下，宏观调控是政府的一项重要职能。政府这只"看得见的手"能够及时有效采取措施来弥补市场这只"看不见的手"的缺陷，但同时必须注意到政府具有强大的公权力且极容易滥用，从而造成所谓的"政府失灵"。市场经济的运行有其自身的客观经济规律，宏观调控行使的目的是弥补市场本身所无法纠正的缺陷，而不是去任意地违背客观的经济运行规律，而是需要国家干预。事实上，这里所指的"需要"应当是一种双向选择的结果，这表明国家欲通过干预形成某种社会关系，一方面要取决于市场的客观需求，另一方面又要取决于国家职能的需要，同时还要考虑到国家的干预能力和干预成本。❶因此，需要在市场规律和国家干预之间找到一种平衡。从各国的经验可知，把宏观调控纳入法制化的轨道有利于宏观调控的有效实施，这样宏观调控法应运而生。

二、调整对象

宏观调控法的调整对象就是国家具有宏观调控职权的机构在履行法定宏观调控职责的过程中所形成的社会关系，即宏观调控关系。在我国，具有宏观调控职权的机构为中央政府即国务院和国务院具有宏观调控职权的直属机构，如证监会、银监会、保监会。

宏观调控法最初所调整的领域表现为一国宏观经济的运行领域，但由于社会发展和经济发展有着密切的关系和社会发展日益受到关注，宏观调控法也拓展到社会发展的领域。宏观调控关系是在宏观调控的过程中形

---

❶ 李昌麒. 经济法学：第3版[M]. 北京：法律出版社，2016：39.

成的复杂的社会关系，从不同的角度可进行不同的分类。按照我国国民经济与社会发展计划制订的基本状况，可以将宏观调控关系分为国民经济宏观调控关系和社会发展宏观调控关系；按照宏观调控所涉及的具体领域的不同，可将宏观调控关系分为计划调控关系、财政调控关系、税收调控关系、金融调控关系、社会发展调控关系等。❶

三、基本原则

对于经济法的基本原则，经济法学界有不同的观点，❷作为其子部门法的宏观调控法的基本原则也受其影响而存在差异。针对我国宏观调控法制实践中存在的问题，以及宏观调控法基本原则的本质属性，宏观调控法的基本原则应包括国家责任原则、计划指导原则和经济民主原则。❸

在现代市场经济条件下，宏观调控这只"看得见的手"和价值规律这只"看不见的手"共同起作用，从而从微观上增强经济活力，从宏观上保障国民经济健康有序发展。由此可见，宏观调控是现代市场经济对政府的

---

❶ 对于宏观调控关系的分类，《经济法》（王继军、董玉明主编，法律出版社2006年版）一书从不同的角度进行分类，如从一项宏观调控措施的有效制定和实施应经过宏观经济政策的制定、贯彻与监督的三个过程的角度；从我国国民经济与社会发展计划制订的基本状况的角度；从宏观调控所涉及的具体领域的不同的角度。本书援引后两个分类的角度。

❷ 《经济法基础理论》（漆多俊著，武汉大学出版社2000年版）一书认为，经济法的基本原则是：注重维护社会经济总体效益，兼顾社会各方经济利益公平，或称为社会总体经济效益优先，兼顾社会各方利益公平的原则。《经济法学》（李昌麒著，法律出版社2008年第2版）一书认为，经济法的基本原则是：资源优化配置原则、国家适度干预原则、社会本位原则、经济民主原则、经济公平原则、经济效益原则、经济安全原则和可持续发展原则。《经济法》（潘静成、刘文华著，中国人民大学出版社1999年版）一书认为，经济法的基本原则是：平衡协调原则、维护公平竞争原则、责权利效相统一的原则。以上参见：李昌麒. 经济法学：第2版[M]. 北京：法律出版社，2008：73-74，77-85.

❸ 本书援引《经济法》（王继军、董玉明著，法律出版社2006年版）一书有关宏观调控法的三大基本原则的观点。

客观要求，是国家的一项重要职权。就宏观调控法而言，宏观调控法就是利用法律的手段来规范国家的宏观调控关系，其中，最重要的作用便是对宏观调控权的法律控制。将国家责任确立为宏观调控法的一项基本原则，体现了我国宪法关于国家发展市场经济，加强宏观调控的立法精神，并将宏观调控确立为国家的一项基本职责，有利于国家宏观调控权的正确行使。❶ 由此可见，国家责任原则作为宏观调控法的基本原则具有重要的意义。在我国的宏观经济运行中，我国的国民经济和社会发展规划起到牵头作用，这是我国宏观调控的重要特点，宏观调控实施都是围绕这一规划进行的，因此，把计划指导作为宏观调控法的基本原则之一符合我国的宏观调控的特点，也有利于我国宏观调控法律的制定与实施。经济民主是相对于经济高度集中而言的，从全世界范围而言，经济民主是西方国家经济快速发展的重要条件之一。经济民主原则能够保证宏观调控主体有效参与宏观调控决策的制定与执行，从而为宏观调控目标的实现奠定坚实的基础，从而真正实现对经济的保驾护航作用。

四、调整方法

宏观调控法的调整方法是指由国家法律规定的可以用来进行的对宏观经济进行调控的各种手段。关于宏观调控法的调整方法，学界有不同的观点。李昌麒教授认为，宏观调控法的调整方法包括两种：一种是国家公权

---

❶ 王继军，董玉明. 经济法[M]. 北京：法律出版社，2006：207.

介入的方法，另一种是国家私权介入的方法。❶张守文教授认为，宏观调控法的具体调整范围方法包括：按照宏观经济政策业务范围为基础确立调整方法，主要包括财政调控方法、货币调控方法、产业政策调控方法、价格政策调控方法、对外经济政策调控方法；以对经济行为影响的力度与方式为基础确立的调整方法，主要包括利益诱导方法、计划指导方法、强行控制方法。❷

通过对以上学界典型的有关宏观调控法的调整方法的介绍，可以得知：由于学者的知识结构与认识的角度不同，得出的宏观调控法的调整方法也不尽相同。但基于宏观调控法的基本属性的因素，关于宏观调控法的调整方法仍有些共性的论述，如都论述到有计划与产业、财税、金融、价格、对外贸易等手段。这些法定化的宏观调控的手段还是常用在宏观调控法之中的。

五、法律体系

宏观调控法的法律体系，是组成宏观调控法的所有法律法规等规范性文件的组成部分。关于宏观调控法的法律体系，我国学界尚未形成统一的认识。有人认为，应由宏观调控主体法、宏观调控手段法、市场行为规范法和宏观调控监督法组成；有人认为，应由规范政府各经济管理部门自身行为法和政府调控市场经济运行法组成；也有人认为，宏观调控法分为国

---

❶ 国家公权介入的方法，指国家以公权者的身份，依法对宏观经济进行调整的措施与手段。这其中又可分为国家公权力强行性介入调整和国家公权力的非强行性介入调整两种方法。强行性介入的调整方法包括经济手段，如计划、税收、价格、利率等，非经济性手段则主要包括采取禁止、撤销、免除等手段；国家非强行性介入则主要体现为引导、建议、提倡经济政策，发布官方信息等。国家私权的介入方法，主要是指国家以非公权力的手段直接参与到宏观经济活动之中并以此实现对整个国民经济的运行进行调控的目的，其主要包括投资创办国有企业、政府采购、政府出售与收购等。参见：李昌麒.经济法学：第3版[M].北京：法律出版社，2016：318.

❷ 张守文.经济法学：第6版[M].北京：法律出版社，2014：100.

家直接管理国民经济法、国家间接管理国民经济或者间接参与经济活动法和国家直接参与国民经济活动法；还有人认为，宏观调控法由计划法、经济政策法和调节手段法组成。❶李昌麒教授提出的宏观调控法的法律体系包括：产业调整法、计划法、投资法、财税调节法、金融调节法、价格调节法、国有资产管理法。❷以上关于宏观调控法的法律体系的观点，都是从不同的角度揭示了宏观调控法的范围，对于未来建立相对完善的宏观调控法律体系具有重要意义。

关于宏观调控法的法律体系，笔者根据学界已有的观点以及自身对宏观调控法的理解认为，宏观调控法的法律体系应包括：宏观调控基本法、宏观调控手段法（包括规划法、财税法、金融调控法、价格调控法、对外贸易法）、宏观调控领域法（经济调控法、社会调控法、环境资源调控法）。

（一）宏观调控基本法

宏观调控基本法是关于一国的宏观调控的最基本的立法体现，是一国宏观调控法制化水平的最高标志。我国目前尚未制定出一部真正的宏观调控基本法。笔者认为，宏观调控基本法的内容应主要包括以下方面。

（1）宏观调控权的科学界定。宏观调控权的科学界定是宏观调控基本法的最基础性的内容，是宏观调控法治化的基础规定。对宏观调控权进行科学界定，要符合我国经济发展、政治体制以及相关的文化传统。这样制定出的宏观调控权更符合我国的国情。

（2）宏观调控权的合理配置。宏观调控权的合理配置直接涉及的是宏观调控权在宏观调控机关之间的设置问题。合理的宏观调控权的配置对于提高宏观调控的效率具有极其重要的作用。然而，目前，我国在宏观调控权的配置方面仍需要不断完善并使之法定化。

（3）宏观调控权的运行。宏观调控权的运行涉及的是宏观调控的体制与机制问题。这与一国的政治制度、经济发展水平、法律文化传统有着密切的关系。我国宏观调控权属于中央，同时，地方政府在其管辖的范围

---

❶❷ 李昌麒. 经济法学：第3版[M]. 北京：法律出版社，2016：319.

内也享有宏观调控的权力。这种地方政府的宏观调控的权力需要中央政府的授权，或者是在中央政府宏观调控权的范围内根据本区域的具体情况进行的一种细化，从而更有效地落实中央的宏观调控权。

（4）宏观调控权行使的责任承担。宏观调控权的行使事关一国经济与社会发展的重大问题，因此，必须谨慎行使宏观调控权。从法律制度的角度来分析，完善的宏观调控行使的法律责任制度的构建具有重大的意义。因此，在宏观调控基本法中需要明确宏观调控行使的责任的构成要件以及具体的责任形式。

（二）宏观调控手段法

宏观调控手段法是宏观调控手段的法制化的表现，主要体现为规划法、产业法、财税法、金融调控法、价格调控法、对外贸易法。

（1）规划法。规划法是调整规划关系的法律规范的总称，是我国宏观调控法中的龙头法。这是由我国的具体国情以及传统习惯所决定的。在传统的计划经济体制下，我国在中华人民共和国成立后不久就开始实施国家发展五年计划。由计划经济向市场经济转轨以后，将计划的称谓改为规划，这充分体现了一种理念的转变。与此同时，将社会发展也纳入其范围之内，最终形成国民经济和社会发展五年规划。

（2）产业法。产业法是调整一国产业结构过程中发生的社会经济关系的法律规范的总称。产业结构的调整往往体现的是国家的产业政策。国家产业政策的法制化其实就体现为产业法。社会主义市场经济体制的目标确立以后，国务院又制定了《90年代国家产业政策刚要》，明确了20世纪90年代我国产业政策的主题是：强化农业的基础地位，大力发展农村经济，增加农业收入；大力加强基础产业，努力缓解基础设施和基础工业严重滞后的局面，加强支柱产业的发展，带动国民经济的全面振兴；合理调整外贸结构，大力提高出口效益，增强我国企业国际竞争能力；提高产业技术水平，支持新技术的发展和新产品的开发；大力发展第三产业等。❶

---

❶ 李昌麒. 经济法学：第3版[M]. 北京：法律出版社，2016：320.

（3）财税法。财税法其实是学界的一种通俗的称谓，严格按照法律的规范而言，财税法应称作财政法，财政法中应包括税法。财政法是调整在国家为了满足公共欲望而取得、使用和管理资财的过程中发生的社会关系的法律规范的总称。❶对于财政法所包含的体系，一般而言是从财政收入和财政支出的角度来分析的，财政收入方面的法律主要包括税法和国债法；财政支出方面的法律主要包括政府采购法和财政转移支付法；对财政的收入和支出做总体安排的是预算法。由此可见，财税法的体系主要为预算法、税法、国债法、政府采购法、财政转移支付法。

（4）金融调控法。金融调控法是调整中央银行利用利率、存款准备金等的宏观金融调控手段来调控经济的法律规范的总称。对于金融调控法而言，其本质上就是一国的中央银行的货币政策的法律化。一般而言，一国的货币政策主要包括存款准备金政策、再贴现政策、公开市场操作政策，以及直接信用管理政策、间接信用管理政策、消费信用管理政策、证券市场信用管理政策等。对于金融调控法而言，金融调控法的主体一般是一国的中央银行。虽然各国中央银行的称谓各不相同，但是承担金融调控的职责都落在中央银行的肩上。在我国，承担金融调控责任的主体就是中国人民银行。在金融调控法中，应注意与金融监管法的区别。其主要体现在，金融调控法属于宏观调控法的范畴，追求的是整体效益；而金融监管法则属于市场监管法的范畴，追求的目标是金融的运行秩序。

（5）价格调控法。价格调控法是指调整利用价格来对市场进行调控的法律规范的总称。价格调控法的主要内容包括："第一，国家根据宏观经济发展的需要，通过施加外在影响或其他干预手段，在市场价格形成之前或运行过程中对其进行引导、调节和修正，力求把不合理的价格和不正常的价格波动制止于形成之前，尽可能地限制和弱化其对经济的负面影响，以确保宏观经济目标的实现；第二，国家在特定的情况下，对价格总水平运动进行调控。由于客观条件不完善，市场机制对价格运动调节功能发挥不正常，使社会价格总水平偏离了宏观经济目标所确定的轨道，国家

---

❶ 张守文. 经济法学：第6版[M]. 北京：北京大学出版社，2014：112.

为了制止这种倾向的产生及其对经济运行的不良影响而采取的调控措施，就是价格调控法。"❶ 对于价格调控法的实施，其追求的是社会价格总水平的基本稳定，实现国民经济的持续、健康和快速发展。

（6）对外贸易法。对外贸易法是调整对外贸易关系的法律规范的总称。对外贸易法调控手段主要体现在相应的贸易制度中，如关税、进出口管制等。在世界贸易自由化的背景下，绝大多数国家都实行了自由贸易的政策，但不排除在特定时期的特定情况下实施贸易保护措施，从而产生对本国经济发展的调控作用。我国对外贸易的基本原则有三个：一是国家实行统一的对外贸易制度，即我国对外贸易实施由中央政府统一制定和全国统一实施的制度，包括对外贸易方针政策的统一、对外贸易法律法规的统一、对外贸易管理制度的统一以及对外贸易鼓励和促进措施的统一等；二是维护公平、自由的对外贸易秩序，即国家允许货物与技术的自由进出口，法律上为外贸企业提供平等、自由的竞争环境，维护企业独立自主的经营地位，保障公平的进出口秩序；三是对外贸易中实行平等、互利、互惠、对等的原则，此原则是国际交往的基本原则，也是我国开展对外贸易活动的基础。❷

（三）宏观调控领域法

宏观调控领域法，是指宏观调控所调控的领域所涉及的社会关系的法律规范的总称。这属于宏观调控法中具体所涉及的调整的领域。宏观调控领域法和宏观调控基本法、宏观调控手段法三者是宏观调控体系的有机组成部分。宏观调控领域法是宏观调控基本法与宏观调控手段法的具体发挥作用的场所与空间。笔者认为，宏观调控领域法主要包括经济发展宏观调控法与社会发展宏观调控法，以下就这两方面的内容分别进行阐述。

（1）经济发展宏观调控法。其是宏观调控法对经济发展领域的调控的法律规范的总称。在现代市场经济的背景下，单纯的市场调节的弊端已显而易见，因此，当今世界都纷纷利用国家的有形之手对经济进行干预，

---

❶ 李昌麒. 经济法学：第3版[M]. 北京：法律出版社，2016：320.

❷ 王晓晔. 经济法学[M]. 北京：中国社会科学出版社，2010：368-369.

其中宏观调控就是其中重要的干预手段之一。因此,相对应的经济发展调控法便应运而生。经济发展调控主要包含经济总量平衡与经济结构合理。经济总量平衡涉及经济发展过程中供给与需求的平衡;经济结构的合理则主要体现为城乡、区域、产业经济结构的合理配置。

(2)社会发展宏观调控法。其是宏观调控法对社会发展领域调控的法律规范的总称。对于社会发展纳入宏观调控的范围,我国经济法学界已有学者明确提出。如董玉明教授指出:"到2000年,中国人均收入已经达到了1 000美元的水平,这标志着中国进入社会发展期,各种基于社会不公的社会矛盾日益突出,如果社会发展问题解决不好,将会使原来的经济发展前功尽弃,为此,党和国家及时提出了科学发展观、以人为本的全新理念,提出了建设和谐社会,全面实现小康社会的奋斗目标。由此,从2004年至今的新一轮宏观调控中,在继续稳定国民经济发展的同时,加强了有关社会发展的宏观调控,形成一系列社会发展调控关系,对此,中国的经济法理应对之予以回应。"❶ 社会发展调控主要包含对科、教、文、卫、体的发展的调控。

六、立法概况

我国关于宏观调控的立法其实在计划经济时代就已经存在。但是,在计划经济时代有关的宏观调控的立法,本身烙有很强的计划时代的印记,因此,不能称为真正意义上的宏观调控法。真正意义上的宏观调控法则表现为我国实行社会主义市场经济体制以后的具有宏观调控性质的立法。

(一)宏观调控基本法

宏观调控基本法是宏观调控领域法治化方面处于基础性地位的法律。宏观调控基本法主要对宏观调控权的配置、行使、职责等宏观调控最基本的法律问题进行规范。这样使得宏观调控权能够在法律的框架内行使,从而规范国家的宏观调控行为,防止国家宏观调控权的恣意,进而保护市场

---

❶ 董玉明. 中国经济法学导论[M]. 北京:光明日报出版社,2011:67.

主体的权利不受侵犯和国民经济持续、健康、稳定发展。然而，到目前为止，由于种种原因，我国尚未出台宏观调控基本法。这也是我国宏观调控法治化水平较低的一个重要原因。

（二）宏观调控手段法

宏观调控手段法是国家在实施宏观调控行为的过程中相应的宏观调控手段的法律规范。自改革开放以来，我国的宏观调控手段的立法不断完善，取得丰硕的立法成果。主要体现在以下几方面。

（1）规划法。由于特殊的国情以及在计划经济发展中的传统，我国在计划方面的立法是最早的，也是最完备的。早在计划经济时代我国就颁布一系列的计划立法，如1955年颁布的《国家计划委员会暂行组织通则》，1958年颁布的《关于改进计划管理体制的决定》，1984年颁布的《关于改进计划体制的若干暂行规定》，1998年颁布的《国家发展计划委员会职能配置、内设机构和人员编制规定》等。由于我国在实行经济体制转轨，经济体制由计划经济体制转变为社会主义市场经济体制，从而国民经济与社会发展计划也随着而改变为国民经济和社会发展规划。我国的国民经济和社会发展规划在宏观调控法中本身就具有法律的效力，对国民经济和社会发展具有宏观指引的意义。但是，还必须清醒地认识到我国在国民经济和社会发展规划的制定、实施以及有关责任方面存在立法的空白，丞须制定一部国民经济与社会发展规划的相应法律。

（2）产业法。作为一种重要的宏观调控手段法，产业法在我国非常受重视，国家颁布了一系列的产业法方面的法律法规以及规范性文件。其主要体现为1992年发布的《关于加快发展第三产业的决定》，1994年先后发布的《90年代国家产业政策纲要》《汽车工业产业政策》，1997年发布的《水利产业政策》，2000年发布的《鼓励软件产业和集成产业发展的若干政策》等。"这些法规对贯彻和落实我国产业政策、调整我国的产业结构，扶持、保护战略产业，援助衰退产业，促进产业结构的合理化和科学化，实现国民经济持续、稳定、健康地发展发挥了重要的作用。但是，由于这些规定大多属于政策的范畴，法律性较弱，且又比较分散，缺少统一性，所以，目前应该加紧产业调整基本法——《产业调整法》或《产业增

长法》的制定。"❶

（3）财税调控法。财税调控法是学界关于财政调控法与税收调控法的一种约定俗成的称谓。我国关于财政调控法与税收调控法的立法自中华人民共和国成立初期就开始陆续颁布。随着我国经济体制的转轨以及法治进程的不断推进，有些财政调控与税收调控的法律法规已经失效。如1958年颁布的《预算决算暂行条例》，1987年颁布的《关于违反财政法规处罚的暂行规定》，1993年颁布的《国债一级自营商管理办法（试行）》等。目前，我国财税调控立法的主要表现形式为：1980年颁布的《个人所得税法》，该法分别于1993年、1999年、2005年、2007年、2011年修改；1994年颁布的《预算法》，该法于2014年修改；1992年颁布的《税收征收管理法》，该法分别于1995年、2013年、2015年三次修正；2008年颁布《企业所得税法》，该法的颁布宣告了多年来我国内资企业与外资企业在税收方面的差别待遇的结束，使得内资企业与外资企业适用统一的企业所得税，并且该法于2017年修改；2011年颁布的《车船税法》等。此外，我国还颁布一系列相配套的税收行政法规。如1993年颁布的《增值税暂行条例》，该条例于2008年修订；《消费税暂行条例》，该条例于2008年修订等。在我国财税调控法取得巨大成就的同时，必须清醒地看到，我国财税调控法领域仍有许多方面需要去改进，如立法层次较低，有许多重要税种由立法层次较低的行政法规来规范等。

（4）金融调控法。金融调控法作为一种重要的宏观调控手段法，我国在此方面取得较大成就。在我国金融调控法中，最具有代表意义的便是1995年颁布的《中国人民银行法》，该法在2003年修正；1996年颁布的《结汇、售汇及付汇管理规定》，以及《外汇管理条例》，该条例经过1997年和2008年两次修订；2000年颁布的《人民币管理条例》，该条例于2014年修改；2003年颁布的《银行业监督管理法》，该法于2006年修正；2003年还颁布了《农村商业银行管理暂行规定》《农村合作银行管理暂行规定》等。可见，我国金融调控法领域已经形成以《中国人民银行法》为

---

❶ 李昌麒. 经济法学：第3版[M]. 北京：法律出版社，2016：314.

核心，以及《银行业监督管理法》《外汇管理条例》等行政法规所组成的一个宏观调控法律体系。但是，我们也必须认识到随着金融创新的不断发展，以及金融全球化程度的不断加深，金融宏观调控相应的法律法规需要不断地完善。

（5）价格调控法。价格是反映市场的风向标，因而，为了避免市场本身的滞后性等内在的弊端造成对经济发展的障碍，各国都纷纷采用价格手段对经济进行宏观调控。1997年颁布的《价格法》是我国价格调控法的核心。除《价格法》之外，在此之前以及以后，我国颁布了一系列与价格调控相关的法律法规及规范性文件。如1991年发布的《关于调整粮油统销价格的决定》和《关于严格控制农业生产资料价格的通知》；1992年发布的《关于抽调粮食统销价格的决定》和《城市基本生活必需品和服务价格监测办法》以及2001年发布、2002年修订的《政府价格决策听证办法》等。

（6）对外贸易法。我国早在1950年政务院就发布《对外贸易管理暂行条例》，同时贸易部发布《对外贸易管理条例实施细则》；改革开放以后，国务院先后发布《关于加快和深化对外贸易体制改革的若干问题的规定》以及《关于进一步改革和完善对外贸易体制若干问题的决定》，在此改革的推动下，1994年颁布《对外贸易法》，标志着我国对外贸易管理有了一个基本的法律制度，该法于2004年修订；2001年颁布《海关法》，同年国务院发布《反倾销条例》《反补贴条例》和《保障措施条例》，并且2004年发布新的《反倾销条例》《反补贴条例》和《保障措施条例》。这些条例的修订一方面是因为其执法机关已由外经贸部和国家经贸委改为国家商务部，另一方面也是为了适应我国加入WTO在反倾销、反补贴和保障措施等方面的需要，在激烈的国际竞争中更好地抵御各种非关税壁垒，为我国企业开拓国际市场，维护国内市场公平竞争，维护国家经济安全。❶

（三）宏观调控领域法

宏观调控领域法属于宏观调控所调整的领域的法律规范的总称。从本

---

❶ 王晓晔. 经济法学[M]. 北京：中国社会科学出版社，2010：368.

质上而言，宏观调控领域法其实就是宏观调控手段法在宏观调控领域的具体运用。在经济发展调控领域，如我国在促进区域经济发展方面的立法主要体现为：2004年发布《关于进一步推进西部大开发的若干意见》，2009年发布的《促进中部崛起规划》等。在社会发展调控领域，如在科、教、文、卫、体发展领域立法方面都存在相应的宏观调控的法律法规和规范性文件等。以体育领域为例，尤其是在大众体育领域，目前，我国已颁布一系列具有宏观调控性质的法律法规和规范性文件，如2009年颁布的《全民健身条例》，2010年发布的《关于进一步加强职工体育工作的意见》，2014年发布的《关于加强和改进群众体育工作的意见》，2016年发布的《关于加快发展健身休闲产业的指导意见》等。

目前，我国宏观调控法不断完善，宏观调控法律制度不断完善，并且对于我国经济的发展起到保驾护航的作用，但是仍然存在不足之处。正如李昌麒所言："但从理论上分析，我国宏观调控立法还存在许多不足，主要表现为：第一，缺少宏观调控基本法；第二，由于宏观经济调控的具体的法律制度较多，因而立法的指导思想、调整原则和方法比较分散；第三，内容比较庞杂，如计划法、财政税收法等具体法律制度中，哪些内容属于经济法的调整范围，哪些属于行政法的调整范围需要进一步厘定；第四，立法的效力层次多，且大多数是行政法规和部门规章。"❶可见，我国宏观调控的法治化有待于进一步提高。

---

❶ 李昌麒. 经济法学：第3版[M]. 北京：法律出版社，2016：316.

第四节 大众体育宏观调控法律分析

一、宏观调控法是大众体育调整的逻辑起点

大众体育是我国体育事业的重要组成部分，体育与科学、教育、文化、卫生共同构成社会发展的重要内容。在我国宏观经济运行中，我国的国民经济和社会发展规划起到牵头作用，可见，我国的社会发展纳入了宏观调控的范围，国家在对社会发展调控过程中形成的社会关系即社会调控关系属于宏观调控法的调整范围。由此可见，大众体育属于宏观调控法的调整范围，这为大众体育宏观调控政策与法律的研究提供了基本前提。

在现代市场经济条件下，宏观调控是国家的一项重要职能，对国民经济和社会发展有重要意义。宏观调控成为现代政府的一项重要职能，由于政府的权力过于膨胀，在宏观调控的过程中极易造成权力的滥用形成所谓的"政府失灵"。在这样的背景下，宏观调控法为国家的宏观调控提供了法律保障。宏观调控法的国家责任原则体现了宏观调控是国家的一项基本职权，符合我国宪法中规定的国家实行宏观调控的规定。大众体育是体育事业的重要组成部分，属于社会发展的重要内容，同时，大众体育的发展对个人、社会和国家战略具有重大意义。由此可见，宏观调控法的国家责任原则是宏观调控法对大众体育调整的逻辑起点。

二、宏观调控法对大众体育调整的目标追求

宏观调控法对大众体育发展的调整有其特有的目标追求，这是由宏观调控法的特有功能和大众体育本身的特性所决定的。宏观调控法在其产生之初是为了规范国家从市场的外部引进力量来对市场本身进行干预，从而弥补市场本身的缺陷对经济发展造成的破坏。随着国家对经济宏观调控法治化的不断深入，宏观调控法具有自身所特有的规范性质，如规范本身具有促进的性质。这一点是其他的法律如民法、刑法等传统法律所不具备的。这就是所谓的宏观调控法本身所具有的促进功能。大众体育本身从表

面上是一个纯粹个人的健身问题，个人的私事，大家愿意什么时间以什么样的方式参加什么的健身方式似乎和国家没有太大的关系，更进一步讲，国家似乎对大众体育的发展没有干预的必要。其实，从国家的角度来分析，大众体育已经不单纯的是个人的事情。一个国家的国民大众体育的参与人数、参与时间，以及参与的方式，都直接影响国家的国民健康水平，从而反映出一个国家的国民整体身体素质。与此同时，我们必须清晰认识到：由于大众体育发展本身属于社会发展领域，其自身的发展受到诸多因素的影响，例如资金的投入等。

由此可见，既然大众体育本身对国家来讲具有战略意义，而同时囿于资金的有限等诸多因素的影响，迫切需要外部力量的介入。这种外部力量恰恰就是宏观调控法的调控力量。国家通过运用宏观调控的力量，在法治化的背景下，促进大众体育的全面发展，使其发展能够与国家经济发展水平相协调，最终为经济发展提供支持。因而，宏观调控法对大众体育的调整目标体现为，通过宏观调控法本身所具有的促进性功能从促进大众体育的发展，最终为实现国家战略目标的实现提供大众体育方面的支持与准备。

三、宏观调控法对大众体育调整的路径选择

宏观调控法对大众体育调整的路径选择直接涉及大众体育宏观调控的目标的实现，对此应根据大众体育本身的属性以及我国的政治制度、经济体制以及文化背景来恰当地选择我国大众体育宏观的路径选择。

就大众体育本身属性而言，其具有个体性和社会性，同时具有休闲性与消费性。个体性体现的是大众体育属于一国国民自身的一种健身活动，以强身健体为追求目标；社会性则体现为大众体育成为一种提高国民的身体素质、提高国民的整体素质以及国家竞争力的一种重要手段。可见，大众体育的发展水平是一国竞争力的重要体现。休闲性则体现为大众体育是国民利用工作之余的时间进行的一种休闲体育活动，消费性则是指随着人们经济水平的提高已不满足于简单的自娱自乐式的休闲健身方式，转向具有专业指导的、具有较高层次的健身俱乐部的方式发展。这是大众体育随

着经济发展带来的一种必然趋势。中华人民共和国成立之初，人们的经济生活水平较低，对于健身的方式选择比较单一。改革开放以来，人们的生活水平迅速提升，尤其是在经济发达地区，人们的健身方式已经逐步走向专业化的健身俱乐部。

一国的政治制度、经济体制以及文化背景对大众体育宏观调控的路径选择具有重大的制约。我国实行的是社会主义制度，由于特有的国情，我国在中华人民共和国成立初期施行了国民经济发展的五年计划，随着改革开放的进行以及不断深化，我国将社会发展也纳入五年计划的范围。与此同时，我国在实施经济体制改革以后，市场活力得以充分体现，不仅是在单纯的经济领域，社会发展领域的市场化也在逐渐发展，从而有力地推动了社会发展。在文化领域，我国灿烂悠久的文化传统中有许多都是和大众体育相结合的，这也大大地丰富了大众体育的形式。

由此可见，基于大众体育本身的属性，以及我国的政治制度、经济体制以及文化背景，我国大众体育宏观调控的路径选择应坚持政府推动和市场推进相结合的方式。

四、大众体育宏观调控政策和法律的相互作用

（一）政策和法律的关系

政策和法律之间的关系，一直以来为人们所争论。我国法学界曾对政策和法律的关系进行两次大规模的讨论。第一次发生在1957年，在当时特定的历史条件下，这次争论的结果是"政策至上论"，即主张政策就是法律，最终导致"法律虚无论"。第二次发生在1979~1980年，这时我国进入改革开放的新时期，在深刻吸取"文化大革命"的教训之后，我国提倡社会主义法制建设。在这次讨论中，批判了"政策至上论"，坚持政策是法律的灵魂和依据，在法律的制定和实施中政策具有指导作用，从而形成"法律工具论"。此后，也存在有关政策和法律关系的争论但规模远不及这两次。目前，二者关系的主流观点是：政策与法律作为不同的社会性规则，在制定机关和程序、表现方式、实施方式、效力范围等方面存在区

别，它们各有其独特的、不能取代的调整机制。❶可见，对于政策与法律而言，各有其特点和功能，并不只是对立，两者都是属于社会性规则，其共同目的最终都是为促进社会的发展，可谓殊途同归。

（二）大众体育宏观调控政策的地位

关于大众体育宏观调控政策在大众体育宏观调控中的地位相关论述中，董玉明教授认为："按照宏观调控法的政策法原理，我国现行的有关体育方面的政策是我国体育事业发展的法律渊源之一。"❷可见，由于大众体育作为体育事业的一个重要组成部分，大众体育宏观调控政策是我国大众体育宏观调控法律渊源的重要组成部分。我国的政策可分为党的政策以及国家政策，因此，我国大众体育宏观调控的政策包括党的政策和国家政策中具有大众体育宏观调控性质的政策。党的政策，由于党的领导地位，中共中央单独或者与国务院联合发布的宏观调控政策体现了我国政策的最高形态，对大众体育宏观调控法律的制定与完善具有重大指导作用；国家的大众体育宏观调控政策，体现了国家对大众体育发展的大政方针，具有明显的法律效力，具体表现为我国国民经济和社会发展规划中关于大众体育发展规划的内容、体育事业发展的规划和单项的大众体育项目的发展规划以及国务院和国家体育总局等的政策性文件等。

（三）大众体育宏观调控政策和法律的相互作用

大众体育宏观调控政策和法律的关系就是政策和法律关系在大众体育宏观调控方面的体现。由以上对政策和法律关系的分析可知，对大众体育宏观调控政策和法律而言，不能简单地说孰轻孰重，把两者对立化。在我国大众体育的发展历程中，政策和法律都在不同的阶段发挥着各自不同的作用。一般而言，存在法律调整的领域，发展大众体育应该严格遵循法律的要求。在改革的过程中，政策往往起到一种指引的作用。在此时，就要

---

❶ 贾文通，赵捷. 再论体育法律与体育政策的关系——对体育法学著作内容的进一步阐释[J]. 武汉体育学院学报，2007（2）：23.

❷ 董玉明，李冰强，等. 宏观调控视野下的体育政策法规理论与实践问题研究[M]. 北京：法律出版社，2012：65.

充分发挥政策灵活性的特征，根据社会发展中的新形势而灵活地采取相应的政策。但是，政策一旦制定出来以后将成为一段时间内的指引方向。此时，就应该在条件成熟的情形下使有关政策上升为法律，从而提高其稳定性。因此，应该根据我国大众体育发展状况，充分发挥政策和法律各自的特点，针对不同的情况而决定是采用政策手段还是法律手段。这样使大众体育宏观调控政策和法律两者相互配合，共同促进我国大众体育的发展。

第二章 我国大众体育宏观调控法律发展历程

第一节 我国大众体育的发展历程

一、我国传统大众体育的发展历程

我国作为世界四大文明古国之一，在长期的历史发展中形成一系列群众喜爱的体育运动，如太极拳、秧歌、高跷、摔跤、赛龙舟等。这些体育项目历史悠久并且在群众的生活中起到增进健康、娱乐身心等重要作用，它们可以说是我国传统的大众体育项目，并且随着我国悠久的历史而不断发展。

（一）秦汉时期

经过漫长的时间积累，到秦汉时期，我国传统大众体育的形式已经初步形成，主要有以下非常具有代表性的几种。（1）五禽戏。五禽戏作为一种具有悠久历史的健身方式，由东汉末年著名医学家华佗发明创造。华佗受熊经、鸟伸、凫浴、虫跃、鸱视、虎顾等动作的启发，结合自己的实践，模仿猛虎猛扑呼啸，模仿小鹿愉快飞奔，模仿猿猴左右跳跃，模仿黑熊慢步行走，模仿鸟儿展翅飞翔，从而创造了五禽戏。[1]（2）射箭与投壶。射箭是一种非常具有实际意义的活动，既是生活围猎的基本技能，又是征战的一种作战的方式，自然能够起到一种强身健体的作用。从西周开始出现射礼，这就不仅要求是射箭的技能，更要体现射箭者本身的礼仪。对于投壶而言，其来自射箭，是射箭的一种简化而已。正如《礼记·投

---

[1] 谢卫. 休闲体育概论[M]. 成都：四川大学出版社，2014：78.

壶》记载："投壶，射礼之细也，燕而射，乐宾也。庭除之间，或不能弧矢之张也，故易之投壶。"❶（3）蹴鞠。蹴鞠，在我国历史上非常出名，当代甚至有人把它作为足球的原型。有确切史料记载的蹴鞠运动产生于战国时期，《战国策》及《史记》中均有相关记述。❷西汉时期，蹴鞠已经成为当时一项非常重要的休闲娱乐方式。

（二）三国两晋南北朝时期

三国两晋南北朝时期是我国历史上一个社会比较动荡的时期，在长期的战乱局势下，人们的思想产生巨大变化，大量的士大夫隐居山林寄情于山水之间。当时具有代表意义的即是所谓的魏晋名士。魏晋名士的出现使得当时属于士大夫阶层的一些休闲娱乐活动向民间不断扩散，当时的休闲娱乐活动最主要的是围棋。

南朝梁武帝设立围棋的"棋品制"，其实就是把围棋的水平进行分级，即分为"九品"。在魏晋南北朝时期，围棋"九品"制的推广促进了围棋的兴盛与发展，这一时期围棋已经成为人们生活中非常重要的一种休闲方式。❸现在围棋级别划分为"九段"，其实就是从我国古代的"九品"演化而来的。

（三）唐宋时期

唐宋时期是我国封建社会发展的鼎盛时期，尤其是宋代，城市商业发达，《清明上河图》就是其商业繁荣的真实写照。在此经济社会背景下，唐宋时期的城市出现多种多样的体育休闲形式，主要体现为以下几种：（1）蹴鞠。蹴鞠其实在秦汉时期已经备受喜欢，到了唐宋时期其休闲娱乐健身的作用更加突出，并且做了相应的改进。唐朝对蹴鞠的改进就是把原来的实心球改进成空心球，坚韧且有弹性，踢法更加多样化，也更具娱乐性和竞技性；唐代蹴鞠改汉代的"鞠室"为"球门"，开展这项运动

---

❶ 冯国超. 中国传统体育[M]. 北京：首都师范大学出版社，2007：72.

❷ 陈祥和，李世昌. 中国古代足球——蹴鞠[J]. 体育成人教育学刊，2011（5）：17.

❸ 谢卫. 休闲体育概论[M]. 成都：四川大学出版社，2014：78.

主要为朝廷群臣集体宴乐助兴和外交礼仪表演，可见唐代蹴鞠运动具有较强的休闲娱乐功能。❶宋代存在专门表演蹴鞠的艺人，蹴鞠运动在民间的流传得更快。（2）马球。马球是马术与球术相结合的一项运动，其活动对抗性比较激烈。在唐代马球已发展成为第一球类运动，深受皇亲国戚的喜爱。例如唐玄宗非常喜欢打马球，并且极力将此运动形式推广到军中。到了宋代，马球则逐渐开始向民间不断发展，成为普通民众休闲娱乐的活动。（3）秋千。秋千在唐代是一项颇受欢迎的休闲娱乐活动。据《开元天宝遗事》记载："天宝宫中至寒食节，竞竖秋千，令宫嫔辈嬉笑以为宴乐，帝呼为半仙之戏，都中市民因而呼之。"❷秋千到了宋代的时候，无论是皇宫还是民间，无论男女都在参与这项活动。这项活动流传到今天还广受喜爱，参与人群扩展到儿童。

（四）明清时期

明清时期是我国封建王朝走向衰落的时代，经济发展、政治制度、文化氛围相对西方已严重落后。在封建社会末期，尤其是在清朝中后期，随着封建社会的没落以及列强侵略，我国传统的大众体育走向衰落。不过在明清时代还是存在一些具有代表性的体育休闲形式，主要体现为以下几种：（1）摔跤。摔跤作为一种古老的运动形式，在明朝时期，北方称为摔角，南方则称为相扑。这是一种深受人们喜爱的运动形式。到了清代，摔跤融进满族的一些元素，迅速发展起来。清代的摔跤分为官跤和私跤。官跤，主要是针对与清皇室有关的摔跤形式，私跤则具有民间的性质。（2）冰嬉。冰嬉是我国北方冬季的一种健身娱乐活动。据刘若愚《明宫史》记载，德阳门外的河流"冬至水冻，可拉拖床，以木做作平板，上加交床或藁荐，一人在前引绳，可拉二三人，行冰上如飞"。❸

---

❶ 谢卫. 休闲体育概论[M]. 成都：四川大学出版社，2014：81.
❷ 王仁裕. 开元天宝遗事[M]. 北京：中华书局，2006:41.
❸ 谢卫. 休闲体育概论[M]. 成都：四川大学出版社，2014：81.

二、我国近代以来大众体育的发展历程

鸦片战争之后，伴随国门的开放，以竞技体育为代表的西方体育传入我国。但是，由于长期战乱，经济落后，我国大众体育发展缓慢。国民政府通过制定相应的法律与政策促进了大众体育发展。1927年颁布的《中华民国教育宗旨及其实施方针》明确提出："发展体育之目的，固在增进民族之体力，尤其以锻炼强健之精神，养成规律之习惯，为主要任务。"1928年颁布的《国民体育法》是世界上第一部关于体育的专门立法。1931年颁布《民众业余体育运动会办法大纲》。1932年颁布的《国民体育实施方案》更是对大众体育的具体实施做了比较详细的规定："在1932年的《国民体育实施方案》中规定，体育试验区的工作任务就是要通过宣传、组织手段促使社会民众投身体育活动中，并且指导民众开展体育活动。具体内容包括：①每年举办民众业余运动会2~4次；②举办各种球类比赛；③组织国术班及各种业余健身团；④巡回体育与国术指导；⑤每年举行成年男、女健康比赛；⑥举办体育演讲、壁报、展览，出版书刊等。"❶

在国民政府时期，政府一系列法律与相关政策的颁布，大大提高了民众参与大众体育的积极性，从城市到农村、从学校到社会，体现出参与大众体育的极大热诚，但限于当时的社会发展条件，大众体育的发展程度还是较低水平的。

三、我国新时代大众体育的发展历程

中国人民共和国的成立为大众体育的发展创造了良好条件，经过长期努力，我国大众体育有了很大发展。在近70年中，社会体育大约经历了创业阶段（1949~1957年）、曲折发展阶段（1958~1965年）、畸形发展阶段（1966~1976年）、恢复、发展与初步改革阶段（1977~1991年）和改

---

❶ 鲁威人. 体育学[M]. 北京：清华大学出版社，2016：174.

革的深化与发展阶段（1992年至今）的五个阶段。❶ 下面介绍一下各阶段的基本情况。

在创业阶段，国家首先明确了发展大众体育的方针，这体现在毛泽东主席提出的"发展体育运动，增强人民体质"。同时，初步建立了大众体育的组织体系和一系列大众体育的规章制度，为我国大众体育的发展奠定基础。由于当时中华人民共和国刚刚成立，面临复杂的国内国际环境，因此，这一时期的大众体育具有明显的军事和政治功能。在曲折发展阶段，由于国内开始"大跃进"运动，高指标和浮夸风在社会中盛行，体育领域也受到很大影响。在违背客观规律的情形下，大众体育受到严重破坏甚至一度中断。此时，人们深刻地认识到进行体育锻炼必须尊重客观规律。"文化大革命"时期，我国大众体育处于畸形发展阶段，其主要是为政治运动服务，出现了"千人操"和"万人横渡"等形式活动，甚至一些传统的民间体育活动被列为"四旧"而遭到批判。

党的十一届三中全会开创了我国改革开放的新时期，在新的历史条件下，大众体育得到迅速恢复和发展。如群众参与活动的形式开始不断丰富，出现健美操、保龄球、网球、高尔夫球、赛车等新的运动形式；体育运动场馆数量不断增加，同时兴建了大量公园，这为群众参与体育活动提供了场所；同时，各种体育协会纷纷建立，大大增强了群众参与体育活动的组织性。值得注意的是，自20世纪80年代中期以来，城市产生一种新的大众体育形式即社区体育，社区体育在群众健身活动中起到重要作用。在农村，大众体育也有较大的发展。1986年，国务院批准成立中国农民体育协会，各地方也纷纷成立农民体育协会，这样有利于促进农民体育活动。随着我国改革的不断深入，原有的计划经济体制下的大众体育发展模式已不能适应市场经济条件下人们对大众体育的需求。这样我国开始了体育领域的改革，到20世纪90年代初，我国大众体育进入改革深化与发展时期。这一时期国家颁布了一系列政策法律法规来促进我国体育的改革，有些直

---

❶ 黄美好. 体育学概论[M]. 北京：人民体育出版社，2007：142.

接就是专门针对大众体育改革和发展的。❶

第二节　我国大众体育宏观调控法律发展历程

　　我国大众体育宏观调控法律随着时间的推移而不断完善，从无到有、从不完善逐步走向完善。在我国漫长的古代社会，勤劳和智慧的人民在社会经济生活实践中创造了丰富多彩的大众体育形式。但是，由于受社会发展进程的限制，古代社会不可能出现大众体育宏观调控法律。

一、近代我国大众体育宏观调控法律发展历程

　　近代以来，尽管我国经受了战争的磨难，社会经济发展受到严重破坏，但我国的大众体育宏观调控法律已经开始逐步产生，并在当时的社会历史条件下起到推广与促进大众体育发展的积极作用。如国民政府就颁布了一系列具有大众体育宏观调控性质的法律法规等具有约束力的法律文件，主要包括如下：（1）1927年颁布的《中华民国教育宗旨及其实施方针》。该方针明确提出发展体育的目的在于增强民族的体魄、培养民族精神，以及养成良好的生活习惯。由此可见，该方针明显体现了发展大众体育的思想，表明从政府的高度对发展大众体育的高度重视。（2）1928年颁布的《国民体育法》。"该法是中国历史上的第一部体育法，也是世界上的第一部《体育法》，足以可见国民政府对体育运动的重视。不仅对学校体育做出了规定，还对社会体育即大众体育做出了规定，包括推广开展大众体育运动方式、体育场馆的使用管理等方面的内容。"❷ 该法的颁布体现了当时国民政府对体育的重视，推广大众体育运动方式、体育场馆使用管理等内容则体现了大众体育宏观调控的性质。（3）1932年颁布的

---

　　❶　这主要包括：1993年年初，国家体委下发的《关于深化体育改革的意见》，1993年年底国家体委发布的《社会体育指导员技术等级制度》，1995年国务院颁布的《全民健身计划纲要》，同年我国颁布《中华人民共和国体育法》。

　　❷　鲁威人. 体育学[M]. 北京：清华大学出版社，2016：174.

《国民体育实施方案》。该方案中的体育实验区是大众体育宏观调控的一项重要制度设计。在体育实验区内，政府通过采取宣传、组织等手段，促进民众积极参加大众体育。由此可知，该方案已经从具体大众体育宏观调控法律制度的实施层面来促进大众体育的发展。

通过对民国时期大众体育宏观调控法律的发展历程的回顾可知：民国时期对大众体育的发展非常重视，并且通过法律的手段促进大众体育的发展。这一系列包含大众体育宏观调控性质的法律法规的出台，这对当时大众体育的发展起到积极的作用。

二、我国新时代大众体育宏观调控法律发展历程

中华人民共和国的成立开辟了我国的新时代，为我国大众体育的快速发展奠定了基础。1949年以后，党和政府高度重视大众体育的发展，尤其是改革开放以来，非常重视通过法律手段来促进大众体育的发展。我国新时代大众体育宏观调控法律发展历程主要体现为以下方面。

（一）大众体育宏观调控法律的雏形期

大众体育宏观调控法律的雏形期指的是中华人民共和国成立初期我国发展大众体育的基本方针制定的时期。在此期间，我国大众体育宏观调控的基本思想已经成型，但是并没有以法律的形式表现出来。因此，此阶段称为雏形期。

1949年9月30日，中国人民政治协商会议第一届全体会议一致通过《中国人民政治协商会议共同纲领》，第48条规定"提倡国民体育"体现了当时体育运动普及化和经常化的大众体育方针和体育事业为人民服务、为国防服务的宗旨。❶可见，《中国人民政治协商会议共同纲领》明确了体育发展目标的重心在于大众体育。

1952年6月10日，毛泽东主席为中华全国体育总会成立大会题词"发展体育运动，增强人民体质"。可见，在中华人民共和国成立初期，党和

---

❶ 夏成前，田雨普. 新中国体育60年发展战略重点的变迁[J]. 武汉体育学院学报，2010，44（1）：17-22.

国家的最高领导人非常注重大众体育的发展。为了实现党和国家领导人发展大众体育的方针，国家当时颁布一系列的大众体育的政策性文件，主要内容可归纳为："建立、完善体育管理机构和各级大众体育组织；加强体育干部队伍建设、培养体育积极分子；以宣传、体育竞赛、制度建设为重点推动大众体育；推行便于开展又易于增强体质的体育活动。"❶

在这一时期《中国人民政治协商会议共同纲领》确立的国民体育的发展思路，以及毛泽东主席提出的"发展体育运动，增强人民体质"的发展大众体育的指导方针，虽然并未以法律的形式表现出来，但对大众体育的发展而言都体现了大众体育宏观调控法律的精神实质。因而，从这个角度而言，中华人民共和国成立初期这一阶段称为大众体育宏观调控法律的雏形期。

（二）大众体育宏观调控法律的成长期

大众体育宏观调控法律的成长期是指我国在完成社会主义改造后至改革开放前这段时期。在这一时期，伴随我国社会主义建设的不断进行，尽管在探索中存在曲折，但是大众体育宏观调控法律也在曲折中成长。

1958年2月，国家体委制定《体育运动十年发展纲要》。在体育运动十年规划的报告中提出，"大力开展大众体育，在普及的基础上，加速运动技术水平的提高，要求10年内4 000万人达到劳卫制标准"。同年9月国家对《体育运动十年发展纲要》做了较大的修改，发布《体育运动十年规划》。根据国家体委的材料显示，当时全国经常参加体育活动的人数已达到1亿多，267万多人达到劳卫制标准，22.5万人达到等级运动员标准，160多个县普及农村教育。❷

1961年2月10日，国家体委根据当时"调整、巩固、充实、提高"的政策要求，在《关于1961年体育工作的意见》中，提出"应根据为生产

---

❶ 蔡治东，汤际澜，虞荣娟. 中国大众体育政策的历史变迁与特征[J]. 体育学刊，2016（4）：36.

❷ 夏成前，田雨普. 新中国农村体育发展历程[J]. 体育科学，2007，27（10）：35.

劳动服务的方针和因地、因时、因人制宜的原则,开展各种各样体育活动"。❶ 1965年重提"普及和提高相结合,大力开展大众性体育运动,在体育运动广泛开展的基础上提高运动技术水平,不断创造新纪录"的体育运动方针。❷

这一时期,在大众体育宏观调控方面,已经出现具有标志性的法律文件,如《体育运动十年发展纲要》《体育运动十年规划》等。这些具有大众体育宏观调控法律性质的法律文件,在当时的社会历史条件下有力地促进了大众体育的发展。

(三)大众体育宏观调控法律的成型期

20世纪70年代末,我国实施了改革开放的伟大决策,自此我国发生翻天覆地的变化,进入一个崭新的时代。在这一时代背景下,人民的生活水平不断提高,大众体育发展到一个全新的高度,伴随着依法治国的不断推进,我国的大众体育宏观调控法律成型。大众体育宏观调控法律主要体现在以下方面。

1986年4月,国家体委下发《关于体育体制改革的决定(草案)》。在改革开放初期,就体育领域而言,同样是从体制改革入手。该草案强调:改善体育的领导体制,切实发挥体委对体育事业的领导、协调、监督作用;发挥各方面的积极性,把大众体育推向新的广度和深度;大力繁荣民族传统体育,逐步实现规范化、科学化等。

1993年,国家体委出台《关于深化体育改革的意见》。该意见中明确提出国家宏观调控,这与以往的计划经济体制下的管理体制有了质的不同。自此,在我国确立发展社会主义市场经济体制的发展方向后,国家开始对大众体育的发展走向真正意义上的调控之路。

1995年6月20日,国务院发布《全民健身计划纲要》,其具有明显的

---

❶ 国家体委政策研究室. 体育运动文件选编(1949~1981)[M]. 北京:人民教育出版社,1982:70.

❷ 蔡治东,汤际澜,虞荣娟. 中国大众体育政策的历史变迁与特征[J]. 体育学刊,2016(4):37.

大众体育宏观调控法律性质。该纲要以更广泛地开展群众体育活动,增强人民体质,推动我国社会主义现代化建设事业发展为宗旨,主要包括:面临的形势、目标和任务、对象和重点、对策和措施以及实施步骤五个方面。(1)在面临的形势方面,肯定了中华人民共和国成立以来我国大众体育方面取得的巨大成就,但在新形势下经济建设和社会发展对大众体育提出了更高的要求,因此,需要对大众体育发展中存在的问题及时进行解决。(2)在目标和任务方面,提出全民健身到2010年的奋斗目标,并提出在20世纪末,初步建立起与社会主义市场经济体制相适应的全民健身管理体制,并提出全民健身体系基本框架的社会化、科学化、产业化和法制化等。(3)在对象和重点方面,以全国人民为实施对象,以青少年和儿童为重点,同时还对少数民族、妇女、老年人以及残疾人等的健身活动做了特别规定。(4)在对策和措施方面,把推行全民健身计划纳入国民经济和社会发展的总体规划;加强大众体育的法制建设;体育场地设施建设要纳入城乡建设规划;提倡家庭和个人为体育健身投资,引导群众进行体育消费,积极开发我国的大众体育消费市场等。(5)实施步骤方面,把全民健身分成两期工程,第一期工程的时间段为1995~2000年,第二期工程的时间段为2001~2010年。通过这两期工程的实施,要基本建成具有中国特色的全民健身体系。

1995年8月29日,第八届全国人民代表大会常务委员会第十五次会议通过《中华人民共和国体育法》,2009年8月27日、2016年11月7日,全国人大常委会对该法进行修改。该法共分为总则、社会体育、学校体育、经济体育、体育社会团体、保障条件、法律责任和附则八章。其中许多法律规定体现了大众体育宏观调控法律的性质,主要体现如下:(1)总则方面,制定该法的宗旨中明确提到增强人民体质,这就是发展大众体育,并且提出体育工作坚持以开展全民健身活动为基础,以及将体育事业纳入国民经济和社会发展规划。可见,在总则中对大众体育的宏观调控性质。(2)在社会体育方面,提出国家推行全民健身计划、实施社会体育指导员技术等级制度、地方各级政府以及基层组织应该尽量创造条件支持大众体育活动的开展。同时,提出国家对民族传统体育项目的支持与鼓励等。

（3）在保障条件方面，将体育事业经费、体育基本建设资金列入财政预算以及基本建设投资计划，并且鼓励捐赠和赞助；对于公共体育设施的建设纳入城市建设规划和土地利用总规划，并提出公共体育设施应向社会开放，从而提高其利用率。（4）在法律责任方面，对侵占、破坏公共体育设施的，以及在体育活动中寻衅滋事、扰乱社会秩序，以及挪用、克扣体育资金等方面规定了相应的法律责任。对于2009年6月27日的修改则删去第47条，❶ 2016年11月7日的修改则删去了第32条。❷ 删去这两条体现了我国体育发展要符合社会主义市场经济的发展方向。

2002年，《中共中央国务院关于进一步加强和改进新时期体育工作的意见》发布，重申坚持体育为人民服务、为社会主义现代化建设服务的方针，强调体育工作要把提高全民族身体素质摆在突出位置。❸

2003年6月26日，国务院发布《公共文化体育设施条例》。该条例分为总则、规划和建设、使用和服务、管理和保护、法律责任以及附则共六章。该条例中有大量关于公共体育设施宏观调控性质的法律规定，主要表现为四个方面。（1）总则方面。首先界定该条例所称公共文化体育设施包含体育场（馆）在内的建筑物、场地和设备。然后，有若干条款体现了公共体育设施宏观调控性质的条款。如："各级人民政府举办的公共文化体育设施的建设、维修、管理资金，应当列入本级人民政府基本建设投资计划和财政预算。""国家鼓励企业、事业单位、社会团体和个人等社会力量举办公共文化体育设施。国家鼓励通过自愿捐赠等方式建立公共文化体育设施社会基金，并鼓励依法向人民政府、社会公益性机构或者公共文化体育设施管理单位捐赠财产。捐赠人可以按照税法的有关规定享受优惠。国家鼓励机关、学校等单位内部的文化体育设施向公众开放。"❹

---

❶ 《中华人民共和国体育法》第47条：用于全国性、国际性体育竞赛的体育器材和用品，必须经国务院体育行政部门制定的机构审定。

❷ 《中华人民共和国体育法》第32条：国家实行体育竞赛全国纪录审批制度，全国纪录由国务院体育行政部门确认。

❸ 马宣建. 论中国群众体育政策[J]. 成都体育学院学报，2005，31（6）：1-7.

❹ 《公共文化体育设施条例》第5条。

（2）规划和建设方面。各级政府要将公共文化体育设施的建设纳入相应的国民经济和社会发展规划中来，并且在公共文化体育设施的数量、种类、规模、布局、建设选址、土地使用等方面都做了相应规定。如："公共文化体育设施的建设预留地，由县级以上地方人民政府土地行政主管部门、城乡规划行政主管部门按照国家有关用地定额指标，纳入土地利用总体规划和城乡规划，并依照法定程序审批。任何单位或者个人不得侵占公共文化体育设施建设预留地或者改变其用途。因特殊情况需要调整公共文化体育设施建设预留地的，应当依法调整城乡规划，并依照前款规定重新确定建设预留地。重新确定的公共文化体育设施预留地不得少于原有面积。"❶（3）使用和服务方面。对公共体育文化设施的对外开放、收费、出租等方面做了相关的规定。如："公共文化体育设施应当根据其功能、特点向公众开放，开放时间应当与当地公众的工作时间、学习时间适当错开。公共文化体育设施的开放时间，不得少于省、自治区、直辖市规定的最低时限。国家法定节假日和学校寒暑假期间，应当适当延长开放时间。学校寒暑假期间，公共文化体育设施管理单位应当增设适合学生特点的文化体育活动。"❷（4）管理和保护。对公共文化体育设施的收入、拆除等方面做了详细的规定。如："公共文化体育设施管理单位的各项收入，应当用于公共文化体育设施的维护、管理和事业发展，不得挪作他用。文化行政主管部门、体育行政主管部门、财政部门和其他有关部门，应当依法加强对公共文化体育设施管理单位收支的监督管理。"❸

2009年5月4日，国务院发布《彩票管理条例》。该条例可分为总则、彩票发行和销售管理、彩票开奖和兑奖管理、彩票资金管理、法律责任和附则共六章。该条例在立法宗旨中就明确提出促进社会公益事业的发展，其中最能体现宏观调控性质的是彩票资金管理这一章。该部分对彩票资金的构成、彩票公益金的使用以及彩票公益金的分配与管理等方面做了相应

---

❶ 《公共文化体育设施条例》第14条。
❷ 《公共文化体育设施条例》第17条。
❸ 《公共文化体育设施条例》第26条。

的规定。彩票资金包括彩票奖金、彩票发行费和彩票公益金。关于彩票公益金的使用，规定："彩票公益金专项用于社会福利、体育等社会公益事业，不用于平衡财政一般预算。彩票公益金按照政府性基金管理办法纳入预算，实行收支两条线管理。"❶关于彩票公益金的分配政策，则是由财政部会同民政、体育等有关部门提出方案，最后报国务院批准执行。关于彩票公益金的使用监督，该条例则要求彩票公益金的使用单位，应当每年向社会公告公益金的使用情况，同时明确规定："国务院财政部门和省、自治区、直辖市人民政府的财政部门应当每年向本级人民政府报告上年度彩票公益金的筹集、分派和使用情况，并向社会公告。"❷2012年1月18日，财政部、民政部、国家体育总局联合发布《彩票管理条例实施细则》。该细则分为总则、彩票发行和销售管理、彩票开奖和兑奖管理、彩票资金管理、法律责任、附则共六章。该实施细则在彩票公益金的分配、使用、监督等方面的细化主要体现在："彩票公益金按照国务院批准的分配政策在中央和地方之间分配，由彩票销售机构分别上缴中央财政和省级财政。上缴中央财政的彩票公益金，由财政部驻各省、自治区、直辖市财政监察专员办事处就地征收；上缴省级财政的彩票公益金，由省级财政部门负责征收。"❸对于彩票公益金的使用，则要求会同同级的财政部门制定相应的彩票公益金资助项目实施管理办法，同时要求彩票公益金资助的基本建设设施、设备或者社会公益活动，则应当用明显的方式标注为彩票公益金资助。

2009年8月30日，国务院发布《全民健身条例》，并于2013年7月18日、2016年2月6日两次进行修订。该条例是我国大众体育宏观法律的一个重要标志，包括总则、全民健身计划、全民健身活动、全民健身保障、法律责任和附则共六章。其中大量的法律规定体现了大众体育宏观调控的法律性质，主要表现为：（1）总则方面。在总则之中，促进、支持、

---

❶ 《彩票管理条例》第33条。
❷ 《彩票管理条例》第37条。
❸ 《彩票管理条例实施细则》第58条。

鼓励、推动等法律用语的出现，体现国家对大众体育发展的高度重视。例如，在立法宗旨中提出该条例为了促进全民健身活动的开展，保障公民在全民健身活动中的合法权益；在具体的宏观调控的法律制度设计上主要表现为县级以上地方人民政府应当将全民健身事业纳入本级国民经济和社会发展规划，鼓励与人民群众消费水平相适应的体育产业的发展，鼓励自然人、法人或者其他组织对全民健身事业提供捐赠和赞助，并且依法可享受税收优惠等。（2）全民健身计划方面。该条例明确规定国务院制定全民健身计划，具体包括全民健身的目标、任务、措施等。关于全民健身计划的组织实施部门主要为县级以上人民政府体育主管部门，涉及其他部门的，县级以上地方人民政府则应该加强组织与协调。（3）全民健身活动方面。从国务院以及地方各级人民政府的体育主管部门，到基层文化体育组织、居民委员会和村民委员会，以及涉及公会、共青团、妇联、残联等社会团体等，该条例都明确提出要开展全民健身活动。该条例还明确提出每年8月8日为全民健身日。（4）全民健身保障方面。资金保障方面，主要体现为：政府将所需经费纳入财政预算，并逐步增加投入，以及由体育主管部门分配使用的彩票公益金应该用于全民健身；在健身场馆与场地方面规定：公共体育设施的规划、建设以及使用等方面有专门的《公共文化体育设施条例》，并且规定公共体育设施应该积极创造条件对外开放，并且鼓励民办学校对外开放体育设施，并且对公园、绿地等全民健身的重要场地，政府需要根据实际情况免费提供相应的健身器材等；与此同时，国家注重对社会体育指导员的培养，并且鼓励全民健身组织者、健身场所管理者以及参与者积极购买相关的保险。（5）法律责任方面。在全民健身方面涉及的法律责任体现了许多，尤其值得注意的是不得利用健身活动从事宣扬封建迷信、违背社会公德、扰乱公共秩序、损害公民身心健康的行为，如若其行为后果严重构成犯罪的，应承担相应的刑事责任。2013年7月18日，第一次修改是将该条例的第32条经营高危险性体育项目许可的机关由"县级以上人民政府体育主管部门"改为"县级以上地方人民政府体育主管部门"。2016年2月6日，第二次修改是将该条例的第32条第1款中的"经营高危险性体育项目的"修改为"企业、个体工商户经营高危险性

体育项目的"，并且删去了第3款。❶

2011年2月15日，国务院发布《全民健身计划（2011～2015年）》。该计划分为指导思想、目标任务、工作措施、保障措施和组织实施五部分。（1）指导思想方面。该计划在指导思想方面明确提出："深入贯彻落实科学发展观，坚持体育事业公益性，逐步完善符合国情、比较完整、覆盖城乡、可持续的全民健身公共服务体系，保障公民参加体育健身活动的合法权益，促进全民健身与竞技体育协调发展，扩大竞技体育群众基础，丰富人民群众精神文化生活，形成健康文明的生活方式，提高全民族身体素质、健康水平和生活质量，促进人的全面发展，促进社会和谐文明进步，努力奠定建设体育强国的坚实基础。"（2）目标任务方面。从总体上提出2015年要达到的总体目标，并且详细列出8个方面的目标任务，具体体现为：经常参加体育锻炼人数进一步增加、城乡居民身体素质进一步提高、体育健身设施有较大发展、全民健身活动内容更加丰富、全民健身组织网络更加健全、全民健身指导和志愿服务队伍进一步发展、科学健身指导服务不断完善和全民健身服务业发展壮大。这8个方面都具体列出发展的目标，如在全民健身指导方面就明确指出获得社会体育指导员技术等级证书的人数达到100万人以上，获得社会体育指导员国家职业资格证书的人数达到10万人以上。（3）工作措施方面。该计划列出了12个方面：深入开展全民健身宣传教育、大力发展城市社区体育、加快发展农村体育、积极发展少数民族体育、切实加强青少年体育、重视发展老年人体育、大力推进残疾人体育、着力推动职工教育、继续推行体育锻炼标准和体质测定标准、传承发展民族民间传统体育、广泛开展全民健身活动以及组织举办全民健身运动会。如在传承发展民族民间传统体育中就明确提出广泛开展民族传统体育教育活动，举办民族民间传统项目展示和竞赛活动。（4）保障措施方面。该计划列出了8个方面：加大各级财政全民健

---

❶《全民健身条例》在2016年2月6日修改时删掉的该条例第32条第3款为：申请经营高危险性体育项目的，应当持县级以上人民政府体育主管部门的批准文件，到工商行政管理部门依法办理相关登记手续。

身事业投入、鼓励社会兴办全民健身事业、有计划地建设公共体育设施、提高体育设施利用率、加强社会体育指导员队伍建设、广泛开展全民健身志愿服务活动、不断加大科学健身指导的力度以及做好信息、科研和法制建设工作。在每一个方面，该计划都做了比较详细的规定。如在鼓励社会兴办全民健身事业中，该计划就明确提出，完善财政、税收、金融和土地等优惠政策，鼓励与引导社会资本投入全民健身事业，以及社会资本对全民健身的公益性捐赠，如果符合税法的有关规定的，可以从其应纳税额中扣除等。（5）组织实施方面。该计划主要体现为，一方面，加强组织领导；另一方面，加强成效评估。如在组织领导方面，该计划的实施在国务院领导下，由国家体育总局会同其他部门等共同推进，地方政府则可根据本地的具体情况制订出符合情形的实施计划等。

2011年3月28日，国家体育总局发布《体育事业发展"十二五"规划》。根据我国的国情制定国民经济和社会发展规划，国家体育总局发布的关于体育事业发展的规划具有宏观调控的法律性质。该规划的第三部分以"努力提高群众体育发展水平，为改善民生服务"为标题，集中对"十二五"期间的大众体育发展做了整体规划，主要体现在以下几方面："十二五"期间大众体育的发展目标、加强公共体育设施规划制定与实施管理、加强全民健身设施建设、进一步推动体育场馆向公众开放、健全全民健身组织网络、加强社会体育指导员队伍建设、广泛开展群众体育健身活动与竞赛、实施"青少年体育活动促进计划"，等等。如在"十二五"期间大众体育的发展目标中明确提出："全民健身设施、全民健身组织、全民健身指导队伍和志愿者服务队伍等方面的数量与质量显著提高，全民健身服务业发展壮大。到2015年，全国各类体育场地达到120万个，人均体育场地面积达到1.5平方米以上，经常参加体育锻炼的人数比例达到32%以上，比2007年提高3.8个百分点，达到《国民体质测定标准》合格以上的人数比例显著增加。"除此之外，该规划的其他部分也涉及大众体育宏观调控的内容，如在第六部分"加强宏观管理，提高依法行政、依法治体的意识和能力"中明确提出，政府体育行政部门要切实转变职能、把工作重点放在制定发展规划、加强宏观调控方面；在第八部分的"加大体育宣传力度，充分发挥舆论导向作用"中提出加强包括全民健身在内以及重要法律法规等的宣传工作，从而为体育的改革和发展营造良好的舆论氛围和社会环境等；在第九部分的"加强组织领导，强化政府公共体育服务职能"中指出，各级政府及相关部门应该把体育事业经费、体育基本建设资金等纳入本级政府的国民经济和社会发展规划中，并且把体育事业经费列入本级财政预算，要确保体育事业的各项投入要与经济发展实现同步，进一步完善支持体育事业发展的财政、金融、税收、土地等方面的政策等。

2011年10月9日，国务院发布《社会体育指导员管理办法》。该办法分为总则、组织管理、培训教育、申请审批、注册办理、工作保障、服务规范、奖励处罚和附则共九章，自2011年11月9日起实施。1993年12月4日原国家体委发布的《社会体育指导员技术等级制度》予以废止。该办法首先明确其立法宗旨为促进社会指导员队伍的发展，发挥社会体育指导员在全民健身活动中的积极作用。此外，在组织管理、工作保障、奖励等方面有大量的促进性的宏观调控措施。在组织管理方面，该办法要求各级体育主管部门应当将社会体育指导员的工作纳入体育工作规划中来，并且要为社会体育指导员开展志愿服务提供相应的保障，同时建立全国性和地方性的社会体育指导员协会，为社会体育指导员提供服务。在工作保障方面，该办法主要从社会体育指导员经费保障以及保险等方面来进行规定。如："各级体育主管部门应当在本级事业经费预算中列支社会体育指导员工作经费，在体育彩票公益金中安排一定比例的资金作为社会体育指导员工作经费，并随着体育工作经费的增长逐步加大对社会体育指导员工作经费的投入。各级体育主管部门应当为有关组织开展社会体育指导员工作提供补助经费，并对农村、贫困地区和民族地区予以倾斜。"❶鼓励社会力量对社会体育指导员的工作提供赞助等多种方式的支持。在奖励方面，该办法规定各级体育主管部门要对在社会体育指导工作中表现优秀的组织或者个人给予表彰与奖励。此外，还专门设置相关的奖励制度，如："建立社会

---

❶ 《社会体育指导员管理办法》第24条。

体育指导员荣誉奖章制度。国家体育总局对连续开展志愿服务二十年、十五年和十年，为全民健身事业做出突出贡献的社会体育指导员，分别授予社会体育指导员金质奖章、银质奖章和铜质奖章。"❶

　　2014年10月2日，国务院发布《关于加快发展体育产业促进体育消费的若干意见》。该意见共分为总体要求、主要任务、政策措施、组织实施四个部分。该意见冠名是加快体育产业促进体育消费，大众体育的产业化与大众体育消费是体育产业与体育消费的重要组成部分。（1）总体要求方面。在这方面提出的发挥市场作用以及倡导健康生活的原则能够集中体现出大众体育产业化的思想。如在倡导健康生活原则中，提出激发群众参与体育活动热情，推动形成投资健康的消费理念和充满活力的体育消费市场；如在发展目标中，提出的产业体系更加完善中就明确把健身休闲作为产业体系的一部分，并且在行文表达中排在了第一位，提出大众体育健身和消费意识明显提高，人均的体育消费支出明显提高。（2）主要任务方面。在该方面具体包括创新体制机制、培育多元主体、改善产业布局和结构、促进融合发展、丰富市场供给、营造健身氛围等。如在改善产业结构中就明确提出，大力培育健身休闲等体育服务业，支持各地打造一大批优秀体育俱乐部、示范场馆等；在丰富市场供给方面，对各级政府和社会力量方面对体育设施的完善都做了相应的要求，最终对城市而言，社区建设15分钟的健身圈，新建社区达到100%的体育设施覆盖，对于农村而言，推进实施农民健身工程，在乡镇、行政村实现公共体育健身设施的100%覆盖；在发展健身休闲项目方面，大力支持发展健身跑、自行车、登山攀岩等广大人民群众喜闻乐见和具有发展空间的项目，与此同时，鼓励地方根据本地的特色来发展具有特色的传统体育项目，如赛龙舟、踩高跷等；在营造健身氛围中提出鼓励日常健身活动、推动场馆设施开放利用、加强体育文化宣传。（3）政策措施方面，该意见提出大力吸引社会投资、完善健身消费政策、完善税费价格政策、完善规划布局与土地政策、完善人才培养和就业政策、完善无形资产开发保护和创新驱动政策、优化市场环

---

❶ 《社会体育指导员管理办法》第37条。

境等七个方面。在这七个方面中，最能集中体现大众体育宏观调控性质的是完善健身消费政策，"各级政府要将全民健身经费纳入财政预算，并保持与国民经济增长相适应。要加大投入，安排投资支持体育设施建设。要安排一定比例体育彩票公益金等财政资金，通过政府购买服务等多种方式，积极支持群众健身消费，鼓励公共体育设施免费或低收费开放，引导经营主体提供公益性群众体育健身服务。鼓励引导企事业单位、学校、个人购买运动伤害类保险。进一步研究鼓励群众健身消费的优惠政策"。❶（4）组织实施方面。包括健全工作机制、加强行业管理和加强督查落实三个方面。如在加强督查落实中，明确提出各地区、有关部门应该根据该意见的要求，以及其具体情况，尽快制定具体的实施意见和配套文件，发改委、体育总局要会同有关部门对具体落实情况进行监督检查等，如若出现重大事项及时向国务院报告。

2016年5月5日，国家体育总局发布《体育发展"十三五"规划》。在"十三五"时期我国体育发展面临的机遇中，该规划明确提出："建设健康中国、全民健身上升为国家战略，将为体育发展提供新机遇，将不断满足广大人民群众对健康更高层次的需求，进一步营造崇尚运动、全民健身的良好氛围，推进体育融入生活，培育健康绿色生活方式，增强人民群众的幸福感和获得感，有效提高全民族健康水平。"❷ 在"十三五"时期体育发展的主要目标中，该规划中明确提出："全民健身国家战略深入推进，群众体育发展达到新水平。《全民健身计划（2016~2020年）》有效实施，全民健身公共服务体系日趋完善，人民群众健身意识普遍增强，身体素质逐步提高。到2020年，经常参加锻炼的人数达到4.35亿人，人均体育场地面积达到1.8平方米。"❸ 在该规划中，最能集中体现大众体育宏观调控的为第四部分，即落实全民健身国家战略，加快推动群众体育发展。该部分主要分为：不断完善基本公共体育服务、加强健身场地设施建设与

---

❶ 《关于加快发展体育产业促进体育消费的若干意见》国务院 2014年10月2日发布。

❷❸ 《体育发展"十三五"规划》国家体育总局 2016年5月5日发布。

管理、广泛开展丰富多彩的健身活动、基本建成覆盖全社会的全民健身组织网络、加大科学健身指导和宣传力度、加快青少年体育发展、保障特殊群体基本体育权利。如在加强健身场地设施建设与管理中，首先是重点建设一批便民利民的健身场地设施，尤其是要加强乡镇体育场地设施建设，并且鼓励社会资本投入健身设施建设，落实与完善相关的优惠配套政策。其次在加强健身场地建设的同时，提高健身场地设施的利用率。如在广泛开展丰富多样的全民健身活动中，对群众喜闻乐见的运动项目、时尚运动项目、民间传统运动项目采取不同的鼓励措施，关于时尚运动项目，如冰雪、帆船、赛车、马术、极限等，则是积极培育。同时，积极探索业余竞赛活动体系以及相关的激励机制，创新多元主体举办相关赛事，从而促进全民健身活动更加深入和广泛地展开。如在保障特殊群体基本权利中，同样坚持政府主导、多元主体参与的原则。加强政府对老年人、残疾人等特殊群体开展体育活动的领导，并且制定相应的鼓励措施调动社会的力量，为贫困人口和农民工等社会弱势群体参加体育活动提供相关场地等。该规划最后一部分，即加强组织领导，确保规划落实，为保障规划的落实提出一系列的措施，如加强组织领导、促进区域体育发展、做好扶贫援助工作、强化基础性工作、狠抓反腐倡廉和行业作风建设、加强监督落实等。

2016年6月15日，国务院发布《全民健身计划（2016～2020年）》。该计划共分为总体要求、主要任务、保障措施、组织实施四个大方面的内容，其中这四个大方面里共包含18个小方面。该计划以实施全民健身国家战略，提高全民族的身体素质和健康水平为宗旨。（1）总体要求。该部分包含指导思想和发展目标两方面内容。该计划的指导思想为"全面贯彻党的十八大和十八届三中、四中、五中全会精神，紧紧围绕'四个全面'战略布局和党中央、国务院决策部署，牢固树立和贯彻落实创新、协调、绿色、开放、共享的发展理念，以增强人民体质、提高健康水平为根本目标，以满足人民群众日益增长的多元化体育健身需求为出发点和落脚点，坚持以人为本、改革创新、依法治体、确保基本、多元互促、注重实效的工作原则，通过立体构建、整合推进、动态实施，统筹建设全民健身公共服务体系和产业链、生态圈，提升全民健身现代治理能力，为全面建成小康社会贡献力量,为实现中华民族伟大复兴的中国梦奠定坚实基础"。❶ 在发展目标中,提出一些比较确切的目标数字。如到2020年,每周参加1次及以上体育锻炼的人数达到7亿人,经常参加体育锻炼的人数达到4.35亿人,体育消费总规模达到1.5万亿元,其中全民健身成为促进体育产业发展、拉动内需和形成新的经济增长点的动力源。(2)主要任务。其主要包含以下内容:弘扬体育文化,促进人的全面发展;开展全民健身活动,提供丰富多彩的活动供给;推进体育社会组织改革,激发全民健身活力;统筹建设全民健身场地设施,方便群众就近就便健身;发挥全民健身多元功能,形成服务大局、互促共进的发展格局;拓展国际大众体育交流,引领全民健身开放发展;强化全民健身发展重点,着力推动基本公共体育服务均等化和重点人群、项目发展。在这七方面的主要任务中,提出一系列的具体创新性的相应措施,如在开展全民健身活动,提供丰富多彩的活动供给中提出要激发市场活力,为社会力量举办全民健身活动创造便利条件,完善业余体育竞赛体系,以及鼓励举办不同层次和类型的全民健身运动会等;在推进体育社会组织改革,激发全民健身活力中提出体育社会组织改革的目标是政企分开、权责明确、依法自治,并且引导体育社会组织向独立法人转变,这样可以大大提高体育社会组织服务大众健身的能力;在统筹建设全民健身场地设施中,提出"利用社会资金,结合国家主体功能区、风景名胜区、国家公园、旅游景区和新农村的规划与建设,合理利用景区、郊野公园、城市公园、公共绿地、广场及城市空置场所建设休闲健身场地设施"。❷ 在强化全民健身发展重点,着力推动基本公共体育服务均等化和重点人群、项目发展中,推动基本公共服务均等化是指公共体育服务向农村延伸,以乡镇、农村社区为均等化的重点,青少年则是全民健身计划中的重点人群,至于重点的项目则是足球运动和冰雪运动。(3)保障措施。在保障措施方面,主要包括以下几方面的内容:完善全民健身工作机制、加大资金投入与保障、建立全民健身评价体系、创新全民健身激励机制、强化全民健身科技创新、加强全民健身人才队伍建

---

❶❷ 《全民健身计划(2016~2020年)》国发〔2016〕37号。

设以及完善法律政策措施等。在这七个方面的保障措施中包含一系列的具体内容，如在完善全民健身工作机制方面，对政府、部门、社会团体各自的职能进行科学配置："政府要按照科学统筹、合理布局的原则，做好宏观管理、政策制定、资源整合分配、工作监督评估和协调跨部门联动；各有关部门要将全民健身工作与现有政策、目标、任务相对接，按照职责分工制定工作规划、落实工作任务；智库可为有关全民健身的重要工作、重大项目提供咨询服务等；社会组织可在日常体育健身活动的引导、培训、组织和体育赛事活动的承办等方面发挥作用，积极参与全民健身公共服务体系建设。"❶在加大资金投入与保障方面，从整体上而言，要建立多元化资金筹集机制，优化投融资政策引导、"推动"落实财税等优惠政策，从而使优惠政策能够起到鼓励的作用；在创新全民健身激励机制方面，从创新新形势下的激励平台建设、拓展激励的范围等方面入手，并且提出在特定时段发放体育健身消费券等方式，建立多渠道、市场化的全民健身激励机制等；在强化全民健身科技创新方面，提出"运动是良医"等全新的理念，提高全民健身的科技含量等。具体而言，从开展国民体质测试，到全民健身管理的资源库、公共服务信息平台，到全民健身场地设施升级换代，到体育用品的科技含量提高等多方面进行设计。如该计划具体提出："推动移动互联网、云计算、大数据、物联网等现代信息手段与全民健身相结合，建设全民健身管理资源库、服务资源库和公共服务信息平台，使全民健身服务更加便捷、高效、精准。利用大数据技术及时分析经常参加体育锻炼人数、体育设施利用率，进行运动健身效果综合评价，提高全民健身指导水平和全民健身设施监管效率。"❷在完善法律政策保障方面，提出不断完善《中华人民共和国体育法》中有关全民健身方面的内容，并且要完善全民健身的消费政策，加快全民健身相关产业与消费发展纳入体育产业及相关产业政策体系，健全全民健身执法机制和执法体系，纠纷解决等方面的法律与政策不断完善等。（4）组织实施。首先，加强组织领导与协调。各地要在该计划的指引下加强对全民健身的组织领导与协调，

---

❶❷ 《全民健身计划（2016~2020年）》国发〔2016〕37号。

最终要确保全民健身战略的深入推进。同时，要把全民健身的相关重点工作纳入政府年度民生实事加以推进考核等。其次，严格过程监管与绩效评估。县级以上地方人民政府要根据本地的具体实施计划，做好监督检查，并在2020年对实施情况进行全面评估。在进行全面评估的过程中，定期开展第三方评估和社会满意度调查等。

2016年8月26日，中共中央、国务院印发《"健康中国2030"规划纲要》。该纲要分为总体战略、普及健康生活、优化健康服务、完善健康保障等八篇，共29章。这其中内容涉及大量的大众体育宏观调控的内容，主要体现在以下方面：（1）提高全民身体素质（第六章）。该章四节内容中有三节是关于大众体育宏观调控的内容，即完善全民健身公共服务体系、广泛开展全民健身运动、促进重点人群体育活动。在完善全民健身公共服务体系中，该规划明确了2030年的目标，即"到2030年，基本建成县乡村三级公共体育设施网络，人均体育场地面积不低于2.3平方米，在城镇社区实现15分钟健身圈全覆盖。推行公共体育设施免费或低收费开放，确保公共体育场地设施和符合开放条件的企事业单位体育场地设施全部向社会开放。加强全民健身组织网络建设，扶持和引导基层体育社会组织发展"❶。在促进重点人群体育活动中，针对青少年、妇女、老年人、职业群体及残疾人等特殊群体制订相应的体质健康干预计划。如该规划中明确提出："实施青少年体育活动促进计划，培育青少年体育爱好，基本实现青少年熟练掌握1项以上体育运动技能，确保学生校内每天体育活动时间不少于1小时。到2030年，学校体育场地设施与器材配置达标率达到100%，青年少年学生每周参与体育活动达到中等强度3次以上，国家学生体质健康达标优秀率25%以上。"❷（2）积极发展健身休闲运动产业（第十九章）。健身休闲产业化是满足广大人民群众不断提高的健身需求的一条必然的途径，该规划为我国健身休闲产业化指明具体的发展方向。即"进一步优化市场环境，培育多元主体，引导社会力量参与健身休闲设施建设运营。推动体育项目协会改革和体育场馆资源所有权、经营权分离改革，加快开放体育

---

❶❷ 《"健康中国2030"规划纲要》，中共中央、国务院2016年8月26日印发。

资源，创新健身休闲运动项目推广普及方式，进一步健全政府购买体育公共服务的体制机制，打造健身休闲综合服务体。鼓励发展多种形式的体育健身俱乐部，丰富业余体育赛事，积极培育冰雪、山地、水上、汽摩、航空、极限、马术等具有消费引领特征的时尚休闲运动项目，打造具有区域特色的健身休闲示范区、健身休闲产业带"。❶（3）加强健康法治建设（第二十五章）。该规划明确提出要加强相关重点领域的法律法规的立法及法律修订，并且注重相关配套的法律法规及规章等的完善，强化政府在体育、医疗卫生等健康领域的监管职责，最终建立起政府监管、行业自律和社会监督相结合的监督管理体制，以及相关监督执法体系及能力的建设等。

2016年12月25日，第十二届全国人民代表大会常务委员会第二十五次会议通过《中华人民共和国公共文化服务保障法》。该部法律包含总则、公共文化设施建设与管理、公共文化服务提供、保障措施、法律责任和附则共六章，其中包含有大量关于大众体育宏观调控法律性质的内容，集中体现为大众体育中有关体育场馆的宏观调控的法律制度，主要体现在以下方面：（1）公共文化设施建设与管理。在该部分中，首先对公共文化设施的内涵做了明确界定："本法所称公共文化设施是指用于提供公共文化服务的建筑物、场地和设备，主要包括图书馆、博物馆、文化馆（站）、美术馆、科技馆、纪念馆、体育场馆、工人文化宫、青少年宫、妇女儿童活动中心、老年人活动中心、乡镇（街道）和村（社区）基层综合性文化服务中心、农家（职工）书屋、公共阅读报栏（屏）、广播电视播出传输覆盖设施、公共数字文化服务店等。"❷ 由此可见，公共文化设施包含体育场馆。在此基础上，明确要求县级以上地方人民政府应当将公共文化设施建设纳入本级城乡规划、任何单位和个人不得擅自拆除公共文化设施或擅自改变其功能等，并且鼓励社会力量兴建、捐建或者与政府部门合作建立公共文化设施。（2）公共文化服务提供。该部分重点体现在公共文化

---

❶ 《"健康中国2030"规划纲要》，中共中央、国务院2016年8月26日印发。
❷ 《中华人民共和国公共文化服务保障法》第14条第1款。

设施的对外开放使用以及鼓励社会力量参与提供公共文化服务。如："公共文化设施应当根据其功能、特点，按照国家有关规定，向公众免费或者优惠开放。公共文化设施开放收取费用的，应当每月定期向中小学免费开放。公共文化设施开放或者提供培训服务等收取费用的，应当报经县级以上人民政府有关部门批准；收取的费用，应当用于公共文化设施的维护、管理和事业发展，不得挪作他用。公共文化设施管理单位应当公示服务项目和开放时间；临时停止开放的，应当及时公告。"❶（3）保障措施。该部分重点体现在公共文化设施在实施免费或优惠对外开放过程中国家的相关补助以及鼓励社会力量积极参与公共文化设施的建立、运营等方面的相关优惠措施。如："公民、法人和其他组织通过公益性社会团体或者县级以上人民政府及其部门，捐赠财产用于公共文化服务的，依法享受税收优惠。国家鼓励通过捐赠等方式设立公共文化服务基金，专门用于公共文化服务。"❷（4）法律责任。该部分主要明确了违反该法的政府部门的责任，这样有助于督促政府履行其职责，具有重大意义。如："违反本法规定，地方各级人民政府和县级以上人民政府有关部门未履行公共文化服务保障职责的，由其上级机关或者监察机关责令限期改正；情节严重的，对直接负责的主管人员和其他直接责任人员依法给予处分。"❸

---

❶ 《中华人民共和国公共文化服务保障法》第31条。
❷ 《中华人民共和国公共文化服务保障法》第50条。
❸ 《中华人民共和国公共文化服务保障法》第58条。

第三章 我国大众体育宏观调控法制现状分析

第一节 我国大众体育宏观调控法制现状概览

随着我国经济的不断发展和广大人民群众生活水平的提高，以及党和政府的高度重视，尤其是改革开放以来以及党的十八大后提出全面深化依法治国，到目前为止，我国大众体育宏观调控法制基本形成由宪法、法律、行政法规、规章和其他规范性文件组成，以及富有中国特色的相关规划组成的一个相对完善的法律体系。以下就我国大众体育宏观调控相关的宪法、法律、行政法规、规章和其他的规范性文件，以及相关的规划做较为细致的描述，以期形成目前我国大众体育宏观调控法制的轮廓。

一、宪　法

《中华人民共和国宪法》（1982年12月4日第五届全国人民代表大会第五次会议通过，1982年12月4日全国人民代表大会公告公布施行，根据1988年4月12日第七届全国人民代表大会第一次会议通过的《中华人民共和国宪法修正案》、1993年3月29日第八届全国人民代表大会第一次会议通过的《中华人民共和国宪法修正案》、1999年3月15日第九届全国人民代表大会第二次会议通过的《中华人民共和国宪法修正案》和2004年3月14日第十届全国人民代表大会第二次会议通过的《中华人民共和国宪法修正案》）第21条第2款规定："国家发展体育事业，开展群众性的体育活动，增强人民体质。"可见，我国宪法中的"开展群众性的体育活动"就是开展大众体育的宪法表达，成为大众体育宏观调控法律的宪法性基础。

二、法　律

目前，我国包含大众体育宏观调控性质的法律主要包括：《中华人民共和国体育法》（1995年8月29日，第八届全国人民代表大会常务委员会第十五次会议通过；2009年8月27日，第十一届全国人民代表大会常务委员会第十次会议进行一次修改；2016年11月7日，第十二届全国人民代表大会常务委员会第二十四次会议进行修改）和《中华人民共和国公共文化服务保障法》（2016年12月25日，第十二届全国人民代表大会常务委员会第二十五次会议通过）。

（一）《中华人民共和国体育法》

《中华人民共和国体育法》是我国体育领域的基本法律，其中当然包含大众体育的具体内容，该法在法律文本的表达中将大众体育分为社会体育和学校体育两部分。该法在立法宗旨中提出增强人民体质，开展群众性的体育活动，提高全民族身体素质。这些均体现了我国体育法倡导的发展大众体育的指导思想与理念。与此同时，该法提出一系列促进大众体育发展的措施，如国家推行全民健身计划、实施体育锻炼的标准、实行社会体育指导员制度、要求国家机关和企事业单位以及工会组织多种形式的体育活动，鼓励民族或者民间传统的体育项目的发掘等。在此基础上，该法设置相应的保障制度，例如发展大众体育的资金来源、公共体育设施的建设以及对外开放使用等。

由此可见，《中华人民共和国体育法》是我国体育的基本法，自1995年颁布以来随着经济社会的不断发展，分别在2009年和2016年进行两次修改。体育法对我国体育发展的基本问题做了相关的制度设计与法律规范，其中包含大众体育的诸多法律条款。虽然在体育法中并未明文出现大众体育宏观调控的字样，但是，该法中涉及大众体育的诸多法律条文蕴含着宏观调控的性质与理念。这些具有大众体育宏观调控性质与理念的法律条款对大众体育宏观调控起到基础性条文的作用。

（二）《中华人民共和国公共文化服务保障法》

《中华人民共和国公共文化服务保障法》核心是关于公共文化设施的

建设、管理以及使用的法律规范。该法对公共文化设施进行明确的内涵与外延界定，体育场馆就包含在公共文化设施的范围之内。该法对公共文化设施的建设、使用等进行比较详细的法律规定，并且诸多的法律条款设计具有宏观调控的性质，如县级以上地方人民政府应当将公共文化设施的建设纳入本级城乡规划；国家鼓励社会力量兴建、捐建或者与政府部门合作建设公共文化设施，以及参与公共文化设施的运营管理；国家鼓励和支持学校等的文化体育设施向公众开放。与此同时，该法在法律责任方面明确规定，地方各级人民政府和县级以上人民政府的有关部门未履行公共文化服务保障职责的应承担相应的法律责任。

由此可见，《中华人民共和国公共文化服务保障法》将体育场馆纳入公共文化设施的范畴，将公共文化设施的建设、管理与使用进行比较深入细致的法律规范。可见，这些法律规范同样适用于体育场馆的建设、管理与使用乃是应有之义。因此，从大众体育宏观法制的角度而言，《中华人民共和国公共文化服务保障法》可以称得上体育法的一个关于体育场馆的相关内容的细化法律。此外，该法在法律责任中明确了政府部门在未履行相关的职责时应承担相应的法律责任，这充分体现了在我国全面深化改革和全面进行依法治国背景下的法治思想与理念的具体落实。

三、行政法规

目前，我国包含大众体育宏观调控性质的行政法规主要包括：《学校体育工作条例》（1990年2月20日国务院批准，1990年3月12日国家教委第8号令、国家体委第11号令发布）、《外国人来华登山管理办法》（1991年7月31日国务院批准，1991年8月29日国家体委令第16号发布）、《公共文化体育设施条例》（2003年6月26日国务院令第282号发布）、《彩票管理条例》（2009年5月4日国务院令第554号发布）、《全民健身条例》（2009年8月30日国务院令第560号发布，根据2013年7月18日国务院令第638号《国务院关于废止和修改部分行政法规的决定》第一次修改；2016年2月6日国务院令第666号《国务院关于修改部分行政法规的决定》第二次修改）。

（一）《公共文化体育设施条例》

《公共文化体育设施条例》是以促进公共文化体育设施的建设、合理利用，从而发挥其功能的一部行政法规。公共体育文化设施包含的范围比较广泛，该行政法规在对其范围进行界定时明确包含体育场（馆）。该行政法规中则通过大量的法律条文体现了对公共文化体育设施的建设、使用等方面的鼓励性措施，如各级政府应将公共文化体育设施的建设纳入国民经济与社会规划；对于建设、维修等资金的来源，则要求纳入各级政府的基本建设投资计划和财政预算，同时鼓励企事业单位等社会力量举办公共文化体育设施等；要求公共文化体育设施向公众开放等。

由此可见，从大众体育宏观调控法制的角度来看，该行政法规的主要功能体现在通过规范体育场（馆）的建设、使用等方面来有效地保障与促进大众体育的发展。这同样起到了对体育法中的有关体育场（馆）的建设、使用等规定的细化作用，从而有力地保障了大众体育宏观调控目标的实现。

在此需要特别指出的是，目前，关于体育场（馆）的建设、使用等进行调整的法律规范有两个，即《中华人民共和国公共文化服务保障法》和《公共文化体育设施条例》。可见，党和政府高度关注全民健身事业的发展，并通过法律手段来促进大众体育的发展。同时，在具体的实施过程中，需要依据基本的法理，如新法优先于旧法、法律的效力要高于行政法规。

（二）《彩票管理条例》

《彩票管理条例》以加强彩票管理、规范彩票市场等，最终促进社会公益事业发展为宗旨。在本条例中，最能体现宏观调控性质的法律规定主要体现在彩票资金的管理方面。如"彩票公益金专项用于社会福利、体育等社会公益事业，不用于平衡财政一般预算。彩票公益金按照政府性基金管理办法纳入预算，实行收支两条线"。❶ 对于彩票公益金的具体分配，该条例并未做出明确规定，只是规定了具体的做出程序，由财政部、民政

---

❶ 《彩票管理条例》第30条。

部、体育行政部门等有关部门提出方案，最后报国务院批准执行。

由此可见，从大众体育宏观调控法制的角度来看，《彩票管理条例》主要是从资金的支持方面来保障大众体育的发展。充足的资金来源是大众体育发展的一个重要保障措施，尤其是对于彩票公益金而言，更是一个比较重要的来源途径。

（三）《全民健身条例》

《全民健身条例》是专门对全民健身活动进行比较全面系统地规定的一部行政法规，其立法宗旨体现为促进全民健身活动的开展，保障公民在全民健身活动中的合法权益等。为促进全民健身事业的发展，即大众体育的发展，该条例通过法律条文的形式做出许多鼓励性的措施，如各级人民政府应当将全民健身事业纳入本级国民经济和社会规划、鼓励与广大人民群众生活水平相适应的体育消费以及体育产业发展、国家鼓励社会力量对全民健身事业进行捐赠和赞助并依法享受税收优惠、"鼓励全民健身活动站点、体育俱乐部等群众性体育组织开展全民健身活动，宣传科学健身知识；县级以上人民政体育主管部门和其他有关部门应当给予支持"。❶ 关于资金的保障则要求县级以上人民政府将全民健身所需的经费列入本级财政预算并随着经济发展不断增加以及应当根据国家有关规定将彩票公益金用于全民健身事业，对于体育设施的建设以及使用等诸多事项则明确要求依照《公共文化体育设施条例》中的相关规定，关于社会体育指导人员则规定"国家加强社会体育指导员人员队伍建设，对全民健身活动进行科学指导。国家对不以收取报酬为目的向公众提供传授健身技能、组织健身活动、宣传科学健身知识等服务的社会体育指导员实行技术等级制度。县级以上地方人民政府体育主管部门应当免费为其提供相关知识和技能培训，并建立档案，国家对以健身指导为职业的社会体育指导人员实行职业资格证书制度。以对高危险性体育项目进行健身指导为职业的社会体育指导人员，应当依照国家有关规定取得职业资格证书"。❷ 鼓励全民健身活动的

---

❶ 《全民健身条例》第18条。
❷ 《全民健身条例》第31条。

参与者、组织者积极投相应的保险等。

由此可见，《全民健身条例》是一部专门对全民健身，即大众体育进行规范的行政法规，是我国关于大众体育的单独立法，是体育法中关于大众体育规范的一种具体与细化。该条例对我国大众体育的发展有着极其重要的作用，其包含发展大众体育的最重要的法律制度，为以后在大众体育立法的细化方面提供了基础。同时，应注意到的是，有些关于大众体育发展的重要保障制度的立法其实已经早于该条例发布，如《公共文化体育设施条例》。有的关于大众体育发展的重要保障制度的立法的效力层级高于该条例，如《中华人民共和国公共文化服务保障法》。

四、规 章

目前，我国包含大众体育宏观调控性质的规章主要包括：《国内登山管理办法》（2003年7月25日国家体育总局令第6号发布）、《健身气功管理办法》（2006年11月17日国家体育总局令第9号发布）、《社会体育指导员管理办法》（2011年10月9日国家体育总局令第16号发布）、《彩票管理条例实施细则》（2012年1月18日财政部、民政部、国家体育总局令第67号发布）、《经营高危险性体育项目许可管理办法》（2013年2月21日国家体育总局令第17号发布，2014年9月1日国家体育总局令第19号第一次修改、2016年4月29日国家体育总局令第22号修改）。

（一）《社会体育指导员管理办法》

《社会体育指导员管理办法》是以促进社会体育指导员发展，充分发挥其在全民健身中的科学指导作用的功能。为了促进社会体育指导员的发展，该办法制定了一系列的促进性措施。从大众体育宏观调控法制的角度而言，主要体现为：明确要求各级体育行政主管部门应当将社会体育指导员的工作纳入体育工作规划，并且要将其纳入工作考核评价体系；对于社会体育指导员工作经费，则要求各级体育行政主管部门在本级的事业经费预算中进行列支，以及在彩票公益金中专门安排一定比例的资金，同时积极鼓励社会力量通过提供经费、捐赠和赞助等方式支持社会体育指导员的工作；为鼓励与保障社会体育指导员的工作，该管理办法明确规定在条件

第三章　我国大众体育宏观调控法制现状分析

允许的情况下"有条件的地方体育主管部门应当为社会体育指导员开展志愿服务办理保险，鼓励社会为社会体育指导员开展志愿服务办理保险"，[❶]以及"有条件的大专院校应当开设有关社会体育指导员的课程，鼓励学生加入社会体育指导员队伍，组织学生开展志愿服务"[❷]等。

由此可见，《社会体育指导员管理办法》是对《体育法》以及《全民健身条例》中有关积极发展社会体育指导员制度，从而提高广大人民群众健身的科学性，促进大众体育发展的一种具体的立法细化。该管理办法明确地将社会体育指导员的工作纳入规划，并且从社会体育指导员工作的资金来源、为社会体育指导员在志愿服务时办理保险等制度设计具有促进社会体育指导员发展的重大意义。

（二）《彩票管理条例实施细则》

《彩票管理条例实施细则》是由财政部、民政部、国家体育总局三部门联合制定，经国务院批准于2012年1月18日发布，其依据是国务院2009年5月4日发布的《彩票管理条例》。从大众体育宏观调控法制的角度而言，该条例中的法律制度的设计主要体现在彩票公益金使用与分配方面。如明确规定彩票公益金应按照政府性基金管理办法纳入预算，收支两条线，并且是专项使用，其中使用领域包含体育领域；在彩票公益金的分配制度设计上，要求按照国务院的批准方案在中央和地方之间进行分配使用；在彩票公益金的使用中，则要求中央与省级彩票公益金的管理、使用单位会同同级的财政部门制定彩票公益金资助项目实施管理办法等。

由此可见，《彩票管理条例实施细则》是国务院发布的《彩票管理条例》的细化，使之更加明确和具有可操作性。无论是行政法规性质的《彩票管理条例》还是规章性质的《彩票管理条例实施细则》，两者所包含的关于彩票的法律规定是丰富的，关于大众体育宏观调控中内容则集中于彩票公益金的分配与使用方面。关于彩票公益金的分配与使用的法律制度设计将为我国大众体育的发展提供重要的资金保障，这便是《彩票管理条例

---

❶　《社会体育指导员管理办法》第28条。
❷　《社会体育指导员管理办法》第30条。

实施细则》以及《彩票管理条例》的意义所在。

五、规范性文件

目前，我国包含大众体育宏观调控性质的规范性文件主要包括：《关于加强各类武术学校及习武场所管理的通知》（2000年7月27日公安部、教育部、国家体育总局发布，公通字〔2000〕62号）、《关于加强社区残疾人工作的意见》（2000年8月29日民政部、教育部、公安部、司法部、劳动和社会保障部、建设部、文化部、国家体育总局、文明办、中华全国总工会、团中央、全国妇联、中残联发布〔2000〕残联办字第142号）、《中国体育彩票全民健身工程管理暂行规定》（2000年9月18日国家体育总局发布，体群字〔2000〕124号）、《农村体育工作暂行规定》（2002年4月12日国家体育总局、农业部发布，体群字〔2002〕53号）、《关于加强体育彩票公益金援建项目监督管理的意见》（2002年7月27日国家体育总局发布，体群字〔2002〕89号）、《关于进一步加强用于全民健身的体育彩票公益金使用管理的通知》（2004年8月17日国家体育总局发布，体群字〔2004〕106号）、《关于进一步加强社会体育指导员工作的意见》（2005年7月11日国家体育总局发布，体群字〔2005〕94号）、《关于进一步加强职工体育工作的意见》（2010年5月31日国家体育总局、中华全国总工会发布，体群字〔2010〕88号）、《关于发挥乡镇综合文化站的功能进一步加强农村体育工作的意见》（2010年6月29日国家体育总局、文化部、农业部发布，体群字〔2010〕128号）、《关于进一步加强老年文化建设的意见》（2012年9月13日中组部、中宣部、教育部、民政部、财政部、住房和城市建设部、文化部、广电总局、新闻出版总署、国家体育总局、国家旅游局、解放军总政治部、中华全国总工会、共青团中央、全国妇联、全国老龄办〔2012〕60号）、《关于加快发展体育产业促进体育消费的若干意见》（2014年10月2日，国发〔2014〕46号）、《体育总局关于加强和改进群众体育工作的意见》（2014年12月25日国家体育总局发布，体群字〔2014〕135号）、《关于进一步加强新形势下老年人体育工作的意见》（2015年9月30日国家体育总局、发展改革委、民政部、财政部、农业部、文化部、卫生计生委、国家旅游局、全国老龄办、中华全国总工会、全国妇联、全国残联发布，体群字〔2015〕155号）、《县级全民健身中心项目实施办法》（2016年7月20日国家体育总局发布，体群字〔2016〕112号）、《国务院办公厅关于加快发展健身休闲产业的指导意见》（2016年10月25日，国办发〔2016〕77号）等。

（一）《关于进一步加强职工体育工作的意见》

《关于进一步加强职工体育工作的意见》是国家体育总局和中华全国总工会为专门推动职工体育的发展，提高职工的健康发布的规范性文件。该规范性文件要求：各级体育行政主管部门要充分发挥主导作用，以《全民健身条例》为依据将职工体育工作纳入全民健身总体规划；倡导职工所在单位建立职工体育协会和体育俱乐部、体育健身团队等职工健身体育组织；注重在职工中培养社会体育指导员，有效提高职工体育锻炼的科学性，进而加强职工体育队伍建设；开展职工体育的资金保障：各类机关和企事业单位应当把职工体育活动的经费纳入本单位的年度财政预算、各级体育行政部门则应该按照一定的比例从本级体育彩票公益金来支持本地区职工体育的发展等，鼓励职工体育经费来源的多元化等；关于体育设施，该意见则要求："各类机关和企事业单位要积极为本单位职工参加体育健身活动创造条件，鼓励有条件的单位采取建设、开放、开办、合办等多种途径，新建职工体育活动设施。"❶ "有条件的机关和企事业单位应当按照《全民健身条例》的要求，定期开展职工体育锻炼达标活动和体质测试工作，并把职工体质测试结果作为制定本单位职工体育工作计划的依据，努力提高开展职工体育工作的科学化水平"，❷ 等等。

由此可见，《关于进一步加强职工体育工作的意见》作为国家体育总局和中华全国总工会发布的规范性文件，依据《全民健身条例》专门促进职工体育工作的发展，提高职工的健康水平。从本质上而言，该意见是对《全民健身条例》的一种细化，对于促进职工体育的发展，乃至落实《全

---

❶ 《关于进一步加强职工体育工作意见》第四部分第16条。
❷ 《关于进一步加强职工体育工作意见》第四部分第18条。

民健身条例》具有重要的意义。

(二)《关于发挥乡镇综合文化站的功能进一步加强农村体育工作的意见》

《关于发挥乡镇综合文化站的功能进一步加强农村体育工作的意见》是国家体育总局、文化部、农业部联合发布的旨在贯彻落实《全民健身条例》通过发挥乡镇综合文化站的功能和加强农村体育工作的一个规范性文件。该文件中为促进农村体育发展,以乡镇综合文化站为纽带,其措施主要包含"地方各级体育、文化、农业行政部门要拓宽综合站体育场地设施建设和运行资金的投入渠道:采取以奖代补等激励机制,争取将其列入地方各级财政预算和基本建设投资计划;结合其他农村体育场地设施建设项目,使用体育彩票公益金给予扶持;鼓励、引导企业、事业单位、社会团体和个人进行捐赠和赞助";❶ 争取将乡镇综合文化发展的体育工作纳入当地的国民经济和社会发展规划、全民健身实施计划之中等,以及根据当地农村体育的发展状况,结合当地综合站的建设规划,明确支持范围与重点,安排专项资金等;充分发挥乡镇文化综合服务站的体育服务,加强对体育站点、体育俱乐部和体育户的指导,为农村老年人、残疾人和妇女、儿童参加体育健身活动提供便利,免费向农民开放体育设施等。

由此可见,《关于发挥乡镇综合文化站的功能进一步加强农村体育工作的意见》这一规范性文件,是以乡镇文化综合服务站为纽带以促进农村体育发展,提高农村人口的体育健身水平为目的的。该文件中包含大量的大众体育宏观性质的措施,是对《全民健身条例》中关于农村体育工作规定的细化,具有极其重要的意义。

(三)《关于加快发展体育产业促进体育消费的若干意见》

《关于加快发展体育产业促进体育消费的若干意见》是国务院发布的旨在加快体育产业发展,促进体育消费,加快体育强国建设,不断满足广大人民群众体育需求的规范性文件。从大众体育宏观调控的角度而言,

---

❶ 《关于发挥乡镇综合文化站的功能进一步加强农村体育工作的意见》第二部分第5条。

该意见主要体现在：首次将全民健身上升为国家战略，并且制定了2025年发展目标为"人均体育场地面积达到2平方米，群众体育健身和消费意识显著增强，人均体育消费支出明显提高，经常参加体育锻炼的人数达到5亿。体育公共服务基本覆盖全民"；❶ 主要任务部分则包括创新体制机制、培育多元主体、改善产业布局和结构、促进融合发展、丰富市场供给、营造健身氛围六部分，其中包含提出大力培育健身休闲、场馆服务等体育服务业、鼓励社会资本开办康体、体质测定和运动康复等各类活动机构等具体内容；政策措施包含大力吸引社会投资、完善健身消费政策、完善税费价格政策、完善规划布局与土地政策、完善人才培养和就业政策、完善无形资产开发保护和创新驱动政策、优化市场环境等七个方面的内容，如关于完善健身消费政策，提出"各级政府要将全民建设经费纳入财政预算，并保持与国民经济增长相适应。要加大投入，安排投资支持体育设施建设。要安排一定比例体育彩票公益金等财政资金，通过政府购买服务等多种方式，积极支持群众健身消费，鼓励公共体育设施免费或低收费开放，引导经营主体提供公益性群众健身服务。鼓励引导企事业单位、学校、个人购买运动伤害类保险。进一步研究鼓励群众健身消费的优惠政策"。❷ 此外，还包括组织措施等。

由此可见，从大众体育宏观调控的视角而言，《关于加快发展体育产业促进体育消费的若干意见》首次提出将全民健身上升为国家战略，并且提出一系列的大众体育发展目标和引导大众体育消费的具体措施，这对于促进大众体育消费具有重要的指引作用，对大众体育而言具有要重要的意义。

（四）《体育总局关于加强和改进群众体育工作的意见》

《体育总局关于加强和改进群众体育工作的意见》是国家体育总局

---

❶ 《关于加快发展体育产业促进体育消费的若干意见》 第一部分第（二）条发展目标——产业基础更加坚实。

❷ 《关于加快发展体育产业促进体育消费的若干意见》 第三"政策措施"（二）完善健身消费政策。

在深入学习习近平总书记系列讲话批示精神和党的十八届三中、四中全会精神的背景下，对加强和改进大众体育的规范性文件。从大众体育宏观调控的角度而言，该意见主要要求：充分认识加强和改进群众体育工作的重要意义；加强和改进大众体育工作的总体要求是"转职能，转方式，认真贯彻落实《全民健身条例》《全民健身计划》和《国务院关于加快发展体育产业促进体育消费的若干意见》，切实建立起总局系统协调开展群众体育工作的有效机制；尊重市场规律，充分发挥体育社会组织的作用，不断提高公共体育服务能力，推动群众体育、经济体育、体育产业全面发展"；❶加强和改进群众体育工作的具体安排则包括：群体司作为大众体育的主要负责部门，要强化大众体育的宏观管理、政策法规、标准制定等，不断夯实和完善"政府主导，部门协同，全社会共同参与"的全民健身的格局；"按照《国务院关于加快发展体育产业促进体育消费的若干意见》进一步优化市场环境，完善政策措施，培育多元化市场主体，遵循产业发展规律，抓紧研究制定调动社会力量、鼓励社会组织及个人投入和支持全民健身工作的政策和办法，充分调动全社会积极性与创造力，不断提高提供适应群众需求、丰富多样的全民健身产品和服务的能力，形成全社会共同参与全民健身工作的有效格局"；❷加大对大众体育资金投入的保障、加大宣传力度等。

由此可见，《体育总局关于加强和改进群众体育工作的意见》是在新的社会背景下国家体育总局为贯彻落实《全民健身条例》《全民健身计划》和《国务院关于加快发展体育产业促进体育消费的若干意见》促进大众体育发展的一项规范性文件，对我国大众体育的发展具有重要的指导意义。

（五）《关于进一步加强新形势下老年人体育工作的意见》

《关于进一步加强新形势下老年人体育工作的意见》是国家体育总局会同发改委、民政部、老龄办等多部门联合发布的关于在新形势下加强老

---

❶ 《体育总局关于加强和改进群众体育工作的意见》第二部分第4条。
❷ 《体育总局关于加强和改进群众体育工作的意见》第四部分第14条。

年人体育工作的规范性文件。从大众体育宏观调控的性质角度而言，该意见主要体现在：定期制定并实施老年发展规划，并且将老年人发展规划纳入全民健身计划；城市的街道办事处和农村的乡镇政府要通过对老年人体育健身活动的站点和有关的体育健身组织进行以奖代补等形式予以扶持；加强适合老年人体育健身的场地设施建设与使用，如"要按照均衡配置、规模适当、功能有限、经济适用、节能环保的原则，根据当地经济发展状况、老年人数量和分布、地域特点以及体育健身等因素，将适合老年人体育健身的场地设施建设纳入规划，因地制宜地与其他服务老年人的场地设施建设项目统筹安排"；❶ "要拓宽适合老年人体育健身的场地设施建设和运行管理的投融资渠道，将适合老年人体育健身的基本公共体育场地设施建设列入各级政府财政预算和投资计划。……集中使用的彩票公益金支持体育事业专项资金要充分考虑老年人体育健身的需求，并加大对经济欠发达地区的支持力度……要鼓励、支持企事业单位、社会组织、个人捐赠和赞助，要鼓励政府和社会资本通过PPP模式，积极兴办适合老年人体育健身的场地设施"。❷ 对于政府部门而言，要争取把老年人体育工作纳入政府重要议事日程，建立老年人体育工作的激励机制，对老年人体育工作成绩显著的单位和个人给予表彰等。

由此可见，《关于进一步加强新形势下老年人体育工作的意见》是新形势下针对老年人体育工作的规范性文件。该意见从本质上是对《全民健身条例》的细化，对贯彻落实《全民健身计划》以及促进老年人体育工作具有重要指导意义。

（六）《县级全民健身中心项目实施办法》

《县级全民健身中心项目实施办法》是国家体育总局针对本级体育彩票公益金转移支付支持地方建设县级全民健身中心项目实施而制定的规范性文件。从大众体育宏观调控的角度而言，该实施办法主要包含：关于县级全民健身中心，对中西部地区和东部享受中西部政策的地区予以政

---

❶ 《关于进一步加强新形势下老年人体育工作的意见》第四部分第11条。
❷ 《关于进一步加强新形势下老年人体育工作的意见》第四部分第12条。

策支持；"每个县级全民健身中心项目预算不超过800万元（不含征地、拆迁、补偿费用），由总局本级公益金全额支持"。❶ "支持县级全民健身中心项目建设的总局本级公益金纳入中央对地方转移支付管理体系，主要用于项目建筑安装工程施工、体育器材和设备购置等"。❷ "县级全民健身中心项目的建筑面积宜为2 000~4 000平方米，室内健身场地面积总和不少于1 500平方米"。❸ 体育总局本级公益金应专款专用，不得挤占和挪用；并且在建成后在坚持公益性的前提下按有关国家规定和标准对外开放等。

由此可见，《县级全民健身中心项目实施办法》是国家体育总局针对其本级彩票公益金支持县级全民健身中心项目的实施的规范性文件。该文件对于县级全民健身设施的建设具有重大意义，是保障县级大众体育发展的重要规范性文件。

（七）《国务院办公厅关于加快发展健身休闲产业的指导意见》

《国务院办公厅关于加快发展健身休闲产业的指导意见》是国务院办公厅发布的旨在加快健身休闲产业发展的规范性文件。该指导意见包括总体要求、完善健身休闲服务体系、培育健身休闲市场主体、优化健身休闲产业结构和布局、加强健身休闲设施建设、提升健身休闲器材装备研发制造能力、改善健身休闲消费环境与加强组织实施。如在总体要求部分的发展目标中指出："到2025年，基本形成布局合理、功能完善、门类齐全的健身休闲产业发展格局，市场机制日益完善，消费需求愈加旺盛，产业环境不断优化，产业结构日趋合理，产品和服务供给更加丰富，服务质量和水平明显提高，同其他产业融合发展更为紧密，健身休闲产业总规模达到3万亿元。"此外在其他各部分都具体地制定了相应的促进健身休闲产业发展的措施，如鼓励具有自主品牌、竞争实力强的健身休闲大企业做大做

---

❶ 《县级全民健身中心项目实施办法》第5条。
❷ 《县级全民健身中心项目实施办法》第6条。
❸ 《县级全民健身中心项目实施办法》第7条。

强，支持具备条件的大企业积极走出国门，培育一批具有国际竞争力的大企业，而对于中小微企业则向"专精特新"方向发展，强化特色经营、特色产品和特色服务等。

由此可见，《国务院办公厅关于加快发展健身休闲产业的指导意见》是在全面深化改革和全面依法治国的形势下为我国的健身休闲产业化的发展指明了方向，并制定了较为全面的措施。该意见对我国大众体育的产业化发展具有重大指导意义。

六、相关规划

目前，我国现行的包含大众体育宏观性质的相关规划主要包括《体育发展"十三五"规划》（2016年5月5日，国家体育总局发布）、《全民健身计划（2016~2020年）》（2016年6月15日，国发〔2016〕37号）、《体育产业发展"十三五"规划》（2016年7月13日，国家体育总局发布）、《"健康中国2030"规划纲要》（2016年8月26日，中共中央、国务院发布）、《冰雪运动发展规划（2016~2025年）》《青少年体育"十三五"规划》（2016年9月5日，国家体育总局发布）、《全国冰雪场地设施建设规划（2016~2022年）》（2016年11月2日，国家体育总局发布）、《群众冬季运动推广普及计划（2016~2020年）》（2016年11月4日，国家体育总局、发改委、教育部、工业和信息化部、民政部、财政部等23部门发布）等。

（一）《体育发展"十三五"规划》

《体育发展"十三五"规划》是我国体育领域在"十三五"期间的总体发展目标与安排，关于大众体育在此期间的发展规划当然包含其中。该规划的主要内容体现为："十三五"期间把全民健身的国家战略深入推进，使大众体育发展达到新水平，如到2020年，经常参加锻炼的人数到4.35亿人，人均体育场地面积达到1.8平方米；以"落实全民健身国家战略，加快推动群众体育发展"为该规划第四部分对大众体育"十三五"期间发展做了专门规定，包括不断完善基本公共体育服务、加强健身场地设施建设与管理、广泛开展丰富多彩的全民健身活动、基本建成覆盖全社会的全民健身组织网络、加大科学健身指导和宣传力度等；在关于体育产业的规划中，有关引导体育消费中则提出有条件的地区可以探索面向特定人群或在特定时间试行发放体育消费券等；在推进依法治体规划部分，则包括完善体育法规体系建设、提高体育行政执法水平、健全体育纠纷多元化解决机制、推进体育法治宣传教育等。

由此可见，《体育发展"十三五"规划》是从我国体育发展的整体角度，规定大众体育、竞技体育和体育产业在"十三五"期间的发展蓝图，对大众体育发展具有宏观重要的指导作用，尤其是与竞技体育和体育产业的相互协调的角度，例如在体育产业发展中其实就包含大众体育发展的内容。

（二）《全民健身计划（2016~2020年）》

《全民健身计划（2016~2020年）》是以实施全民健身国家战略，提高全民族的身体素质和健康水平为目的而制定的，是我国大众体育宏观调控的重要组成部分。该计划包括4部分共18条：第一部分总体要求、第二部分主要任务、第三部分保障措施、第四部分组织实施。该计划从这个部分比较系统地对2016~2020年我国大众体育的发展做了宏观规定，对我国大众体育的发展具有重要指导意义。如在发展目标中规定"到2020年，群众体育健身意识普遍增强，参加体育锻炼的人数明显增加，每周参见1次及以上体育锻炼的人数达到7亿人，经常参加体育锻炼的人数达到4.35亿人，群众身体素质稳步增强。全民健身的教育、经济和社会功能等充分发挥，与各项社会事业互促发展的格局基本形成，体育消费总规模达到1.5万亿元，全民健身成为促进体育产业发展、拉动内需和形成新的经济增长点的动力源。支撑国家发展目标、与全面建成小康社会相适应的全民健身公共服务体系日趋完善，政府主导、部门协同、全社会共同参与的全民健身事业发展格局更加明晰"；❶等等。

由此可见，《全民健身计划（2016~2020年）》为我国未来大众体育的阶段性发展勾勒出蓝图并制定出相应的保障措施。全民健身计划是落

---

❶ 《全民健身计划（2016~2020年）》第一部分第2条。

实《全民健身条例》中规定的国务院制订全民健身计划，促进大众体育发展的一项重要工作。到目前为止，国务院已制定《全民健身计划纲要》（1995年6月20日，国务院发布）、《全民健身计划（2011~2015年）》以及目前正在实施的《全民健身计划（2016~2020年）》。两个全民健身计划的制订与实施对促进我国大众体育的蓬勃发展起到重要的作用。

（三）《体育产业发展"十三五"规划》

《体育产业发展"十三五"规划》是关于我国体育产业在"十三五"期间的整体发展蓝图，其中包含大量的大众体育性质的内容。如在发展目标的产业基础进一步夯实中提出，"体育场地设施供给明显增加，人均体育场地面积超过1.8平方米。居民参加体育健身意识和科学健身素养普遍增强，体育消费额占人均居民可支配收入比例超过2.5"；❶ 在主要任务中关于引导体育消费提出深挖消费潜力和完善消费政策，如"支持各地建立体育消费个人或家庭奖励机制，鼓励有条件的地区面向特定人群或在特定时间发放体育消费券。加强与金融企业合作，创新体育消费支付产品，试点发行'全民健身休闲卡'，落实相关优惠政策，实施特惠商户折扣"；❷ 在重点行业中包含健身休闲业，即"制定健身休闲重点运动项目目录，以户外运动为重点，研究配套系列规划，引导具有消费引领性的健身休闲项目健康发展。通过政府购买服务等方式，鼓励社会各种资本进入健身休闲业。贯彻落实《意见》关于新建居住区和社区配备建设体育设施的有关规定。支持体育健身企业开展社区健身设施的品牌经营和连锁经营"；❸ 等等。

由此可见，《体育产业发展"十三五"规划》中包含大量促进大众体育产业化的内容，这一点从根源上而言，是我国大众体育的发展要满足广大人民群众的不同层次的健身需求，积极引导健身休闲消费。这与我国市场经济的不断发展有着密切的关系，也是我国大众体育发展的政府主导、

---

❶ 《体育产业发展"十三五"规划》第二部分第（三）条的部分内容。
❷ 《体育产业发展"十三五"规划》第三部分第（五）条的部分内容。
❸ 《体育产业发展"十三五"规划》第四部分第（二）条。

部门协同、全社会力量积极参与的真实写照。

（四）《"健康中国2030"规划纲要》

《"健康中国2030"规划纲要》中关于大众体育发展规划的内容集中体现在第六章"提高全民身体素质"。该章主要包括完善全民健身公共服务体系、广泛开展全民健身运动、加强体医融合和非医疗健康干预、促进重点人群体育活动。如在加强体医融合和非医疗健康干预中指出，"发布体育健身活动指南，建立完善针对不同人群、不同环境、不同身体状况的运动处方库，推动形成体医结合的疾病管理与健康服务模式，发挥全民科学健身在健康促进、慢性疾病预防和康复等方面的积极作用。加强全民健身科技创新平台和科学健身指导服务站点建设。开展国民体质测试，完善体质健康监测体系，开发应用国民体质健康监测大数据，开展运动风险评估"，❶等等。

由此可见，从《"健康中国2030"规划纲要》中可以看出，尽管该规划纲要主要是针对卫生医疗方面的规划，但仍包含大众体育方面的内容。这一点正体现出大众体育对健康的重要意义，该规划纲要正是从健康发展的角度提出了对大众体育的发展要求，对大众体育的发展有着极其重要的意义。

（五）《群众冬季运动推广普及计划（2016~2020年）》

《群众冬季运动推广普及计划（2016~2020年）》是为落实《全民健身计划（2016~2020年）》，增强大众冬季运动推广普及而制定的。该计划从指导思想、发展目标、主要任务、措施要求四个方面进行了规定，制定了一系列措施促进群众冬季运动推广普及的开展。如加大冬季运动场地设施供给、广泛开展冬季项目赛事活动、加大政策支持即"完善政府向社会力量购买公共服务机制，通过现有资金渠道对发展群众体育冬季冰雪运动给予支持。将符合条件的冬季运动场地设施纳入公共体育场馆免费低收费开放补助的范围。地方可结合实际制定对群众冬季运动推广普及奖励办法，对在群众冬季运动推广普及中作出突出贡献的社会组织和个人予以

---

❶ 《"健康中国2030"规划纲要》第六章第三节。

表彰，对作出突出贡献的社会体育指导员予以适当奖励"；❶ 鼓励社会参与等。

由此可见，《群众冬季运动推广普及计划（2016~2020年）》最明显地体现为由国家体育总局、发改委、教育部、工业和信息化部、民政部、财政部、人力资源社会保障部、国土资源部、住房城乡建设部、水利部、农业部、文化部、人民银行、海关总署、税务总局、工商总局、林业局、旅游局、保监会、全国总工会、共青团中央、全国妇联、中残联23个部门联合发布，这充分体现了发展大众体育的部门协作的重要性。同时，该计划实质是落实《全民健身计划（2016~2020年）》的一个专项计划，对落实全民健身计划和促进大众体育发展有着极其重要的意义。

第二节 我国大众体育宏观调控法制取得的成就与不足

通过对目前我国大众体育宏观调控法制基本情况的描述，可以基本勾勒出我国大众体育宏观调控法制的景象与面孔。由此可以得知，目前，我国大众体育宏观调控法制建设取得巨大的成就，有力地促进了大众体育的发展，是我国全民健身事业发展的重要保障。同时，必须清醒地认识到，由于诸多因素的存在，我国大众体育宏观调控法制仍存在不足之处，需要在丰富的大众体育宏观调控的实践中不断完善，从而有力地从法律角度保障我国大众体育的发展，把全民健身的国家战略推向深入。

（一）我国大众体育宏观调控法制取得的较大成绩

目前，我国大众体育宏观调控法制基本上形成以《中华人民共和国体育法》为体育领域基本法的体系，《体育法》从我国体育发展的整体角度对大众体育宏观调控发展做最基本规定，尤其是从大众体育、竞技体育和

---

❶ 《群众冬季运动推广普及计划（2016~2020年）》 第四部分（二）加大政策支持。

体育产业相互协调发展的角度来制定大众体育宏观调控的基本法律制度。

《全民健身条例》为大众体育领域基本法，对大众体育宏观调控发展做基本的法律制度的设计。为了贯彻落实《全民健身条例》，把全民健身国家战略推向深入，制定了一系列的法律、行政法规和规章等。如为了保障全民健身中的公共体育设施的建设与使用，先后制定了《公共文化体育设施条例》《中华人民共和国公共文化服务保障法》。尤其是《中华人民共和国公共文化服务保障法》，该法的位阶属于全国人大常委会层次的立法，法律位阶较高，对我国体育场（馆）的建设、使用等有着极其重大的法律意义；为了促进社会体育指导员的发展，制定了《社会体育指导员管理办法》；为了保障彩票公益金对大众体育发展的支持，先后制定了《彩票管理条例》以及《彩票管理条例实施细则》。

与此同时，为了进一步落实《全民健身条例》，尤其是在新形势下我国全民健身工作的进一步发展以及特殊人群的全民健身的落实，国家体育总局及有关部门还发布了诸多规范性文件，如《体育总局关于加强和改进群众体育工作的意见》《关于进一步加强老年文化建设的意见》《关于进一步加强新形势下老年人体育工作的意见》等。

最后，值得关注的是我国有关大众体育领域的相关计划和规划。计划与规划同样在落实《全民健身条例》中起着极其重要的作用。如在《全民健身条例》中明确规定："国务院制定全民健身计划，明确全民健身工作的目标、任务、措施、保障等内容。"❶ 为此，国务院先后制定了《全民健身计划（2011~2015年）》（2011年2月15日，国发〔2011〕5号）、《全民健身计划（2016~2020年）》。同时，值得关注的是，为了更深入地贯彻落实《全民健身计划》，国家体育总局联合各部门还颁布了一系列的单项计划，如《群众冬季运动推广普及计划（2016~2020年）》等。

总之，我国大众体育宏观调控法制取得了巨大的成就，形成一个以《体育法》和《全民健身条例》为基本宏观调控法律，以《公共文化体育设施条例》《彩票管理条例》《社会体育指导员管理办法》《彩票管理条

---

❶ 《全民健身条例》第8条。

例实施细则》《体育总局关于加强和改进群众体育工作的意见》《全民健身计划》等相配套的行政法规、规章、相关计划组成的一个比较完整的法律体系。

（二）我国大众体育宏观法制存在的不足之处

尽管我国已经形成一套比较完整的大众体育宏观法律体系，但我们必须清醒地认识到该法律体系仍存在不足之处。

目前，比较突出的是大众体育宏观调控法制相关的配套法律制度存在缺失或者不完善，这将严重影响大众体育宏观调控基本法律的实施。如在大众体育宏观调控的基本法律中经常出现鼓励社会力量积极参与公共体育场（馆）的建设、管理、使用等，但是没有具体相配套的关于此方面的具体法律制度的出台。这样关于此方面的配套法律制度的缺失，使得鼓励社会力量积极参与公共体育场（馆）的建设、管理、使用的贯彻落实受到较大影响。又如，关于大众体育中的一些特殊人群，如老年人、残疾人、妇女、青少年等，这些特殊人群的健身活动需要相关特别的法律制度给予倾斜性保护。然而，在具体的配套立法之中存在薄弱环节。如关于老年人全民健身的配套法律制度中，多数是以规范性文件的形式出现的。尽管这些规范性文件对落实老年人健身的规定能够起到积极的促进作用，但与法律相比其所起到的作用还是有限的。此外，我国大众体育宏观的法律体系从整体上观察，法律位阶较低。在我国大众体育宏观法律体系中，除了《体育法》和《公共文化服务保障法》属于法律以外，其余绝大多数属于行政法规、规章，同时还存在大量的规范性文件。这必将影响大众体育宏观调控的贯彻与落实，这需要在大众体育宏观调控的实践中不断去提高其法律的位阶。

正是由于我国大众体育宏观调控中的立法供给不足的问题，我国在《体育发展"十三五"规划》和《全民健身计划（2016~2020年）》中都对下一步法制的完善指明了方向。

《体育发展"十三五"规划》第十部分"推进依法治体，提升体育法治化水平"对法治化提出了五个方面的发展要求：深入推进依法行政、完善体育法规体系建设、切实提高体育行政执法水平、健全体育纠纷多元化解决机制、推进体育法治宣传教育。如在完善体育法规体系建设中规定："加快推进《体育法》修改工作，加强体育重点领域科学立法，扩大公民参与立法途径，构建系统的公民体育权利法律保护体系。统筹、完善体育法规体系建设。做好规章与法律、行政法规间的衔接，协调体育规范性文件之间的内容，避免重复立法和法律冲突。"❶ 可见，该规划中关于体育法治建设的内容对我国大众体育的发展具有方向性指导意义。

《全民健身计划（2016~2020年）》的第三部分"保障措施"（十六）"完善法律政策保障"明确提出："推动在《中华人民共和国体育法》修订过程中进一步完善全民健身的相关内容，依法保障公民的体育健身权利。推动加快地方全民健身立法，加强全民健身与精神文明、社区服务、公共文化、健康、卫生、旅游、科技、养老、助残等相关制度建设的统筹协调，完善健身消费政策，将加快全民健身相关产业与消费发展纳入体育产业和其他相关产业政策体系。建立健全全民健身执法机制和执法体系，做好全民健身中的纠纷预防与化解工作，利用社会资源提供多样化的全民健身法律服务。完善规划与土地政策，将体育场地设施用地纳入城乡规划、土地利用总体规划和年度用地规划，合理安排体育用地。鼓励保险机构创新开发与全民健身相关的保险产品，为举办和参与全民健身活动提供全面风险保障。"❷ 可见，该计划为我国大众体育宏观调控的法治完善提供了明确方向。

法律体系的建立与完善是一个不断发展的过程，其中受到诸多因素的影响，如经济的发展水平、政治法治的发展进程、相关专家学者的不懈探索以及广大人民群众的广泛参与等。尽管我国大众体育宏观调控法治存在不足之处，但是，在我国强大经济实力的后盾下，以及在我国全面推进依法治国的背景下，以及专家学者的探索与思考以及智慧的广大人民群众的积极参与，在《体育发展"十三五"规划》与《全民健身计划（2016~2020年）》中关于大众体育法治完善的指引下，我国大众体育宏

---

❶ 《体育发展"十三五"规划》第十部分（二）完善体育法律体系建设。
❷ 《全民健身计划（2016~2020年）》第三部分"保障措施"（十六）。

观调控法治将不断完善，进而有力保障我国全民健身国家战略的实现。

第三节　我国大众体育宏观调控法制建设的必要性与可行性

我国大众体育宏观调控法制建设从中华人民共和国建立之初就开始踏上征程，尤其是改革开放之后，随着依法治国的推行，我国大众体育宏观调控法制建设发展迅速并逐渐形成比较完善的法律体系。但是，相比较于我国经济突飞猛进的发展，广大人民群众对健身需求提出的要求，大众体育宏观调控法制的供给存在不足，尤其是在全民健身上升为国家战略这样的背景下，我国大众体育宏观调控法制建设就存在其必要性。与此同时，在全面深化改革与全面进行依法治国的新时代背景下，基于我国大众体育宏观调控法制发展多积累的经验，以及《体育发展"十三五"规划》与《全民健身计划（2026~2020年）》中为下一步大众体育宏观调控法治发展指明了方向。由此观之，我国大众体育宏观调控法制建设有其可行性。

（一）我国大众体育宏观调控法制建设的必要性

1. 我国大众体育宏观调控法制建设必要性的根源分析

在党中央、国务院的正确领导下，2011~2015年，在各地以及各有关部门和社会各界的共同努力下，我国大众体育取得较大的发展，基本形成覆盖城乡、比较健全的全民健身公共服务体系。[1]正如《体育发展"十三五"规划》中对我国大众体育在"十二五"期间取得的成果的表

---

[1] 全民健身公共服务体系，是指政府为社会成员参与体育健身的基本需要，向全社会提供公益性服务产品所形成的系统性、整体性的制度安排。具体包括以政府为供给主体，政府、体育社会组织、体育企业等组织为生产主体的供给体系；以场地设施、健身指导、体育培训、竞赛活动、体育信息、体质监测等为主要内容的产品体系；以人力资源和财力资源为基础的资源配置体系；以绩效评估和监督反馈为保障的管理运行体系；以覆盖全社会为目标的服务对象体系。——选自《体育发展"十三五"规划》名词解释。

述:"全民健身上升为国家战略,公共服务体系建设速度加快,全民健身意识极大增强,组织网络日趋完善,活动形式呈现多样化,包括青少年在内的群众体育蓬勃发展。截至2014年年底,我国经常参加体育锻炼的人数比例达到33.9%,城乡居民达到《国民体质测定标准》合格以上的人数比例是89.6%,人均体育场地的面积达到了1.5平方米。"

可见,我国大众体育发展取得巨大的成就,尤其是体现在一些反映大众体育发展水平的数据上,如经常参加体育锻炼的人数、人均体育场地的面积等都有大幅度提升。尽管我国大众体育取得较大的成就,但必须清醒地认识到我国大众体育发展仍存在诸多矛盾与问题。

正如《体育发展"十三五"规划》在"十三五"时期我国体育发展存在的矛盾与问题中指出的:"'十三五'期间,我国体育发展将进入更加严峻的改革攻坚期。体育领域改革创新与体育强国建设的总体目标仍不相适应,体育与经济社会协调发展的机制有待进一步健全,人民群众日益增长的多元化、多层次体育需求与体育有效供给不足的矛盾依然突出。一些长期制约体育事业发展的薄弱环节和突出问题依然严峻:体育管理体制的改革尚需深化,体育发展方式亟须转变,管办不分、政社不分、事社不分的体制弊端遏制了体育发展活力,调动社会力量参与体育的政策措施尚不完善。体育社会化水平不高,基层体育社会组织发展滞后,支持培育体育社会组织发展的机制仍需完善,全民健身公共服务体系有待进一步完善。……体育产业总体规模不大与结构不完善并存,体育服务业比例偏低、种类偏少。"

由此观之,我国大众体育发展中存在的矛盾和问题,需要我国在不断深化大众体育改革中,通过必要的法律手段来进行保障和推动大众体育的发展,这便是目前我国大众体育宏观调控法制建设的根源性问题。

2. 我国大众体育宏观调控法制建设必要性的具体分析

通过对我国《体育发展"十三五"规划》中关于我国体育发展中存在的矛盾和问题的分析,从中可以概括出,目前,我国大众体育发展中存在的问题主要体现在以下方面。

(1) 大众体育发展水平与体育强国的目标仍存在差距。大众体育的发展水平事关广大人民群众的身体健康与精神风貌、一个社会的积极向上开拓进取的风气、一个国家的强有力的对外的竞争力。正如《关于加快发展体育产业促进体育消费的若干意见》（2014年10月2日，国发〔2014〕46号）指出："发展体育事业和产业是提高中华民族身体素质和健康水平的必然要求，有利于满足人民群众多样化的需求，保障和改善民生，有利于扩大内需、增加就业、培育新的经济增长点，有利于弘扬民族精神、增强国家凝聚力和文化竞争力。"同时，该意见第一次明确把全民健身上升为国家战略。由此可见，我国设立了宏伟的体育强国的目标。尽管我国大众体育已取得较大的发展，但是和我国设定的宏伟的体育强国目标有较大的差距。

（2）人民群众的需求受大众体育的供给不足的制约。在中华人民共和国成立之初，由于特定的历史条件，大众体育被赋予较多的政治功能和经济功能，个人对大众体育的自觉性不强。改革开放之后，随着人民生活水平的提高和闲暇时间的增多，同时，社会节奏的加快和竞争强度的加大，个人希望通过参与各种体育娱乐活动来调节身心增进健康。因此，个人主动参与大众体育的热情增强。个人参与大众体育需受多方面条件制约，如社会体育指导员的指导、必要的运动场地等。但是我国大众体育的现状恰恰是这些方面存在供给不足，无法满足个人充分参与大众体育活动的要求。与此同时，广大人民群众的体育消费意识逐步增强，因而，国家就有必要通过制定政策和法律对大众体育进行宏观调控来满足广大人民群众对大众体育的需求。

（3）大众体育社会化水平有待提高。大众体育的发展除了政府的大力支持之外，国家鼓励社会力量积极参与，从而成为大众体育发展的重要保障力量。正如在《体育总局关于加强和改进群众体育工作的意见》（2014年12月25日，体群字〔2014〕135号）提出的夯实和完善"政府主导，部门协同，全社会共同参与"的全民健身工作格局。同时，在《体育发展"十三五"规划》《全民健身计划（2016~2020年）》等中均频繁出现有关鼓励社会力量参与大众体育的规定，仅仅是原则性的规定，具体的鼓励措施并未出台。可见，对此需要不断完善相关的鼓励措施，其本质上属于大众体育宏观调控法制的完善。

（4）大众体育产业化水平有待提高。对于体育领域而言，主要分为大众体育、竞技体育、体育产业，只有这三者协调发展才能真正实现体育强国梦。这三者之间并没有非常清晰的界限，而是彼此有一定的交叉。例如，大众体育的一些项目，其实也属于竞技体育的项目，体育产业中就包含大众体育的产业化。关于大众体育的产业化发展的根源在于随着经济的发展广大人民群众的生活水平提高，这样对健身的需求就产生更高的要求。因而，在市场经济环境下，这就催生了大众体育的产业化。在法律文本的表达中，大众体育的产业化一般表达为引导体育消费等。如《全民健身条例》第2条第2款规定："国家支持、鼓励、推动与人民群众生活水平相适应的体育消费以及体育产业的发展。"现有的关于大众体育消费以及产业化的规定还比较原则化，需要进一步的研究细化。

（5）大众体育对和谐社会与国家战略意义深远。从人类社会的发展史角度来考察，人类社会就是一个人类不断抛弃冲突不断追求和谐的过程，而大众体育本身就是这一过程的产物。它是以全社会参与为特征，以丰富人们的文化生活、提高适应社会的能力，保持以增进健康为目的，以从幼儿到老年人为对象，以家庭、单位和社区为活动空间，以各种身体练习为内容而展开的组织灵活、形式多样的体育活动。正是大众体育的这种全社会的参与性使得社会成员在强身健体的同时彼此交流与沟通，这样形成一种积极向上的良好社会风气。这种良好的社会风气正是和谐社会所期望的，尤其是对老年人、妇女儿童、残疾人、农村人口等社会弱势群体的大众体育的保障措施的实施，使特殊人群感受到党和政府的关怀，更是以积极的状态去生活，以自己的方式回报社会，因此，高度发达的大众体育是一个社会和谐发展的重要因素。

与此同时，发展大众体育对国家而言，具有战略意义。在经济全球化的浪潮中，国家之间的合作不断加深，但同时竞争日益激烈，尤其是对广大的发展中国家而言更是如此。我国作为世界上最大的发展中国家必须积极参与竞争，这样国家战略就显得尤为重要。促进大众体育发展的国家战略意义主要体现在以下几个方面：①通过发展大众体育可以提高国民的身体素质。当前激烈的国际竞争实质是人才的竞争,良好的身体素质是人才最基本的条件,是从事一切活动的基础。我国只有通过国家制定政策和法律对大众体育进行宏观调控,才能迅速促进大众体育的发展,从而提高国民的身体素质,为培养高素质人才提供基本条件。②通过促进大众体育发展,可以带动相关产业的发展,创造新的消费需求进而促进经济发展。可见,政府通过对大众体育的宏观调控可间接地促进经济的发展,尤其是在经济有效需求不足的情况下对经济发展具有重要的战略意义。③对保障国防建设有重要的战略意义。大众体育本身具有强身健体的作用,因而,在国防和军队建设中起到重要作用。通过国家促进大众体育的发展,可以增强军人的身体素质,从而为我国建设一支保卫现代化建设的强大军队具有重要战略意义。正因如此,《关于加快发展体育产业促进体育消费的若干意见》(2014年10月2日,国务院发布)第一次明确提出将全民健身上升为国家战略。❶

（二）我国大众体育宏观调控法制建设的可行性

1. 我国全面深化改革和全面依法治国的新时代背景

2013年11月,党的十八届三中全会通过《中共中央关于全面深化改革若干重大问题的决定》;2014年10月,党的十八届四中全会通过《中共中央关于全面推进依法治国若干重大问题的决定》。这标志着我国进入全面深化改革和全面依法治国的新时代。

在全面深化改革和全面依法治国的新时代背景下,我国大众体育宏观调控法制建设迎来重要的机遇。如在《中共中央关于全面深化改革若干重大问题的决定》指出:"科学的宏观调控,有效的政府治理,是发挥社会主义市场经济体制优势的内在要求。必须切实转变政府职能,深化行政体制改革,创新行政管理方式,增强政府公信力和执行力,建设法治政府和

---

❶ 《关于加快发展体育产业促进体育消费的若干意见》一、"总体要求"（二）"基本原则"中创造发展条件:"营造重视体育、支持体育、参与体育的社会氛围,将全民健身上升为国家战略,把体育产业作为绿色产业、朝阳产业培育扶持,破除行业壁垒、扫清政策障碍,形成有利于体育产业快速发展的政策体系。"

服务型政府。"这为我国大众体育宏观调控中政府部门的职责、定位等指明了发展的方向。同时,该决定指出:"建立统一开放、竞争有序的市场体系,是使市场在资源配置中起决定性作用的基础,必须加快形成企业自主经营、公平竞争,消费者自由选择、自主消费,商品和要素自由流动、平等交换的现代市场体系,着力清除市场壁垒,提高资源配置效率和公平性。"这为我国大众体育的市场化发展,引导大众体育消费,促进产业化发展具有重要意义。《中共中央关于全面推进依法治国若干重大问题的决定》指出:"加快保障和改善民生、推进社会治理体制创新法律制度建设。依法加强和规范公共服务,完善教育、就业、收入分配、社会保障、医疗卫生、食品安全、扶贫、慈善、社会救助和妇女儿童、老年人、残疾人合法权益保护等法律法规。加强社会组织立法,规范引导各类组织健康发展。制定社区矫正法。"其中虽未明确列举出大众体育,但大众体育的发展属于民生的一部分,其中,提到的老年人、残疾人等合法权益的保护就包含其健身权益的法律保障。

2. 我国体育改革的不断深化

随着我国经济体制改革的不断深入,体育领域也进行着不断的改革。如1993年,国家体委下发《关于深化体育改革的意见》,提出体育改革发展的总目标:"改变原来在计划经济体制下,单纯依赖国家和主要依靠行政手段办体育的高度集中的体育体制,建立与社会主义市场经济体制相适应,符合现代体育运动规律,国家调控,依托社会,有自我发展活力的体育体制和良性循环的运行机制,形成国家办与社会办相结合,集中与分散相结合的格局,力争在本世纪末初步建立具有中国特色的社会主义体育新体制"。同时在2001~2010年的体改纲要中则明确提出"加强体育法制建设。要坚持'依法行政,依法治体',加快体育法制建设,建立健全体育法规体系和执法监督机制,保障体育事业的发展。要加强体育立法工作,加快体育法配套立法步伐,提高立法质量。搞好普法宣传教育,建立行政执法制度,健全体育执法机构"。

在全面深化改革和全面依法治国的新形势下,体育的改革迈入新的阶段,大众体育改革不断深入,将全民健身上升到国家战略的层面。相应的法律、法规规范性文件主要包括《关于加快发展体育产业促进体育消费的若干意见》《体育总局关于加强和改进群众体育工作的意见》《国务院办公厅关于加快发展健身休闲产业的指导意见》等。如《体育总局关于加强和改进群众体育工作的意见》指出："按照总局深化体育管理体制改革的总体要求，充分发挥运动项目管理中心和全国性单项体育协会在推动全民健身中的作用和优势，初步建立起与社会主义市场经济体制相适应，符合体育事业发展要求，政府监管有力，市场配置资源合理，社会体育组织蓬勃发展的体育管理体制和高效科学的体育运行机制。"《国务院办公厅关于加快发展健身休闲产业的指导意见》指出："转变职能，优化环境。大力推进简政放权、放管结合、优化服务政策，着力破解社会资本投资健身休闲产业的'玻璃门''弹簧门''旋转门'等问题；加强统筹规划、政策支持、标准引导，改善环境，培养健康消费理念，使各类群体有意愿、有条件参与健身休闲。"由此可见，在我国体育进行改革的大环境之中，国家调控被提到重要位置，这为我国通过制定政策和法律法规对大众体育进行宏观调控提供了良好的环境。

3. 我国基本形成大众体育宏观调控法律体系

目前，我国大众体育宏观法制取得较大的成就，基本形成大众体育宏观调控法律体系。这是我国实现大众体育宏观调控的法律依据，为下一步的完善奠定了基础。

宪法是一国的根本大法，是制定其他法律的基础。我国《宪法》第21条规定："国家发展体育事业，开展群众性的体育活动，增强人民体质。"这里所提到的"开展群众性的体育活动"就是本书所指的大众体育。这是我国大众体育宏观调控法制建设的宪法性基础。

在宪法对发展大众体育进行明文规定的基础上，我国还颁布实施了大量的相互配套的关于大众体育宏观调控的法律、行政法规、规章和规范性文件等。如体育法对发展大众体育有明确的规定，《体育法》第10条规定"国家提倡公民参加社会体育活动，增进身心健康。社会体育活动应当坚持业余、自愿、小型多样，遵循因地制宜和科学文明的原则"。这成为我国目前对大众体育宏观调控的重要法规依据。

4. 我国政府的宏观调控能力在实践中不断成熟

我国是由高度集中的计划经济向市场经济转轨的，在这个过程中政府起到主导作用。政府在这一过程中积累了丰富的驾驭市场经济的经验，具备较强的宏观调控能力。尤其值得称赞的是，在面对20世纪90年代发生于东南亚的金融危机以及美国次贷危机引发的金融危机，我国政府都及时地采取有效的宏观调控措施使我国经济平稳发展。时至今日，我国经济取得的辉煌成就和我国政府强有力的宏观调控密不可分。

在全面深化改革和全面依法治国的新形势下，我国政府的宏观调控又被赋予新的发展使命。如《中共中央关于全面深化改革若干重大问题决定》中指出："宏观调控的主要任务是保持经济总量平衡，促进重大经济结构协调和生产力布局优化……实现经济持续健康发展。健全以国家发展战略和规划为导向、以财政政策和货币政策为主要手段的宏观调控体系，推进宏观调控目标制定和政策手段运用机制化，加强财政政策、货币政策与产业、价格等政策手段的配合……增强宏观调控前瞻性、针对性、协同性。"

因此，我国政府所具有的较强的宏观调控能力能够保证大众体育宏观调控政策和法律的有效实施，使得法律所规定的内容具有可行性。

第四章　国外大众体育宏观调控法律问题分析

　　大众体育兴起于20世纪60年代的北欧国家并且迅速扩展到大多欧美国家，在政府的推动下，发达国家的大众体育快速发展。由于各发达国家的具体国情有所不同，各国对大众体育宏观调控的政策和法律也各有特色，其先进经验对我国大众体育宏观调控政策和法律的制定与完善有重大借鉴意义。下面介绍一下几个典型的发达国家的大众体育宏观调控法律制度，对我国大众体育宏观调控法律的制定与完善有所借鉴。

第一节　英、美、德、澳大众体育宏观调控法律问题分析

一、英国大众体育宏观调控法律问题分析

　　英国是近代户外运动的发祥地，具有悠久的体育传统，同时，由于英国是老牌的资本主义国家，其社会福利比较发达。大众体育与社会福利政策有着密切的关系。"二战"后，英国福利政策发生了三次转变，即传统福利国家模式、新自由主义模式和"社会投资型国家"模式。其中"社会投资型国家"福利政策的主要特点是政府不直接给公民提供福利服务，而是为公民创造享受福利的条件。

　　（一）英国大众体育宏观调控法律发展历程

　　英国的大众体育非常发达，这与政府长期的大众体育宏观调控密不可分，尤其是"二战"以后，由于经济、政治、社会等方面的不断变化，其大众体育宏观调控法律主要经历了以下过程：（1）加大体育设施供给时期。该时期从"二战"结束到20世纪70年代末，英国政府在此阶段主要是

兴建大量的体育场地和设施,这与"二战"结束后,经济复兴以及人民对大众体育的需求增加密不可分。在此阶段,英国体育委员会于1972年制订了"体育供给计划"。(2)促使重点人群参与大众体育时期。该时期主要是指20世纪80年代,由于英国福利制度的改革而导致政府对体育投入减少,大众体育的重心在提高青少年、少数民族以及女性群体参与大众体育的水平上。在此阶段,《未来十年的社区体育》(1982年)和《90年代的社区体育:1988~1993年发展战略》两个报告发布,主要在于提高青少年、少数民族以及女性群体参与大众体育。(3)竞技体育和学校体育优先发展时期。该时期主要是指20世纪80年代末至90年代中后期,是大众体育发展的特殊阶段。随着1992年欧洲理事会更新欧洲宪章,"大众体育"的提法被废止,英国政府宣布大众体育不再是政府的义务,进而政府的重心转移到竞技体育和学校体育。"显然,这一时期大众体育已不再作为英国政府的重点,大众体育发展的责任逐渐移交到地方政府手中"。❶(4)大众体育与竞技体育协调发展时期。该时期从20世纪90年代至今,在这一时期大众体育重新获得英国政府的重视。1997年,英国政府设立文化、媒介和体育部,该部门成为大众体育宏观调控的中央政府负责部门。在此阶段,英国政府颁布《大众体育的未来》(2000年)、《游戏计划》(2002年),随后又发布《奥运会计划》;2008年,英格兰理事会发布《英格兰体育战略(2008~2011年)》;2010年,英格兰体育理事会及英国奥委会和英国残奥委会组织开展"场地、人、运动"等。这些重大的战略规划都极大促进了大众体育的发展。如《游戏计划》指出:"在大众体育参与方面,政府的总体目标是提高所有人的参与水平,但焦点应集中在优先目标群体、社会中的弱势群体;政府通过提高体育服务的质量和数量以达到扩大体育参与人口的目标;倡导英国政府、体育理事会、地区体育管理会、

---

❶ 徐兰君,付吉喆,宋玉红. 二战后英国大众体育发展战略的变迁[J]. 曲阜师范大学学报(自然科学版),2012(3):110.

乡村体育委员会等相关部门应该联合行动共同发展体育。"❶

（二）英国大众体育宏观调控法律的主要特征

1. 高效的大众体育宏观调控体制与机制

英国大众体育高度发达，很重要的因素是源于其高效的大众体育宏观调控体制与机制。在英国，政府负责大众体育的部门是1997年成立的文化、媒介和体育部，其只负责大众体育政策的制定和分析。英格兰体育理事会其本身是区域体育管理组制，主席由政府任命，但其组成人员则全部面向社会招聘，不占用政府的编制。英国的各体育单项协会则是社团组织，员工全部向社会招聘，是政府制定政策的具体执行者。

政府负责大众体育政策的制定，执行机构在具体执行过程中主要依靠各单项体育协会，这便构成英国大众体育宏观调控体制与机制的特点。这种单项体育协会执行的模式也是被相关评估报告所证明是高效运作的。"从上述政策布局来看，单项体育协会在组织体系中占据了核心位置，上层连接英国体育执行机构，横向连接郡级体育合作伙伴和地方政府，下层连接学校和社区体育俱乐部，同时要和体育领域的专家、高等教育机构保持长期合作关系"。❷ 由此可见，在英国各单项体育协会发挥着极其重要的作用。

2. 强调大众体育发展的战略性规划

英国大众体育发展战略性规划大多是由英格兰体育理事会（The English Sports Council）负责筹划和执行。一般而言，英格兰体育理事会制定5年发展规划，通过国家财政拨款和国家体育彩票的形式给予各项计划强有力的支持，如"新的青年和社区体育5年战略""国家体育管理组织2013~2017基金计划"，等等。在制定大众体育发展规划后，政府会保证相关资金的投入。英国政府把发展大众体育增强国民体质作为一项重要

---

❶ 徐兰君，付吉喆，宋玉红. 二战后英国大众体育发展战略的变迁[J]. 曲阜师范大学学报（自然科学版），2012（3）：110.

❷ 王磊，司虎克，张业安. 以奥运战略引领大众体育发展的实践与启示——基于伦敦奥运会英国体育政策的思考[J]. 体育科学，2013（6）：28.

福利政策，保证政府对大众体育资金的投入。如英格兰体育理事会的主要职责就是分配资金，其每年所掌握的资金高达2.5亿英镑，这些资金将根据大众体育发展的需要被分配到体育设施建设、体育俱乐部建设、大众体育推广活动和大众体育发展战略决策等方面。可见，英国政府非常重视政府对大众体育的资金投入。❶ "大众体育政策的战略实施主要依靠国家单项体育管理组织（National Governing Bodies of Sports，NGBs）来推行，如英格兰体育理事会近45%的资金都拨给NGBs，让其开展学校体育或社区体育的工作"。❷

英国政府注重对现实生活中民众参与体育活动的情况进行调查，根据调查中所存在问题制订相应的计划从而促进大众体育的发展。英格兰体育理事会开展的大规模体育调查反映了经常参加体育活动的人口比例、参加不同体育运动项目的比例、参加体育运动的年龄构成、收入情况以及不参加体育锻炼的原因等。❸ 由此可见，英国政府对民众参与大众体育的调查内容是非常细致的。通过调查了解到高收入的青年人和低收入的老年人最缺乏体育锻炼，因而制订了相应的推广计划。

3. 注重对大众体育场地设施的建设与利用

关于英国大众体育场地设施的建设与利用，主要从建设、管理和使用三方面来进行概括。

（1）关于大众体育场地设施的建设。在大众体育场地设施建设中，出资的主体除了政府之外，还包括社区组织和自愿组织以及私人。目前，英国形成以政府为主、社区组织和自愿组织为辅以及私人主体为补充的大众体育场地设施建设基本格局。关于具体的出资构成，政府出资则是大众

---

❶ 2002~2005年，英国政府体育财政支出高达20亿英镑以上，这样巨大的投资在英国政府历史上是罕见的。参见：徐通，孙永生，张博. 英国"社会投资型国家"体育政策研究[J]. 沈阳体育学院学报，2008（5）：30.

❷ 王磊，司虎克，张业安. 以奥运战略引领大众体育发展的实践与启示——基于伦敦奥运会英国体育政策的思考[J]. 体育科学，2013（6）：25.

❸ 张秀丽. 英意西大众体育政策特点及其启示[J]. 体育文化导刊，2008（8）：101.

体育场地设施建设的主要资金来源。政府出资的具体形式，除了中央政府的财政拨款以外还有彩票收入。"有资料显示，在英国所有的体育场地设施中，由政府出资修建的占总量的70%~80%，剩余的部分由其他主体（主要是私人主体）出资修建"。❶同时，关于政府资金的使用，私人俱乐部也可以通过加入英格兰、苏格兰、威尔士等地区体育组织的大众体育发展项目中而获得资金，但是经营状况良好的俱乐部则采用慈善捐赠或者公司投资等方式获得资金，从而可以获得更大的自主权。

（2）关于大众体育场地设施的管理。英国大众体育场地设施的管理方式主要分为自主管理、私人承包管理和委托管理。自主管理，指地方委员会对其所拥有的场地设施进行直接经营管理；私人承包管理，指地方委员会将公共体育场地设施承包给私人来运营，期限一般是5~10年。在大多数情形下，地方委员会要对公共体育场地设施的对外开放制定指导价；委托管理则是地方委员会委托非营利组织，最常见的是由注册的慈善团体的信托基金会来对公共体育设施的运营进行管理。在长期的运营管理过程中，经过英国权威机构的统计，如英国特许公共财政及会计学会（Chartered Institute of Public Finance and Accountancy, CIPFA）等统计表明，大众体育公共体育场地设施的自主管理的投入产出比最低，私人承包则最高，委托管理居中。"正是由于私人承包和信托基金会两种管理方式在公共体育场地设施的投入和参与率方面具有较高的性价比，地方政府越来越倾向于改变当前其一统江山的局面，提高私人承包和信托基金会在公共体育场地设施管理方面的占比"。❷

（3）关于大众体育场地设施的利用。英国的大众体育场地设施虽然以政府所有为主，但是，在对大众体育场地设施的管理上采用自主管理、委托管理、承包管理等方式，体现出多种多样的特点，从而提高了利用率。在英国，大众体育设施的经营管理权由政府授予私营机构或非营利性组织，起初由于种种原因使得经营者无法顾及公众的要求，后来，政府改

---

❶❷ 唐盛，Elizabeth Pike. 英国大众体育场地设施的供给、管理与使用[J]. 体育与科学，2015（2）.

革了目标评价指标，给予经营者自主权，转而重视以公共体育设施的产出和实际效果为评价基础，重点考察公共体育设施的开放时间、接待人数、提供的服务项目以及在多大程度上增加了目标人群参与体育活动等，从而使得经营者可以根据不同地域、不同人群的需要来经营，提高了公共体育设施服务大众的效率。❶

4. 加强对重点人群参与性的保障

英国2000年颁布《大众的体育未来》（A Sporting Future for All），其中一个重要的目标就是使更多不同年龄、不同社会阶层的人参与体育运动。2002年文化、传媒和体育部（DCMS）颁布了《游戏计划》（Game Plan），这是"社会投资型国家"政策的典型体现，同时是《大众的体育未来》的继承和进一步细化。正如布莱尔在《游戏计划》的前言中所说："我们在2000年颁布了《大众的体育未来》……已经取得了成功，但是我相信能够做得更好。"❷《游戏计划》更加细化了《大众的体育未来》中提出的扩大民众参与体育运动的目标，如号召更多人参与体育运动，特别关注青年人、妇女、低收入者等。值得注意的是，《游戏计划》体现了大众体育和竞技体育并行的政策。《游戏计划》特别重视儿童和青少年参与体育活动，它指出要保证至少75%的儿童每周2小时的高质量的体育参与机会。

5. 积极利用奥运场馆发展大众体育

2012年伦敦奥运会后，英国积极开发利用奥运场馆来为发展大众体育服务。奥林匹克公园更名为伊丽莎白女王奥林匹克公园（Queen Elizabeth Olympic Park），由伦敦遗产发展集团负责管理。其中伦敦遗产发展集团与格林威治休闲有限公司负责奥运会水上中心运营；"为了更好地管理，35%的奥林匹克公园地域和3个奥运会场（馆）交由李谷公园管理局（Lee

---

❶ 张秀丽. 英意西大众体育政策特点及其启示[J]. 体育文化导刊，2008（8）：101.

❷ 徐通，孙永生，张博. 英国"社会投资型国家"体育政策研究[J]. 沈阳体育学院学报，2008（5）：29.

Valley Regional Park Authority）管理，这3个场（馆）分别是李谷皮划艇基地、李谷自行车公园、李谷曲棍球馆和网球中心（Lee Valley Hockey and Tennis Centre）"。❶ 奥运帆船基地，即现在的韦茅斯-波斯特兰国立帆船学院，其设施条件世界一流，已经成为大众体育服务的非营利性机构。

（三）英国大众体育宏观调控法律的启示

根据英国大众体育宏观调控法律的发展历程，以及其大众体育宏观调控法律的特征，英国大众体育宏观调控法律对我国的启示主要体现在以下方面：（1）大众体育宏观调控的体制与机制的科学与高效。英国的大众体育宏观调控政府部门仅仅制定大众体育发展的规划以及进行相关的评估，但相应规划的具体执行则主要是由单项体育协会来承担，其执行非常高效。（2）保障重点群体的大众体育的参与度。英国政府对重点群体的参与大众体育的程度非常重视，制定有针对性的发展战略。英国大众体育发展的重点群体主要是青少年、老年人、残疾人等。（3）积极开发利用奥运场馆为大众体育服务。英国在伦敦奥运会后，对奥运场馆进行相应开发和利用服务大众体育，其主要的方法是将比赛性的奥运场馆进行相应的改造。同时，为了提高其运营的效率，有的场馆与私人进行合作管理。

二、美国大众体育宏观调控法律问题分析

美国是市场经济高度发达的国家，体育的运作高度社会化并形成产业化。但是，美国政府并没有把大众体育全部交给市场来运作，而是起到宏观调控的职能。

（一）美国大众体育宏观调控法律的发展历程

美国作为一个自由市场自发演进的典型国家，其体育的发展也随之有一个漫长的演进过程，大众体育发展也不例外。"准确来讲美国在1885年之前美国的体育始终处于一种自由发展阶段，这一阶段政府并没有制定相

---

❶ 王磊，司虎克，张业安. 以奥运战略引领大众体育发展的实践与启示——基于伦敦奥运会英国体育政策的思考[J]. 体育科学，2013（6）：27.

关的法律政策对体育发展进行约束和调整，也没有出台任何关于体育教育和大众体育的政策"。❶ 此后，随着美国经济、政治和文化的迅速发展，体育在社会发展中地位凸显。此时，美国政府开始对体育进行干预，颁布了一系列体育法律与政策，其中当然包括大众体育发展的法律与政策。20世纪30年代以后，美国的体育发展进入成熟时期。"这一阶段又可称为社会主导型的体育发展时期，这一时期体育组织蓬勃发展，体育市场逐渐完善，社会主导和国家宏观调控相结合，促进美国体育走向大而强的发展道路"。❷ 这一阶段美国颁布了一系列促进大众体育发展的法律与政策。如《残疾人全员教育法案》（1975年）、《业余体育法》（1978年）、《促进健康、预防疾病，健康公民1990》（1980年）、《健康公民2000》（1990年）、《健康公民计划2010》（2000年）、《健康公民计划2020》（2010年）等。

（二）美国大众体育宏观调控法律的主要特征

1. 注重立法保护公民的体育权利

美国虽然是典型的判例国家，但在体育方面制定了全国性的体育法律并且为不断地完善而颁布相关的法令、条例、规章等配套法律法规。这样使民众参与体育活动有章可循，便于执行和监督检查。如美国1919年提出第一个全国性的体育法即《美国体育法案》，这是美国历史上第一部全国性的体育立法。此后，为了完善大众体育的法律体系，制定和修改了一系列的相关法律法规。这些法律法规非常重视保护公民平等参与体育的权利。如1972年通过的《教育法修正案》使女性获得平等参与体育的权利；1973年颁布《残障人保护法》，该法令规定不得在生活、教育、体育等方面歧视残疾人，令残疾人得到合法的体育权利，对推动残疾人的体育运动起到很大作用；❷ 1978年通过的《业余体育法》则保障了业余运动员的体育权利，1998年该法为《特德·史蒂文斯奥林匹克与业余体育法案》，该

---

❶ 吕俊莉. 美、德体育政策嬗变的经验与启示[J]. 体育与科学，2014（2）.

❷ 江亮. 对国外大众体育与我国社会体育有关法制的比较研究[J]. 湖北体育科技，2005（4）：425.

法案扩大了运动员的参与范围,从而保障运动员的合法权利。这样日趋完善的大众体育法律法规体系保护了公民的体育权利,进而促进了美国大众体育的发展。

2. 社会主导与宏观调控相结合的发展模式

美国体育发展最显著的特征是社会主导,即体育发展的市场主导。这是与美国的经济、政治和文化密切相联系的,是美国自由市场经济、崇尚自由、个性发展的政治文化在体育领域的表现。在伴随着美国自由市场经济漫长的发展过程中,体育成为一个很重要的市场领域。当自由市场经济进入垄断阶段以后,美国率先对市场进行了反垄断的国家干预。在这样的背景下,美国政府开始对体育进行宏观调控,保障公民的体育权利,大众体育的发展当然也遵守了这样的发展轨迹,但根本上的发展还是市场主导。

3. 宏观调控职能部门的分散化

美国联邦政府中并没有专门管理体育的职能部门,但管理体育的职能由多个部门所分散化管理,最重要的两个机构是内政部国家公园服务处和国家森林服务处。同时必须注意到,联邦政府和州政府在职能上是有区别的。在联邦政府中设有"总统健康与运动委员",这一机构是促进大众体育发展的咨询机构,同时在50个州设有州"健康与运动委员"。在地方政府中管理大众体育的部门是娱乐与公园部,其负责人由市长任命,直接对市长负责。它的职能是负责全市娱乐(体育)和公园等公共设施的规划、设计、建设(招标确定建筑商)、使用和维护。❶ 以美国洛杉矶市为例可以具体了解一下娱乐与公园部的组成和主要职能。该部门内设规划设计处、社区服务处、地区营运处、活动推广处、人事处、财务处等六部门,其中规划处有70~80人,大部分是建筑设计师、相关的园艺师等工程技术人员,负责全市娱乐设施、体育设施、博物馆及公园的规划、设计、建筑工程的招标等工作;地区营运处有600~700人组成,负责全市公园和娱乐中心的体育设施管理和使用;社区服务处则主要负责设备的采购、维护,

---

❶ 董新光. 美国大众体育管理印象与思考——以洛杉矶市为例[J]. 天津体育学院学报,2002(3):76.

同时为老年人和孩子提供服务;活动推广处则主要负责向市民介绍各种设备的使用方法和动员市民参与体育活动。❶

4. 政府重视并且制定发展大众体育的规划和注重对体育设施的投资

美国政府非常重视大众体育,为了促进其发展,20世纪80年代成立了"总统健康与体育委员会",在50个州成立"健康与体育委员会"。为了推动大众体育的发展,美国政府注重利用规划这一重要宏观调控手段。政府还制定了发展社会体育的长期规划,如美国卫生福利部于1980年制定了"有关增强健康与预防疾病的国家目标"的十年规划,提出政府将要优先采取的15项措施,其中之一就是开展社会体育活动,要求人们以本人心肺功能60%以上的强度,每周运动3次,每次20分钟,并提出了一些非常具体的指标和鼓励措施,如规定凡给职工提供运动机会的企业在纳税方面给予优待等。❷

美国政府比较重视投资建设体育设施,从而为民众参与体育运动提供了场所保证。由此了解到,政府对于大众娱乐(体育)投入并不少,并且全部用于大众娱乐(体育)。❸ 由此可见,美国政府对体育设施的投资占绝对的比重。

5. 注重对大众体育的宣传与大众体育法制的研究

通过对大众体育进行广泛的宣传,可以增强民众参与体育健身运动的意识,从而更加主动参与体育健身运动。美国政府注重对大众体育的宣传,如曾担任美国奥林匹克委员会运动医学部主任的罗伯特·比特恩(Robert Beeten)曾说:"你没必要去做竞技性质的跑步,你可以散步或者快走,只要每周坚持10英里就可以保持好的健康。"与此同时,由上文

---

❶ 董新光. 美国大众体育管理印象与思考——以洛杉矶市为例[J]. 天津体育学院学报,2002(3):76-77.

❷ 陈嵘. 中美体育社会化比较研究[J]. 体育文化导刊,2003(8):36.

❸ 以洛杉矶市为例,该市公园与娱乐部每年的预算经费为1亿~2亿美元,2001年为1.5亿美元,每个市民平均40美元;该部门的经费构成中政府预算占70%左右,联邦和州政府的专项资金占15%左右。参见:董新光. 美国大众体育管理印象与思考——以洛杉矶市为例[J] 天津体育学院学报,2002(3):76.

可知地方政府也有专门负责宣传的部门，如市政府中的娱乐与公园部的活动推广处则有动员民众参与体育娱乐活动的职能。必须注意的是，美国对大众体育的宣传是立体式的，除了政府的宣传之外，还有企业、个人等。《希望健康通讯》这样平淡的纸媒依然兢兢业业引导大众关注身体健康，不能不认为它实际上也在推动大众体育。❶

美国体育法学的研究比较发达，这也为大众体育的宏观调控法律的发展起到推动作用。在体育法研究领域，《马凯特体育法评论》具有较高的知名度和权威性。对1997~2012年《马凯特体育法评论》整理的体育法论文的内容进行分析研究可以发现，"在所有2 430篇论文中，平等参与问题以384篇论文高居榜首（包括性别、种族平等问题和残疾人体育参与三大类，其中性别平等问题为238篇文献，显示了美国学者对于两性平等参与体育的关注，而性别平等问题主要是与学生运动员入学相联系的，是与美国大学体育的发达密切相关的；残疾人体育问题86篇；体育中的种族问题42篇；其他歧视问题18篇）"。❷ 由此可见，美国注重公民平等的体育权利及相关研究。

6. 有关激励大众体育发展的政策与建立纠纷解决机制

在大众体育的发展中，通过制定相应的奖励制度能够大大激发国民参与大众体育的热情。如美国制定鼓励大众体育发展的"体育总统奖"奖励制度。同时，为了使发展大众体育的法律法规得到落实，美国在1976年专门成立体育律师协会，专门以法律手段解决大众体育的纠纷问题。

（三）美国大众体育宏观调控法律的启示

美国独特的发展历史，以及经济、政治和文化氛围造就了其独特的体育的发展方式。美国大众体育宏观调控法律的启示主要体现在以下方面：（1）根据本国国情制定体育发展的道路。美国作为一个自由市场漫长的

---

❶ 邓毅明，王凯珍. 大众体育孕育和发展的生态观——基于美国加利福尼亚州的参与式调查分析思考[J]. 体育文化导刊，2005（7）：52.

❷ 韩勇. 美国体育法学发展及对中国的启示[J]. 体育与科学，2015（3）：42.

自发形成的典型过程，其市场程度很发达。在这样的经济发展背景下，体育领域成为一个重要的市场，因此，美国的体育走向了市场主导并结合宏观调控的发展道路。（2）注重公民平等体育权利的法律保护。通过立法来保护公民平等的体育权利，尤其是残疾人、女性以及种族之间平等的体育权利。这是发展大众体育基础性公民权利。（3）注重体育法的理论研究。关于体育法的理论研究，在1997~2012年的统计中，美国关于公民的平等体育权利的研究处于研究的首位。这对推动公民平等享有平等权利，推动大众体育的发展具有重要的作用。

三、德国大众体育宏观调控法律问题分析

德国是传统的体育强国，无论是奥运会上的表现，还是大众体育的发展水平都备受称赞。德国体育的迅速崛起与其体育发展制度设计有密切关系。

（一）德国大众体育宏观调控法律发展历程

德国在20世纪初就制定了对后世产生重大影响的"德国体育奖章"和"黄金计划"的大众体育制度。如1913年颁布了"德国体育奖章"制度。"该制度是德国体育领域中历史最悠久、大众参与面最广、影响最大的全民健身计划，它是在参照1907年'瑞典体育奖章'制度的基础上完成的，目的是推行真正的大众体育健身活动，奖章分为金质、银质、铜质3种"。❶ "一战"后，德国制定旨在促进全民健康和参与体育运动的"黄金计划"，该计划主要是涉及体育设施的建设，是发展大众体育的基础性的保障之一。"二战"后，德国大众体育宏观调控法律的发展主要可分为两个阶段：两德分裂时期和两德合并之后。

在两德分裂时期，由于受当时政治、经济等因素的影响，东德的体育制度的设计主要为政治服务，一切以发展竞技体育为中心，如对竞技体育投入大量资金。西德则以发展大众体育为主体，实施了"黄金计划"。因此，西德的全民健身活动迅速发展起来并达到世界领先水平。1959年，

---

❶ 刘波. 德国体育政策的演进及启示[J]. 上海体育学院学报，2014（1）：2.

德国体育联合会提出了"体育的第二种方式",推动了第一次大规模的全民健身运动的展开;1979年实施的以"锻炼活动"为口号开始了第二次大规模的全民健身活动。两德统一以后,德国基本沿用了西德时期的大众体育的制度外,于1999年和2000年实施了旨在提高原来东德地区的大众体育发展的"东部黄金计划",2002年展开"体育使德国更美好"的活动。"在两德合并后的近20年里,尤其是近些年来,德国并没有刻意追求竞技体育成绩,而是在全民中培养健康的生活方式,使大众从体育运动中获得乐趣"。[1]

（二）德国大众体育宏观调控法律的特点

1. 德国大众体育宏观调控体制特点

德国体育体制的特点是社会主导型的体育俱乐部制,[2]并没有专门的政府体育部门,宪法并没有明确赋予联邦政府管理体育的权力。在政府层面,州政府负责大众体育的发展,市区的具体政府部门则主要负责体育场馆的建设。在非政府层面,则主要包括德国奥林匹克体育联合会（DOSB）、商业体育场所、第三者提供的疗养康复中心等,其中政府会对德国奥林匹克体育联合会（DOSB）的发展提供相应的支持。大众体育俱乐部则属于奥林匹克体育联合会管理的机构,是保障德国大众体育发展的最基本的组织机构。"德国大众体育俱乐部通过提供场地器材、提供教练指导、提供共同锻炼机会和提供比赛机会等措施来增加会员参加体育锻炼的积极性和效果,同时通过丰富多彩的活动增加会员的归属感和凝聚力"。[3]德国大众体育俱乐部数量巨大、收费合理、运动的项目丰富多

---

[1] 刘波. 德国体育政策的演进及启示[J]. 上海体育学院学报,2014（1）:5.

[2] 在德国,体育俱乐部定义为非营利机构（足球除外）,其最大的特点是社会自治。自治,就是按照联邦州、地区和城市等不同层面分层次解决,自愿、非营利。只要会员达到7人以上,均可申请俱乐部,体育相关管理部门备案注册即可。引自:鲁毅. 德国体育管理体制及其对我国体育发展的启示[J]. 广州体育学院学报,2016（4）:2.

[3] 刘波. 德国体育俱乐部体制与群众体育关系的研究[J]. 体育与科学,2009,30（1）:64-68.

彩，吸引了全国1/3的人参与体育俱乐部而成为会员，这样大大促进了大众体育的发展。同时，德国的商业体育场所，例如体育健身中心、体育旅游等，则是市场化运作满足不同层次人群个性的健身消费需求等。

2. 保证制度设计的持续性与公益性

德国自统一以来，不管经历怎样的政府变迁，其保证促进大众体育发展基本的制度保持不变，而且有一些重要的促进大众体育发展的制度沿用至今，如有百年历史的"黄金计划"和"德国体育奖章"制度，这些制度的持续性对保障大众体育的发展具有极其重要的作用。如1911年出台的"黄金计划"是由德国科隆体育学院的创始人卡尔·迪姆意起草的，其旨在促进德国体育场馆的建设。

德国体育制度设计的公益性是一个非常重要的特点，是由相应的法律和社会价值观做保障的。德国尽管没有专门针对体育的立法，但宪法中明确规定体育自主不受政府权力干涉，赋予体育俱乐部高度自治权。这样体育俱乐部发展的目的就是满足公民健身的需求，同时，这种体育制度体现出的公益性主要是通过志愿者的服务来体现，志愿者服务体现了承担社会责任的一种社会价值观。"德国俱乐部成员的志愿服务既是为了自身的生存，也是为政府、大众承担社会责任。俱乐部的模式体现了德国社会文化的一种公共精神，其目的是调动大众的参与热情，提高大众对社会公共生活、政治生活的参与意识和能力"。❶

3. 加大政府财政支持力度与积极寻求社会力量资助相结合

德国的体育发展模式虽然是社会主导型，但是，政府非常重视对大众体育的财政支持。"据报道，2012年我国全民健身计划中央财政投入经费14.5亿元，地方政府的投入无具体统计数据；而西德在1961~1970年平均每年投入经费为17亿德国马克（约合85亿元），当时西德人数只有我国的4.4%，未考虑到通货膨胀的因素，人均投入经费已达到我国的133倍"。❷可见，德国对大众体育的资金支持力度非常大。

---

❶ 谬佳. 德国体育政策3大特征[J]. 上海体育学院学报，2014（1）：10.

❷ 刘波. 德国体育政策的演进及启示[J]. 上海体育学院学报，2014（1）：7.

德国在注重政府对大众体育资金投入的同时，还注意积极寻求社会力量对大众体育发展的资金支持。在获得社会资金支持的数量上，大众体育明显要多于竞技体育。在捐赠的社会力量中，不仅包括势力雄厚的大企业，也包括力量单薄的小企业，同时被捐赠的俱乐部也是各种形式和规模。这样的一种社会力量的资金支持是大众体育俱乐部获得资金的一条重要途径。根据有关统计，德国大众体育2010年获得社会力量资助为20.5亿欧元。❶

4. 强化对体育场馆的宏观调控与有限市场化

体育场馆是发展大众体育的重要保障条件之一，德国对体育场馆采取的是强化政府的宏观调控与有限的市场化相结合的措施。德国政府先后制订了三个"黄金计划"，时间段分别是1960～1975年、1976～1984年、1985～1990年。三个"黄金计划"跨度长达30年，德国的体育场馆建设取得巨大成就。这些体育场馆俱乐部可以免费使用，德国政府并不干涉俱乐部的具体事务，仅仅是宏观上进行调控，比如在法律定位上认定大众体育俱乐部为非营利性组织是免税的，同时还给予一定的财政支持。

随着德国体育场馆设施的完善，德国政府的财政压力也在不断增加。由于大众体育俱乐部本身在法律上的定位是非营利性组织，所以其经营性项目受到严格限制，而且其不能以营利为目的，其所得的收入只能用来弥补其日常服务相关的费用。这就是所谓的有限的市场化，对减轻政府的财政压力和满足不同人群的健身需求具有重要的意义。

5. 实施健身奖章制度激发健身热情

"德国体育奖章"制度具有上百年的历史，1913年首次颁发该奖章。德国体育奖章主要分为三类，"德国青少年体育运动奖章""德国体育运动奖章""德国残疾人体育运动奖章"。可见，德国根据不同年龄段，以及考虑到特殊人群而制定了相应的奖章。自1913年设置德国体育奖章以来，一些基本的运动测试一直在延续，同时，也增加了一些新时代的运动项

---

❶ 该统计数字源自德国技术经济部公布的调研结果，具体参见：侯海波. 德国大众体育发展现状及成功经验探析[J]. 山东体育科技，2013（3）：97.

目，以此增强德国体育奖章的吸引力。"每年，德国有150万～200万人参加德国体育运动奖章的测试，超过90万人通过测试"。❶

6. 调动大众体育志愿服务者的积极性

大众体育志愿者是大众体育发展的一个重要保障条件，尤其是具有专业健身知识与技能的运动员，其通过自身的专业知识与技能可以引导公民健身的科学性。同时，充足的大众体育志愿者可以降低大众体育俱乐部的运行成本。德国把调动大众体育志愿者积极参与指导作为一项基本的国家战略。"1999年12月，德国联邦议院专门设立了'公民志愿行动的未来'调查委员会，该机构的主要任务就是'为促进德国自愿的、面向公益的、不是以获取物质收益为目的的公民志愿行动，制定具体的政策战略与措施'"。❷ 可见，德国最高立法机构非常重视大众体育志愿者的积极性的调动。2000年德国奥林匹克体育联合会设立了"支持体育志愿服务奖"，以此来表彰在志愿服务中取得突出成绩的志愿者。此外，德国还为志愿者购买保险维护志愿者的利益等。

7. 保障弱势群体参与大众体育的权利

社会弱势群体的大众体育参与权利是大众体育宏观调控法律需要特别重视的问题。由于社会弱势群体的特殊性，如残疾人、老年人、妇女等，普通的促进大众体育发展的制度设计很难有效保护到社会弱势群体的大众体育参与的权利。从根本上而言，这是由于社会弱势群体参与大众体育的特殊要求所决定的。因而，要保障社会弱势群体的大众体育参与权利就必须要针对其特殊的健身需求做特别的立法保护。德国为保障弱势群体参与大众体育的权利相继推出一系列的措施，如专门为高龄老年人制定的《为70岁以上老人提供运动机会计划》、促进移民融进社会的《借助体育促进融合计划》等。

（三）德国大众体育宏观调控法律的启示

---

❶ 侯海波. 德国体育运动奖章体制简介[J]. 中外群体信息，2009（3）：11-24.

❷ 侯海波. 德国大众体育发展现状及成功经验探析[J]. 山东体育科技，2013（3）：98.

德国大众体育宏观调控法律的启示主要体现在以下方面：（1）强调制度的延续性。大众体育的发展需要持久的政府支持，制度的延续性就显得尤为重要。德国对大众体育制度延续性的重视程度很高，如旨在促进体育场馆建设的"黄金计划"，以及提高公民参与健身积极性的"德国体育奖章制度"都有上百年的历史。（2）对于体育场馆的政府投资与有限市场化相结合。对于体育场馆的建设是政府投资，德国"二战"后通过连续三个"黄金计划"的实施，体育场馆建设取得巨大成就，但随之而来的财政负担也比较重。因而，允许体育场馆进行优先市场化，所得收益只能用于体育场馆日常的运营费用，而不得以营利为目的。（3）通过制度设计提高民众参与大众体育的热情。为了提高民众参与大众体育热情，德国制定了"德国体育奖章制度"，而且该制度已经延续了上百年。这样持续不断的制度保障大大提高了民众参与大众体育的热情。

四、澳大利亚大众体育宏观调控法律问题分析

澳大利亚是体育运动大国，其公民参与健身锻炼非常广泛，同时也是体育运动强国，其在奥运会上有很多强项，取得了不俗的成绩。这与澳大利亚比较完善的大众体育宏观调控是分不开的。

（一）澳大利亚大众体育宏观调控法律的发展历程

澳大利亚大众体育宏观调控法律的发展经历了一个自我不断演变的过程，由于政府对大众体育认识的不断深化，大众体育宏观调控法律逐渐成熟与完善。纵观澳大利亚大众体育宏观调控法律的发展，主要经历了雏形期、成长期和调整完善期三个阶段。（1）雏形期（1920~1971年）。在此阶段初期，澳大利亚联邦政府是基本不干预体育事务的，因而，根本谈不上大众体育宏观调控法律。1939年，澳大利亚成立国家体育健身协调委员会，其重点在于规划国民健康的活动以及学校教育的训练。（2）成长期（1972~1996年）。1972年，惠特兰当选澳大利亚总理，其开始对社会进行大量的改革。"惠特兰政府认为体育与休闲在澳大利亚仍是欠发达的，因此需要政府的大力资助，最终让体育在提高大众生活质量上发挥重

要功能"。❶ 基于这样的认识,政府对体育的资助明显提高,社区体育设施建设得到较快发展。1983年,霍克当选澳大利亚总理,其继承了惠兰特政府的体育发展理想,成立了独立的体育、休闲与旅游部。1986年,政府开始重视青少年体育的发展,因而政府发布了促进青少年体育发展的《澳洲人体育计划》。(3)整合期(1996年至今)1996年,约翰·霍华德当选澳大利亚总理。约翰·霍华德注重平衡竞技体育和大众体育的发展。该年年底政府发布了《活跃的澳大利亚:全国性参与架构》,旨在进一步促进公民长期参与体育运动,并意识到体育参与带来的健康与经济利益。2001年,政府颁布《澳大利亚竞技能力的回归:一个更有活力的澳大利亚》,其目标中就包含有提高整个澳大利亚的体育参与人口的数量。"又如在提高大众体育参与率上,鼓励年轻人参与有组织的体育活动,增强社区俱乐部和当地学校和商业机构的联系,建设从地方参与到高水平竞争领域更强大的输送通道"。❷ 进入21世纪后,随着澳大利亚大众体育发展弊端的暴露,政府颁布了一些强有力的改革政策,如2010年颁布的《澳大利亚体育:成功的通道》。

(二)澳大利亚大众体育宏观调控法律的主要特征

1. 独特的国家体育制度

澳大利亚的大众体育和竞技体育都处于世界前列,是名副其实的体育大国和体育强国,这得益于其独特的国家体育制度。"澳大利亚政府曾在自己的网站上如此评价道:澳大利亚的体育制度是独一无二的,也是世界上最成功的"。❸ 澳大利亚的体育制度主要体现在:澳大利亚体育委员会是整个体育体制的发展和运营的核心,其行为代表政府,主要包括6个部门,如澳大利亚体育学院、社区体育、财政等,其主要的职责是为体育

---

❶ 浦俊义,吴贻刚. 澳大利亚体育政策设计的历史演进及特征[J]. 武汉体育学院学报,2014(5):22.

❷ 浦俊义,吴贻刚. 澳大利亚体育政策设计的历史演进及特征[J]. 武汉体育学院学报,2014(5):23-24.

❸ 杨榕斌. 澳大利亚体育体制与政策研究及对我国的启示[J]. 浙江体育科学,2014(5):25.

发展提供基金和管理，协调与支持其他体育部门，而州和地方政府体育机构则为体育与休闲部。澳大利亚的国家体育组织则主要体现为各个体育联盟，如澳式足球联盟、澳大利亚足球联盟等，而地方体育组织则是非营利性的，其主要以促进社区居民的休闲健身环境的维护与改造为目的。总之，地方体育组织是为大众体育服务。此外，澳大利亚的健康与老龄部则是主要负责大众体育方面的工作，为政府在大众体育发展方面提供建议。

2. 政府的高度重视与不断改革

澳大利亚政府对体育的发展高度重视，并随着经济、社会文化的发展对体育制度进行相应的改革。从1939年澳大利亚国家体育健身协调委员会的成立开始，澳大利亚政府开始对大众体育进行相应的规划。从20世纪70年代开始，澳大利亚政府不断推出了若干包含促进大众体育发展的政策，如《竞技运动与休闲：前进中的澳大利亚》（1983年）、《澳洲人体育计划》（1986年）、《活跃的澳大利亚：全国性参与架构》（1996年）、《澳大利亚竞技能力的回归：一个更有活力的澳大利亚》（2001年）。进入21世纪后，随着整个现代文明病发病率的上升，并伴随澳大利亚参与大众体育水平的下降，政府开始新的体育改革。关于大众体育改革则集中体现为《澳大利亚体育：成功的通道》（2010年），"故澳大利亚联邦政府逐渐又将体育政策的关注点汇集在关乎国民生活质量的大众体育之中，如2001年的《澳大利亚竞技能力的回归：一个更有活力的澳大利亚》以及2010年的《澳大利亚体育：成功的通道》作为新千年以来澳大利亚最为知名的两项体育政策，即将首要关注点汇聚在大众体育发展问题上"。❶ 由此可见，澳大利亚政府高度重视体育发展并且不断进行改革，最终把发展的首要重点放在了大众体育发展上。

3. 社会各界的广泛协作

澳大利亚在推动大众体育的发展过程中，非常重视社会各界的广泛参与和合作，这样能够有效保证制度设计的科学性与实施的高效性。澳大利

---

❶ 浦俊义，吴贻刚. 澳大利亚体育政策设计的历史演进及特征[J]. 武汉体育学院学报，2014（5）：24.

亚在大众体育发展中涉及的不仅包括联邦政府的机构，如澳大利亚体育委员会、健康与老龄部等，以及地方政府的部门，如旅游、教育等，还涉及全国与地方的社区组织以及社团组织等。"'国家体育与休闲政策框架'中也明确规定：体育休闲应该与政府的其他事务共享政策议程，包括但不限于城市规划、土著问题、旅游、教育、气候变化、司法、社会政策、社区、卫生、自然资源管理和经济发展，以帮助达成更广泛的目标"。❶ 正是由于澳大利亚政府注重在发展大众体育中社会各界的广泛协作，这才使得其大众体育发展处于世界领先地位。

4. 提高制度设计的综合性

澳大利亚的体育政策经历了一个由单一的针对某一领域而单独颁布政策到颁布综合性的政策这样一个过程。面对体育领域的某个领域单独颁布相应的对策，显然有其针对性的优点，但随着体育领域之间的相互联系的加大，单独制定政策弊端已暴露无疑。澳大利亚从20世纪80年代以来陆续颁布一系列的单独性政策，如提高青少年参与大众体育的《澳洲人体育计划》、改善社区休闲体育的《社区休闲与体育设施计划》等。但从20世纪90年代以来，澳大利亚政府在制定体育政策过程中则明显体现了综合性的特点，如《活跃的澳大利亚：全国性参与架构》（1996年）、《澳大利亚竞技能力的回归：一个更有活力的澳大利亚》（2001年）、《澳大利亚体育：出现的挑战和新的方向》（2008年）、《澳大利亚体育：成功的通道》（2010年）等。这些综合性的体育发展政策不仅包含大众体育，而且包含竞技体育、体育产业，以及相互之间的衔接等，这样更接近于现实中大众体育、竞技体育与体育产业之间的相互联系的特性。因此，这些综合性的政策实施效果较高，不仅促进了大众体育的发展，而且推动了澳大利亚体育的整体发展。

5. 社会力量是发展的重要动力

澳大利亚是市场经济比较发达的国家，在这样的经济发展背景下，

---

❶ 汪颖，李桂华. 澳大利亚新一轮体育改革特点及其启示[J]. 体育文化导刊，2016（9）：23.

社会力量初期就进入了体育发展领域,促进大众体育的发展。从澳大利亚联邦建立之初的很长一段时间,联邦政府根本没有把体育列入议事日程,俱乐部才是联邦体育发展的基础。"二战"后,澳大利亚联邦政府成立的联邦健身委员会其本质上只是募集社会资本的机构,其实承担体育发展的主体主要是私营机构,也就是社会力量。"70年代联邦政府仍然认为政府'不应该介入体育事务',体育运动被认为是'个人和私营部门的专属领域',组织体育活动的最佳组织者是'体育相关机构'"。❶此后,尽管澳大利亚联邦政府对体育进行了干预,但基于传统市场经济中政府对体育发展的基本认识依然没有变化,社会力量仍是体育,乃至大众体育发展的重要力量。

6. 保障公民大众体育的平等参与权利

公民大众体育的平等参与权利是发展大众体育的最基本的法律权利,尤其是社会弱势群体需要相应的政策保护。澳大利亚政府针对残疾人、土著人、妇女等社会弱势群体都制订了相应的促进与保护政策,从而保障其平等的大众体育参与权。如对于促进残疾人的平等参与权利的措施主要包括1994年的"残疾人教育计划"、1995年起澳大利亚体委的主要焦点为实施残疾人教育,如"联结计划"就是以促进残疾运动员有更多的参与机会为目的;2008~2009年度的"体育联结计划"则将州和地区层级的体育参与作为目标,实质上将残疾人的教育推广到了大众体育领域;对于土著人,2002年,澳大利亚政府制订了发展土著体育运动的计划。"ISP计划是澳大利亚为发展土著人体育和娱乐活动而制定的第一个全国性体育发展策略,计划包括年轻人体育和娱乐发展计划、土著人活动指导、为土著人专门修建奥林匹克训练中心、全国土著体育和娱乐计划、全国土著娱乐联合会"。❷等等。

7. 注重大众体育发展指标的细化

大众体育发展指标是衡量大众体育发展的重要标志,澳大利亚政府

---

❶❷ 徐士伟. 澳大利亚大众体育政策的演进述析[J]. 沈阳体育学院学报,2016(6).

非常重视大众体育发展指标的细化，于2011年出台"国家体育与休闲政策框架"，该框架具体规定了大众体育的发展指标以及相应的评价指标，其中可见发展指标与评价指标非常细致。如大众体育的发展指标具体包括提高体育与休闲参与率、提高某些在体育休闲方面处于弱势地位的特定群体的参与率、增加有偿和无偿员工的数量等。相对应的评价指标同样比较细致，如提高"体育与休闲参与率"发展的评价指标则为"规律参与体育与休闲运动的澳大利亚人增多：包括付费会员、集体活动、学校体育等"。

（三）澳大利亚大众体育宏观调控法律的启示

澳大利亚人数相对而言虽然不多，但是世界上不争的大众体育大国和强国。澳大利亚的大众体育宏观调控法律的启示主要体现为以下方面：（1）不断进行改革与突破。澳大利亚的体育发展就是一个政府不断推动改革与突破的过程，即使挤入了世界体育强国仍不断进行改革与突破。（2）提高制度设计的综合性。提高制度设计的综合性是进入21世纪澳大利亚体育改革的一项重要体现，并不再是针对某一领域制定政策而是制定综合性的政策，体现了一种整体性。这恰恰反映了大众体育、竞技体育和体育产业之间的密切联系的现实。（3）注重大众体育发展指标的细化。对大众体育发展指标进行细化，有助于对具体实施过程中的指导。同时，相应的评价指标的细致有助于实施效果的评价，从而起到保障实施效果的作用。（4）注重社会力量在发展大众体育中的作用。澳大利亚由于其自由市场经济高度发达，社会力量在体育发展之初就是大众体育发展的推动力。尽管政府对大众体育的支持加大，但社会力量始终都是大众体育发展的重要力量。

第二节 俄、日、韩大众体育宏观调控法律问题分析

一、俄罗斯大众体育宏观调控法律问题分析

苏联解体之后，俄罗斯继承了绝大部分的衣钵，仍是一个传统的竞技体育强国。从20世纪90年代开始，随着俄罗斯改革的不断进行，其大众体育不断发展。

（一）俄罗斯大众体育宏观调控法律的发展历程

苏联解体后，俄罗斯的法律制度发生实质性的变化。20世纪90年代，俄罗斯的体育法律制度逐步确立，其具有标志性的法律是1999年颁布的《俄联邦体育运动法》。"该法颁布后，各单项联合会、协会、体育组织等的工作细则得以规划，国家对体育的调控也进一步加强"。[1]

进入21世纪后，俄罗斯的大众体育宏观调控法律更加具体化和具有针对性。2007年颁布全新的《俄罗斯体育运动法》，该法作为21世纪俄罗斯发展体育运动的基本法，同时，还制定了一系列包含大众体育发展的计划，如《俄罗斯联邦2006～2015年体育运动发展联邦计划纲要》（2006年）、《俄罗斯联邦2020年体育运动发展联邦计划纲要》（2009年），这两大体育发展规划纲要对大众体育的发展有着重大的促进作用。如《俄罗斯联邦2006～2015年体育运动发展联邦计划纲要》中确定了财政支持的优先项目为教育机关体育、社区体育的体育设施建设，以及加强对健康生活方式的宣传等。2014年俄罗斯通过总统令的方式实施新的"劳动与卫国制度"，简称"劳卫制"。"劳卫制的出台和实施体现了俄罗斯对大众体育和国民健康的高度重视，随着今后的逐步实施，必将对俄罗斯大众体育发展

---

[1] 马忠利，叶华聪，陈浩，等. 苏联解体后俄罗斯体育政策的演进及启示[J]. 上海体育学院学报，2014（1）：13.

起到非常显著的推动作用"。❶

（二）俄罗斯大众体育宏观调控法律的主要特点

1. 俄罗斯的体育管理体制

俄罗斯的体育管理体制是国家主导型模式。"这一模式既凝结着俄罗斯传统体育文化和政治文化的精髓，又体现了俄罗斯国家管理制度的特点，也反映了市场经济体制下体育发展的新要求"。❷俄罗斯总统是国家体育管理机构中的最高机构，该机构下设"俄罗斯总统下属大众体育、竞技体育发展委员会"，2012年更名为"俄罗斯总统下属体育运动委员会"。该委员会的职责是向总统汇报体育的发展状况，提出关于体育发展的决策等，本质上属于咨询机构。

俄罗斯政府主要负责制定体育发展的战略规划、财政资金的投入，直接参与体育事务领域管理，大众体育当然包含在内。俄罗斯政府中的体育部是体育的专门管理机构，体育部中主要负责大众体育的是体育及运动发展司。体育部在行政机构方面直接管理联邦主体的体育管理机构以及地方自治主体的体育管理机构，同时还管理俄罗斯奥委会、残奥会、运动单项协会以及体育运动联合会等组织。由此可见，俄罗斯的体育部是国家体育发展战略的具体实施者和管理者。

俄罗斯联邦主体主要是根据联邦政府的体育发展战略负责本主体内体育发展，制定本主体内的体育发展纲要，例如青少年体育发展纲要、学校体育纲要、大众体育发展纲要等。

地方的自治主体则是根据自身的经济社会发展条件制定符合自身特点的体育运动发展纲要，如发展中小学体育、大众体育等。"地方自治体在基层体育管理方面拥有广泛的权力，在其管理范围内包括体校、教育和科研机构、俱乐部和其他体育组织、体育运动设施、体育产业组织和

---

❶ 常利华. 俄罗斯体育管理体制及其对我国的启示[J]. 体育文化导刊，2016（11）：34.

❷ 秦剑杰，李继东，张晶，等. 俄罗斯国家主导体育管理模式的基本特征及其启示[J]. 体育学刊，2017（2）：45.

媒体"。❶

可见,俄罗斯的体育管理体制是一种典型的国家主导型的发展模式。从最高的管理机构总统到联邦政府以及体育部,以及联邦主体和自治主体形成一个比较系统的国家主导型模式。

2. 法律体系比较完善

俄罗斯已形成一个体系比较完善的保障大众体育发展的法律体系。在联邦宪法层面,俄联邦宪法明确规定公民享有保护自身体质的权利。这就已经把保护身体体质上升到了宪法的高度,体现了俄罗斯对大众体育发展的高度重视。

在联邦层面,《俄罗斯体育运动法》(2007年)是体育领域的基本法律,其中包含大量的发展大众体育的法律规定,如规定保障公民参与体育运动的权利,以及特殊群体的健身权利等,同时,由于联邦总统令与联邦法律具有同等效力,联邦总统令也是重要的联邦层面法律,如2014年3月,俄罗斯总统普京签署的《关于"为了劳动和国防"体育运动综合体》总统令;联邦政府的法规,如《2020年前俄罗斯体育运动发展战略》(2009年)、《俄罗斯2016~2020年体育运动发展联邦专项纲要》(2015年)等;联邦体育部的法规则主要体现在对联邦体育法律与发展规划的具体落实方面,如《2009~2015年期间实施2020年前体育发展战略的措施计划》。

在联邦主体以及地方性自治体层面,联邦主体与地方自治体根据本地的具体条件制定相应的具有法律效力的纲要,如《鞑靼共和国2011~2015年体育运动长期发展纲要》(2010年)、乌德穆尔特共和国的基亚索沃区《自治体体育运动发展专项纲要》(2013年),等等。地方性自治体的纲要的颁布,由于其本身针对本辖区的具体情况而专门制定,因而,对落实联邦政府的大众体育发展规划促进本地大众体育发展起到积极的作用。

---

❶ 秦剑杰,李继东,张晶,等. 俄罗斯国家主导体育管理模式的基本特征及其启示[J]. 体育学刊,2017(2):49.

3. 注重大众体育发展战略规划的制定

俄罗斯非常重视体育发展的战略规划，以此作为对大众体育宏观调控的一种重要手段，其中有代表性的包含大众体育宏观调控内容的战略规划包括《俄罗斯联邦2006～2015年体育运动发展计划纲要》（2006年）、《俄罗斯联邦2020年体育运动发展联邦计划纲要》（2009年）。这两部体育发展规划，"其中涉及群众体育的主要内容是：建立国民体育教育新体系，并对各类人群体育教育体系进行现代化改造；制定并采取措施宣传体育运动是健康生活方式最重要组成部分的理念；加强体育领域的人才保障工作；加强体育领域的基础设施建设，完善体育活动的资金保障工作"。❶

4. 保护公民的体育权利

俄罗斯对大众体育发展的认识已经上升到保护公民的体育权利的高度，并且将保护公民的体育权利写入宪法。《俄罗斯联邦宪法》第二章规定了公民的权利与自由。"该章第41条规定：'每个人都有获得保护自身体质的权利。国家支持旨在保护和增强居民体质的联邦纲要，支持增强人的体质的活动及支持发展体育运动'。"❷ 可见，俄罗斯以国家最高法律宪法的形式确认了公民的体育权利，并且明确规定国家给予支持与鼓励。

5. 保障财政资金的投入

作为国家主导型的体育管理体制的国家，俄罗斯非常注重政府财政资金的支持。俄罗斯保证财政资金的投入主要是通过国家预算的方式来实现的，并且通过体育发展的纲要进行明确规定。在俄罗斯财政资金投入的方式主要是联邦和联邦主体的预算资金的投入。同时，在具体的实施过程中，在涉及体育设施的修建方面，在符合相应的要求条件下，联邦政府将会对联邦主体以及自治主体给予相应的专项拨款。此外，联邦体育部也会按照相应的规定给予联邦主体以及自治主体相应的拨款。这样的财政资金

---

❶ 杨平. 俄罗斯群众体育发展战略研究[J]. 体育文化导刊，2013（6）：38.

❷ 秦剑杰，李继东，张晶，等. 俄罗斯国家主导体育管理模式的基本特征及其启示[J]. 体育学刊，2017（2）：49.

的使用都严格限制在相关的法律范围之内,使得财政资金能够合理使用。

在国家财政资金方面,投入到大众体育方面的资金要远远大于竞技体育。如在《俄罗斯联邦2006~2015年体育运动发展计划纲要》(2006年)规定:"按照规划的最初设计,大众体育投资数额为1013亿8100万卢布,竞技体育投资数额为52亿7400万卢布,大众与竞技体育投资之比约为19∶1。"❶

6. 加强体育场地建设

体育场地建设是体育事业发展的一个重要保障条件。俄罗斯非常重视体育场地的建设,非常重视资金的投入,从而为提高体育场地的供给提供重要保障。如在国家财政预算资金中,联邦政府针对符合相应条件的体育场地修建给予联邦主体和自治主体专项拨款。同时,在计划纲要中都对体育场地的建设目标做了相应的规定。如"《俄罗斯联邦2006~2015年体育运动发展联邦计划纲要》提出将在社区兴建1 000个体育运动中心,保持全国大型体育锻炼设施、场馆密度年均2%的增长率"。❷

7. 关注青少年体育发展

青少年体育的发展事关青少年的身心健康和一国的竞技体育发展水平以及国家未来的整体发展战略。俄罗斯非常注重青少年体育的发展,在体育发展战略规划中具有明确的要求。"《俄罗斯联邦2020年前体育发展战略》要求提高青少年参与锻炼的人数,在青少年人口总数中的比例由2008年的34.5%为基础,2015年达到60%,2020年达到80%;增加各级教育机构的体育课时,学生每周参加的体育课不少于3小时等"。❸

(三)俄罗斯大众体育宏观调控法律的启示

俄罗斯大众体育宏观调控法律的启示主要体现在以下方面:(1)注

---

❶ 马忠利,陈广,孙林,侯军. 关于"《俄罗斯联邦2006~2015年体育运动发展》联邦计划纲要"的研究[DB/OL]. http://www.sport.gov.cn/n16/n1152/n2523/n377568/n377613/n377703/1099318.html,2009-05-04.

❷❸ 翁捷,肖焕禹,陈玉忠. 俄罗斯体育复兴计划及其对我国的启示[J]. 山东体育学院学报,2015(3).

重保护公民的体育权利。俄罗斯注重发展大众体育并将保护公民的体育权利写进了宪法，这样从宪法的高度来保障公民体育权利。（2）制定比较严密的法律体系。俄罗斯包含大众体育宏观调控的立法体系从联邦宪法到联邦基本体育法律以及总统令，联邦政府和联邦体育部的体育发展战略规划，以及联邦主体与自治主体都制定相应的具有法律效力的发展纲要等。（3）政府财政资金的支持。俄罗斯作为一个典型的国家主导型的体育管理模式国家，其国家财政资金的强有力的支持就是基本的保证。俄罗斯的体育发展战略中都明确有国家财政资金的支持规定，从而为发展大众体育提供了资金上的保障。

二、日本大众体育宏观调控法律问题分析

日本自明治维新以来逐渐走向现代化之路，成为亚洲唯一的发达国家。在国家进入现代化的过程中，日本的大众体育迅速发展，尤其是"二战"之后，日本在战争的废墟上经济迅速崛起，这为发展大众体育提供了雄厚的经济基础。从20世纪60年代开始，在日本政府强有力的宏观调控之下大众体育取得更大发展。

（一）日本大众体育宏观调控法律的发展历程

日本政府早在1882年就把军事体育纳入学校教育课程，这可视为日本政府最早的大众体育宏观调控。日本政府真正开始对大众体育发展的重视则是从"二战"以后，尤其是在20世纪60年代。"二战"后，日本的许多体育活动逐渐恢复，1946年日本体育协会重新建立，使得日本体育乃至大众体育逐渐走向正轨。1961年颁布的《体育振兴法》则开启了日本大众体育发展的新时代，该法构建了日本大众体育发展的战略框架。此后，围绕该法日本政府又采取了一系列的措施，如1964年的"关于增进国民健康与体力对策"、1972年的"关于体育振兴普及基本策略"以及70年代多部门联合实施的"社区再造"等政策，这些宏观调控措施都有力地促进了日本大众体育的发展，使日本大众体育到20世纪80年代取得巨大成就。"1988年15岁以上成人体育行动率达到77%，体育实施者组织化比率达到17%，1985年青少年体力测试结果达到历史峰值，1984年公立学校体育设施开放

率达到80%，取得很大进展"。❶

进入21世纪之后，2000年日本出台《体育振兴基本计划》、2010年日本文部科学省又出台《体育立国战略》，提出"新型体育文化"战略目标和"终身体育"的理念，其基本的思路为重视每一个人，涉及5个重点战略包含大众体育内容如顺应需求创造体育机会、通过合作与协作创造体育界内部的"良性循环"等。此后，日本政府围绕《体育立国战略》，2011年6月，颁布了新的《体育基本法》；2012年3月，出台了《体育基本计划》。由此可见，进入21世纪后，日本政府通过制定全新理念的包含大众体育内容的法律与政策，使得日本的大众体育宏观调控法律进入一个全新的时期。

（二）日本大众体育宏观调控法律的主要特点

1. 体育权利的保障

对于体育权利的法律保护，一方面体现了一国的权利保护意识的传统，另一方面则体现了一国对发展体育尤其是大众体育的认识层次已达到保护公民权利的高度。如美国比较注重公民权利的保护，这样从保护公民权利的角度，不断通过立法的推动保障妇女、老年人等弱势群体平等参与大众体育。日本虽然大众体育发达，但上升到保护公民权利则是在2010年8月日本颁布的《体育立国战略》。"为此，在《体育立国战略》中出现了关于体育权利的规定：'通过体育实现幸福美满的生活，是所有人应该被保障的权利之一。'"❷可见，"二战"以后，日本政府通过促进大众体育的发展，使大众体育迅速崛起。经过半个多世纪的发展，日本政府对发展大众体育上升到了保护公民体育权利的认识层次。

2. 日本体育管理体制

日本体育管理体制属于政府与社团相结合的模式。政府对体育的管

---

❶ 景俊杰，肖焕禹. 二战后日本体育政策的历史变迁及借鉴建议[J]. 体育与科学，2013（2）：108.

❷ 南尚杰，马克. 日本《体育立国战略》对我国政府体育管理职能转变的启示[J]. 西安体育学院学报，2015（4）：402.

理主要体现在制定宏观性的政策法规、对社团的发展进行监督等,而关于具体执行性的事务则是由相关的体育社团来实施。

日本政府设有专门的体育管理部门。最高的体育行政管理机构是文部科学省,文部科学大臣是该机构的最高代表,其中包括中央教育审议会、体育和青少年局等。文部科学省则负责日本体育政策法规的制定,如《体育立国战略》就是由文部科学省颁布,其中体现包含大众体育发展的日本新的体育发展思想与理念。都道府县级别的体育行政管理机构中,知事是该机构的最高代表,其中包括教育委员会、体育振兴审议会等,市区町村级别的行政机构中,同样包括教育委员会、体育振兴审议会等机构。地方级别的地域行政机构则主要是根据本地实际来制定相应的体育发展措施。

日本的体育社团则属于独立的公益法人性质。最高级别的体育社团分别包括日本体育协会、日本奥委会、日本休闲协会,其中主要负责大众体育的是日本休闲协会。该协会在都道府县以及在市区町村都有各自级别的协会,这些地方性协会通过加盟的方式加入日本休闲协会。

3. 多部门联合推进大众体育发展

日本政府在促进大众体育发展的过程中非常重视多部门联合推进,这主要是由于大众体育的发展涉及诸多因素,如教育、旅游、财政等,单一的体育行政部门是根本完不成促进目标的。正如日本"除1972年答申以外,70年代初由经济产业省、文部省、厚生省等部门联合展开的'社区改造'运动、80年代颁行的《综合疗养地整备法》等政策,对社会体育发展,尤其是体育设施的配套建设与多样化起到了非常重要的作用,直接造就了70年代'社区体育时代'和80年代的'商业体育时期'。"[1]

4. 制定相应法律与配套保障措施促进大众体育发展

早在1961年,日本就出台了《日本体育运动振兴法》。这部法律虽然表面上没写明是大众体育促进法,但是其中做了大量的有关促进大众体育发展的规定。研究"运动振兴法"可以发现,第2章是关于振兴体育运

---

[1] 景俊杰,肖焕禹. 二战后日本体育政策的历史变迁及借鉴建议[J]. 体育与科学,2013(2):109.

动所采取的具体措施,如第5条"体育节"中规定10月的第一个星期六为体育节;第6条要求日本体育协会、国家和举办地共同筹办国民体育大会等。❶ 在此之后,日本出台了一系列与之相配套的法规,如《运动振兴法实施令》《学校体育设施对外开放法》《社会教育法》等,这样使得体育运动法所规定的内容能够得到落实,从而促进了日本大众体育的发展。

进入21世纪后,日本政府的体育发展战略发生较为明显的变化。如果说从20世纪60年代开始日本体育发展的战略重心在发展大众体育,那么进入21世纪后,日本体育的发展战略则体现为大众体育与竞技体育的协调发展。在2010年颁布的《体育立国战略》的战略规划思想的指引下,日本在2011年颁布了《体育基本法》。该法是新时代日本大众体育发展的法律保障。

无论是日本1961年的《体育运动振兴法》,还是2011年颁布的《体育基本法》,均属于体育发展的基本法的性质,其中关于大众体育的规定也是最基本的,因而需要相应的细化措施来保障基本法的落实。如日本颁布的《关于普及振兴体育的基本策略》中就提出了完善公共体育设施为改善大众体育的重点,为此制定了内容比较细致的《日常生活圈体育设施配备标准》《广域生活圈野外活动设施配备注意事项》两个公共体育设施配备的标准。在《日常生活圈体育设施配备标准》中,按照人口规模将日常生活圈划分为1万人、3万人、5万人和10万人四个等级,规定了4个等级需要配备的公共设施的种类(运动场、体育馆、游泳池、柔道剑道馆)、规模、数量及附属设施。❷ 20世纪90年代以后,日本对大众体育环境的改善重心转移到了培育体育活动组织方面上来。因此,2000年日本出台的体育发展中长期计划即《体育振兴基本计划》将培育综合型社区体育俱乐部作为今后10年改善大众体育环境的重点。与此同时,日本比较重视社会体育

---

❶ 夏书红,邹师. 日、韩在主办奥运会后大众体育发展策略的分析与借鉴[J]. 体育与科学,2008(1):49.

❷ 冯炎红,张昕. 日本发展大众体育的理论与实践对完善我国大众体育环境的启示[J]. 沈阳体育学院学报,2005(5):44.

指导员的建设而且起步比较早,早在1965年日本开始培养社会体育指导员,对于社会体育指导员的培养主要由体育协会承担。1971年文部省开始资助体育协会培养社会体育指导员,促进了日本社会体育指导员的迅速发展。日本通过制定相应的政策使得大众体育的环境有了明显改善,这主要体现在公共体育设施的数量有了明显增加同时利用率也大幅提高,❶ 伴随着公共体育设施数量的增加,以之为依托的大众体育俱乐部达到很高的比重,有力地改善了运动的组织形式,同时也提高了社会体育指导员的指导率。

同时,日本在1995年颁布和实施《地方分权法》后,政府机构高度分化,成立专门的大众体育执法机构,保障大众体育法律法规的落实。这样日本形成一个从体育发展的基本法中对大众体育发展做基本的法律规定,并且制定相配套的保障实施措施,以及专门的大众体育执法机构的网络,比较严密的法律制度的设计保障了大众体育的发展。

5. 大众体育发展规划的战略引导性

制定规划是宏观调控的重要手段,日本注重制定相应的具有可操作性的规划来促进大众体育的发展。如先后制定颁布了《增进国民健康和体力对策》《普及振兴体育的基本策略》《迈向21世纪体育振兴策略》《保持增进一生健康的关于今后健康教育及体育振兴对策》等。这些规划各有侧重,并且具有较强的针对性和可操作性。进入21世纪后,2000年,日本文部科学省颁布了《体育振兴基本计划》、厚生劳动省制定了《21世纪国民健康促进运动》,2010年文部科学省颁布了《体育立国战略》。由于大众体育涉及的内容相当的繁杂且随着社会的发展而不断变化,因此,规划这种手段可以比较灵活地适应这种情形,从而促进大众体育的发展。尤其值得肯定的是,进入21世纪后,日本根据国内经济社会的发展状况制定的

---

❶ 如1985年日本公共体育设施的数量达到60 777处,比1969年增长5倍,在体育设施中比重由6.9%增长到20.8%;与此同时,学校的运动场地和体育场馆的对外程度大大增加,到20世纪80年代日本中小学的运动场地和体育场馆对外开放的程度一直保持在80%以上。参见:冯炎红,张昕. 日本发展大众体育的理论与实践对完善我国大众体育的启示[J]. 沈阳体育学院学报,2005(5):45.

《体育立国战略》对大众体育的发展提出了"终身体育"的理念，对此后日本的体育立法产生重要影响。

6. 政府对社会团体的监督

由于日本的体育管理体制是政府和社团相结合的模式，体育社团在体育发展的过程中主要承担具体执行政府的体育法律政策的作用。为了保障政府体育发展战略的实施，对体育社团的监督极其重要。因此，日本的法律法规规定了对体育社团的监督。如非营利性体育社团达到一定的规模时必须接受相应的监督，然而，由于日本的非营利性的体育社团规模普遍较小，这样监督的制度容易落空。同时，日本的体育社团受媒体曝光丑闻事件影响，政府加强了对其监督。2010年8月，日本文部科学省颁布的《体育立国战略》中规定的制定体育社团运营评价指标则明显具有加强对体育社团进行监督的目的。

7. 确立大众体育发展新理念

日本政府在经过20世纪60～90年代对大众体育的高度重视并采取一系列的战略措施后，日本的大众体育发展指标达到了世界前列。进入21世纪后，日本政府的体育发展战略思路由原来的大众体育发展战略转变为普及与提高并重。如2000年日本颁布的《体育振兴基本计划》提出终身体育、竞技体育与学校体育的战略目标。经过10年的发展，日本大众体育持续发展，竞技体育和学校体育均取得不俗的成绩。"在此基础上，日本文部科学省又于2010年制定了体育中期发展战略《体育立国战略》，提出了学校、社区俱乐部、政府机构以及地方公共团体等机构互动合作的'新型体育文化'的战略目标，并确立了'终身体育'的理念，推动了日本体育的深入开展"。[1] 可见，日本在《体育立国战略》中确立了"终身体育"的大众体育发展理念。

---

[1] 彭国强，舒盛芳. 日俄体育战略嬗变的经验与启示[J]. 西安体育学院学报，2016（3）：290.

（三）日本大众体育宏观调控法律的启示

日本大众体育宏观调控法律的主要启示：（1）制定体育发展基本法以及完善相配套的法律。日本早在1961年就出台《体育运动振兴法》，并且在2011年出台新的《体育基本法》。与此同时，日本注重颁布与基本法中关于大众体育发展相配套的法律，如《运动振兴法实施令》《学校体育设施对外开放法》《社会教育法》等。这些相应的法律构成大众体育发展的重要法律保障。（2）注重体育发展规划的战略引导作用。如日本自20世纪60年代以来出台一系列的体育发展规划，如《增进国民健康和体力对策》《普及振兴体育的基本策略》《迈向21世纪体育振兴策略》。进入21世纪后，2000年，日本文部科学省颁布《体育振兴基本计划》、厚生劳动省制定《21世纪国民健康促进运动》，2010年文部科学省颁布《体育立国战略》。尤其是《体育立国战略》其包含的体育发展战略直接指引了日本2011年颁布的《体育基本法》。（3）创新了大众体育发展的理念。大众体育发展理念是在大众体育发展中对大众体育认识的一种抽象认识，一国大众体育的发展理念对大众体育的法律的制定实施等有重要的指导作用。日本在2010年文部科学省颁布的《体育立国战略》中关于大众体育提出了"终身体育"的理念。这一理念的提出对大众体育的发展将产生重要的影响。

三、韩国大众体育宏观调控法律问题分析

韩国作为一个"二战"后新兴的国家，随着其经济的迅速发展，大众体育在政府的推动下取得较大的成就。

（一）韩国大众体育宏观调控法律的发展历程

韩国政府对大众体育发展的重视始于20世纪60年代，1962年开始实施《国家体育振兴法》。20世纪60~80年代，韩国积极颁布一系列促进体育发展的法律，大众体育发展当然包括其中，当时集中体现的基本思想是发展体育是政府的责任。1988年汉城奥运会的举办代表着韩国的竞技体育发展到了一定的水平，并且对大众体育的发展起到很大的推动作用。在汉城奥运会后，韩国政府大力促进大众体育的发展。如1989年，韩国实

施了以奥运吉祥物命名的"胡多力计划"。"这一计划的目的包含为全民创建体育设施，以确保每个人无论年龄、性别或经济能力都能够参与体育活动"。❶从1993年开始，韩国连续三届政府实施了3个国家体育发展计划，李明博政府实施了"文化视野2008~2012年"计划，这些措施都极大促进了韩国大众体育的发展。进入21世纪后，韩国大众体育宏观调控具有代表性的法律是2013年1月生效的《校园体育发展法》。该法为保障学生运动提供了法律基础，要求学校必须配备运动设施，以及学校俱乐部的运行等问题。

（二）韩国大众体育宏观调控法律的主要特点

1. 韩国体育管理体制

韩国的体育管理体制是政府与体育社会组织共同管理的模式。韩国中央政府负责管理体育的部门从"二战"后建立并不断地改变，起初是文教部，20世纪80年代改为体育部，90年代改为青少年体育部等。目前，韩国政府负责管理体育的部门是文化体育观光部中的体育局。体育局中设置了四科：体育政策科、体育振兴科、国际体育科与残疾人文化体育科，其主要职责是研究大众体育、竞技体育等的促进政策措施、培育体育的社会团体等。韩国地方的体育行政组织也随着中央政府机构的改革而不断发生改变。"如今，在首尔市、各广域自治体、道的文化体育观光局、文化体育局等'局'级别的单位中设有体育振兴科、体育青少年科等科室。下设机构还有体育振兴组和体育设施组，主要负责振兴地方体育事务和体育设施运营管理等事务"。❷

韩国的体育社会组织具有全国性的主要包括韩国体育会、国民大众体育会以及韩国残疾人体育会，其中从事大众体育的为国民大众体育会，残疾人体育会则是专门保护残疾人的体育健身活动。国民大众体育会于1991年2月成立，其属于非营利性的社团法人，其宗旨在促进民众积极参与体育健身活动，具体实施体育行政部门的有关促进大众体育发展的措施。国

---

❶ 商允祥. 韩国公共体育发展研究[J]. 安徽体育科技, 2017（1）：12.

❷ 孙传宁. 韩国体育管理分析[J]. 体育文化导刊, 2014（12）：24.

民大众体育会主要是由各个级别的大众体育会、运动项目联合会以及大众体育爱好者俱乐部组成，以及6个合作团体，包括韩国老年人体育会、韩国女子运动会、韩国大学生运动大众体育联盟、韩国体育休闲娱乐协会、韩国体育振兴会以及新体育协会。可见，韩国的国民大众体育会这样的体育社会组织具有颇大的涵盖面，尤其是6个合作的社会团体，构成一个覆盖面广的大众体育发展的体育社会组织。残疾人体育会则是成立于2005年11月，其宗旨主要提高残疾人的运动水平，如残疾人的健身、残疾运动员的培养等。从大众体育发展的角度而言，残疾人体育会则主要是关注残疾人健身权利的保障。

2. 注重资金投入

"持续的资金投入是大众体育发展的基本保障，韩国促进大众体育发展所需的资金共有四条渠道，分别是韩国政府的国库预算，地方自治团体的经费，国民体育振兴基金及全民体育协会等民间体育团体的自筹经费"。❶韩国这种多渠道的资金投入方式大大增加了对大众体育的资金投入，为大众体育发展提供了坚实的财政支持。韩国政府对大众体育的财政支持力度较大，但是和竞技体育相比，其投入还是要略低于竞技体育。大众体育发展的主要资金来源是国民体育振兴基金，而国民体育振兴基金中资金的分配使用中，超过一半的资金投入到了大众体育发展。

3. 注重大众体育的宣传与推广

对大众体育进行宣传与推广有利于提高民众参与健身的积极性以及健身方法的科学性。韩国政府非常重视对大众体育的宣传与推广。具体而言，在全国各地的"全民体育教室"❷中开展了针对不同群体的健身指导课程。韩国的"全民体育教室"的宣传与推广针对健身的群体进行详细的划分并且开设有针对性的课程。如针对儿童群体则开设儿童体能课程，针

---

❶ 蒋铮璐. 韩国大众体育现状研究[J]. 体育文化导刊，2015（4）：71-72.

❷ "全民体育教室"是由韩国政府推出的"扩大亿万所体育教室"的基础上建立起来的，主要以学校、公园以及社区的体育设施为主。参见：蒋铮璐. 韩国大众体育现状研究[J]. 体育文化导刊，2015（4）：72.

对青少年则开设青少年身体锻炼课程与青少年体育竞赛课程,针对老年人则开设长寿体育课程,还有专门针对女性的女性体育课程等。

4. 强调大众体育设施的建设

韩国的体育设施根据《体育设施使用与保护相关法律》的划分,将公共体育设施分为三类,主要服务于大众体育的是全民体育运动设施,另外两类公共体育设施分别是竞技体育设施和职工运动设施。同时,《体育设施使用与保护相关法律》还规定开展大众体育在不影响竞技体育和职工体育开展的情形下可以使用竞技体育设施与职工体育设施,这样极大地提高了公共体育设施的利用率,满足了大众体育发展的需要。韩国政府非常重视对公共体育设施的投资建设,并且取得明显的成效。"韩国全国体育公共设施也从1994年的2 944个增加到2012年的11 946个"。❶ 在公共体育设施建设方面,韩国政府在持续地采取措施。2014年韩国出台《扩充国民生活体育设施中长期计划》,该计划规定到2020年,将新建1 124个运动场所。这样在大众体育设施方面,韩国将会有更进一步的发展。

5. 社会体育指导员的培养

社会体育指导员在具体指导民众参与健身的过程中具有保证健身科学性的重要意义。韩国的社会体育指导员分为三级,一级社会体育指导员培养的项目是运动处方,二、三级社会体育指导员的培养项目则包括篮球、羽毛球、攀岩、游泳、摔跤、划船等共42个项目。"据韩国体育科学研究院资料,截至2012年12月,韩国培养全民运动指导员一级指导员681名,二级指导员6 692名,三级指导员116 049名"。❷

(三)韩国大众体育宏观调控法律的启示

韩国大众体育宏观调控法律的主要启示:(1)注重大众体育投入资金来源的多渠道性。韩国大众体育投入资金除了政府投资外,还有非营利性的体育社会组织筹资等四条途径。(2)加强大众体育的宣传与推广。韩国针对大众体育参与者的不同人群而设计相应的课程来进行相应的宣传,这样提高了大众体育宣传与推广的针对性和实用性。(3)注重社会

---

❶❷ 马生来. 韩国全民健身推广研究[J]. 体育成人教育学刊,2016(6):31.

体育指导员的培养。通过对社会体育指导员进行分类与培养，加强社会体育指导员队伍的建设对提高民众参与健身锻炼的科学性具有重要意义。

第三节　国外大众体育宏观调控法律思辨

通过对国外大众体育发达的有代表性的国家的大众体育宏观调控的法律分析，并且对这些国家的大众体育宏观调控法律制度进行比较，不难得出以下一些认知。

一、国外大众体育宏观调控的体制特色

通过对英、美、德、澳、俄等国的大众体育宏观调控法律的分析与比较可以看出，在大众体育宏观调控法律体制方面存在三种类型：（1）社会主导型模式。其具有代表性的国家主要包括美国、德国。在这种模式下，大众体育的发展起主导作用的是社会力量，主要体现为体育俱乐部的发展，国家的宏观调控则主要体现在对体育俱乐部活动的调控使之符合国家的大众体育发展战略。（2）政府与社会合作发展型模式。日本、韩国是这种模式的典型代表，在这种模式下，政府制定大众体育发展的战略规划，并且利用财政资金来支持大众体育的发展。同时，社会力量在大众体育的发展中也起到积极的作用。（3）国家主导型模式。俄罗斯的大众体育宏观调控的体制属于典型的国家主导型模式，在该模式下，国家从联邦层面到联邦主体以及自治主体都设置了专门管理体育的政府机构，并且通过法律的形式规范相应的国家财政预算资金的支持，通过制定大众体育发展战略规划，由国家来促进大众体育的发展。

纵观国外这三种大众体育宏观调控的模式，无法简单地判断其制度设计的优劣。从根本而言，一国的大众体育宏观调控模式是一国长期发展的一种制度选择，在形成的过程中受到该国的经济发展、政治体制、文化传统以及社会习俗等多种因素的影响。如社会主导型模式的根源在于高度发达的市场经济，如美国、德国，市场经济的分子已经对社会生活影响非常

广泛和深入，体育领域当然也不例外。

二、国外大众体育宏观调控法治的共性与个性

各国的国情不尽相同，大众体育宏观调控的模式各有特色，但在大众体育宏观调控法治方面仍存在一些共性。可见，国外大众体育宏观调控法治体现出共性与个性并存的局面。

这些共性的地方主要体现为：（1）加强对公民体育权利的保护。美国、俄罗斯等国都明确地把保护公民的体育权利写入宪法，这样对公民的体育权利的认识上升到了宪法层，具有重要的意义。对公民体育权利的保护是一国大众体育发展的法律逻辑起点，是大众体育宏观调控法律制定的基础。（2）注重对大众体育发展战略规划的制定。制定大众体育发展的战略规划是国家对大众体育进行宏观调控的重要手段，根据本国的国情制定一定阶段的发展规划可以有力地促进大众体育的发展。如进入21世纪后，日本2000年文部科学省颁布了《体育振兴基本计划》、厚生劳动省制定了《21世纪国民健康促进运动》，2010年文部科学省颁布了《体育立国战略》。（3）注重政府资金的投入。对于大众体育的发展，资金的支持是非常重要的保障条件。大众体育本身具有公益性，因此，政府非常重视资金的投入，尤其是国家主导型的大众体育发展模式下。（4）注重进行体育场地建设与维护改善健身环境。体育场地是大众体育开展的基本条件，各国都比较注重体育场地建设与维护。在此方面的基本做法是，通过制定相应的发展规划确立体育设施的发展目标，并且配套相应的资金支持。（5）加强对大众体育的宣传，营造良好的健身社会氛围。对大众体育进行广泛而深入的宣传，提高民众健身意识，营造一个良好的健身社会氛围对展开大众体育具有积极的意义。如韩国的"全民体育教室"的宣传与推广针对健身的群体进行详细划分并且开设有针对性的课程。

个性则表现在不同的国家其大众体育宏观法治的表现各有侧重。如日本非常注重制定大众体育宏观调控政策和法律以及与之相配套的法律法规，从而形成完善的大众体育宏观调控政策和法律体系，并制定具有可操作性的大众体育的发展规划，同时，注重以改善大众体育环境为重点的法

律法规的完善；美国则注重制定大众体育发展的规划和注重对大众体育设施的投资，同时，强调对大众体育的宣传从而提高国民的大众体育意识；英国则注重提高本国的体育人口并关注弱势群体，根据大众体育的发展需求而制订相应的计划，注重保障政府资金的投入和利用多种方式提高大众体育设施的利用率。

三、国外大众体育宏观调控法治的启迪

国外大众体育宏观调控法治由于各国的国情差异而呈现出不同差异，但作为现代法治背景下的大众体育宏观调控的发展之路又存在有共性的地方。对于我国而言，仅仅是他山之石，不能盲目地一味照抄照搬。我国只能立足于本国的国情来选择适合本国的大众体育宏观调控的模式，并且在此模式的基础上来设计和完善具体可行的大众体育宏观调控的法律制度。当然，在此过程中，国外在大众体育宏观调控法治中共性的内容以及确实比较符合我国的个性的制度仍然值得借鉴，从而通过完善我国的大众体育宏观调控的法律制度促进大众体育的发展。这也达到了对国外大众体育宏观调控法律进行分析的最终目的。

第五章　大众体育宏观调控法律理念

第一节　大众体育宏观调控法律理念内涵

一、法律理念

1. 法律理念内涵

法律理念是一个抽象的表达，其上位的概念是理念。

理念作为西方哲学史上的一个重要概念，从柏拉图到亚里士多德、从康德到黑格尔，不同时期的学者对其认识各有不同。"不过，从总体上来说，我们还是可以做出如下评述：以理念与实事实物的关系为出发点，学者们对于理念的理解大致有两种不同的路向：一种是把它理解为具有根本原型并派生出物质世界的至上精神，如柏拉图、康德、黑格尔的理论就具有这一共性；一种是把它理解为不能脱离具体事物而存在的思维形式，如亚里士多德的理念就具有这一特征。……据此，我们可以依凭唯物辩证的立场对理念作出一个基本的描述，即理念是人在实践中通过理性能力所把握到的事物的内在精神和普遍范型"。❶可见，从唯物主义的立场而言，理念是属于人的一种认识范畴，是通过思维对事物的本质精神的一种认识。

从哲学层面的理念引入法学领域则形成法律理念，对于法律理念在西方最早明确提出的是黑格尔，此后施塔姆勒和拉德布鲁赫均对法律理念进行了更深入的研究。随着法学研究的开展，我国关于法律理念的研究也在

---

❶ 李昌麒. 经济法理念研究[M]. 北京：法律出版社，2009：13.

逐渐深入。李昌麒教授通过对中外关于法律理念的研究进行研究后指出："从中外学者们对法律理念的论说中可以看出，法律理念是一个具有多维度内涵的重要法学范畴，因此，若采用下定义的方式难以揭其全貌。……故此，似可把法律理念表述为：它是人们在实践中通过理性能力所把握到的法的内在精神和普遍范型。在法律实践中，法的内在精神成为人们为自己的法律生活所确立的最高价值目标，法的普遍范型成为人们指导自身法律生活的基本原则。"❶

2. 法律理念地位

通过对理念以及法律理念的认知，可知法律理念是法的内在精神的体现与普遍范型，可见，法的内在精神和普遍范型奠定了法律理念在法律中的最高地位。法律在调整社会关系的过程中总是需要坚持一定的价值追求、遵循一定的原则以及通过一定的制度的设定等，这些均体现法律的内在精神追求，即是法律理念的体现。同时，蕴含在法律之中的理念则成为人们在参与法律活动时的指导。可见，在看似繁杂和没有任何关系的法律条文的背后都暗含着需要通过人的理性去认知的法律理念。

3. 法律理念意义

法律理念作为法的内在精神的体现和普遍范式对法学研究和法律实务具有重要的指导作用。在法学研究方面，通过对法律理念的研究，可以使人们通过对法的内在精神的掌握，对法有更深入的研究，以提高研究的理论深度。在法律实务方面，法律理念通过立法、执法、司法及守法等各个环节将其内在的精神贯穿其中，这样可以使法律理念能够真正得到落实，从而达到法律调整社会关系的目的。

二、经济法理念

经济法是中国特色社会主义法律体系中的一个独立的法律部门，在我国市场经济发展中起着积极的作用。经济法作为我国部门法之一，经济法学者已经对经济法理念的内涵进行了多角度的研究，如史际春教授、徐孟

---

❶ 李昌麒. 经济法理念研究[M]. 北京：法律出版社，2009：18.

洲教授等。李昌麒教授在对我国经济法学对经济理念内涵研究分析之后指出："我们认为，所谓经济法理念，它是现代国家在依法适度干预经济的过程中，人们通过理性认识能力所把握到的这种国家干预经济的基本法律形式——经济法的内在精神和普遍范型。……一言以蔽之，经济法理念具有本体论、认识论、价值论和方法论等不同层面的意蕴，它涵括了经济法的本质、本源、运行、本位、精神、目的、价值、方法等多个要素，它需要人们在现实的经济法实践中加以认识、体验、遵循和实现。"❶

三、宏观调控法理念

宏观调控法作为经济法的一个子部门法，在经济法学界已达成共识。相比较于经济法理念的研究，宏观调控法理念研究比较少，其理念可以参照李昌麒教授关于经济法理念的提炼而概括如下：宏观调控法理念是宏观调控法的内在精神与普遍范型。

四、大众体育宏观调控法律理念

大众体育宏观调控法属于宏观调控法中的宏观调控领域法，即是宏观调控法对大众体育的发展进行调控而形成的法律规范的总称。它和宏观调控法理念的内涵得出方法一样，大众体育宏观调控法律理念可以表述为：大众体育宏观调控法律的内在精神和普遍范式。

第二节　大众体育宏观调控法律理念的内容

一、经济法理念的内容

关于经济法理念的具体内容，我国经济法学界已有不同的研究。杨紫烜教授认为："经济法理念的内容，可以概括为经济法的宗旨及其实现途

---

❶ 李昌麒. 经济法理念研究[M]. 北京：法律出版社，2009：22.

径。如果考虑到经济法的宗旨及其实现途径的基本内容，我们认为，经济法理念的基本内容是：对本国经济运行依法进行国家协调，实现经济法主体利益的协调发展。"❶ 史际春教授认为："经济法的理念应该为经济社会化条件下的实质公平、正义，其核心内容是社会整体经济利益的实现，表现为经济法是公私交融、社会本位法，是平衡协调、综合调整法。"❷ 具有代表性的研究是李昌麒教授关于经济法理念的研究成果，其认为，经济法的理念具体内容包含人本主义、实质正义、社会本位、可持续发展和适度干预五个相互紧密联系的理念。

人本主义理念主要是从价值根源的角度而言。法律作为一种调整人类社会关系的一种规范，从价值根源方面而言，需要坚持以人为本，促进人的全面发展。李昌麒教授认为："经济法以人为本为理念，具体来说就是为了克服现代性下人为物所异化以及由此所导致的人的分化，以克服现代性的悖论，为此，经济法必须针对社会弱势群体之间的过度分化而进行以人为本的社会整合，必须更多地关注社会弱势群体的境遇。"❸

实质正义理念是从价值目标的角度而言。法律自产生以来就承载着人类的美好价值追求目标，正义就是其中的重要的价值目标。在人类对正义的追求过程中经历了由形式正义向实质正义的转变，作为现代性法的经济法其追求的价值目标当然是实质正义。李昌麒教授认为："经济法的实质正义理念表现为对具体人格而非抽象主体进行的价值关怀，即在社会经济领域，主张实质而非形式的机会公平；关注具体而非抽象的人格平等；强调全局性而非局部性的社会利益；并通过'利益倾斜性配置'去调节和消除人基于出身、禀赋等偶然因素而形成的不平等关系以及社会历史过程中基于财富累加而形成的'交易优势'。"❹

社会本位理念是从法的维护利益的角度，即法益的角度而言的。关于

---

❶ 杨紫煊，徐杰. 经济法学：第7版[M]. 北京：北京大学出版社，2015：69.
❷ 史际春. 经济法：第3版[M]. 北京：中国人民大学出版社，2015：70.
❸ 李昌麒. 经济法理念研究[M]. 北京：法律出版社，2009：6.
❹ 李昌麒. 经济法理念研究[M]. 北京：法律出版社，2009：6-7.

法的维护的利益，不同的部门法有着不同的法益。私法追求的法益是个人本位，如民法；公法追求的法益是国家本位，如行政法；经济法作为具有现代性的社会法其追求的法益目标为社会本位。经济法的社会本位理念要求经济法在其立法的目的、调整的方法、调整的运行等方面要体现维护社会利益。

可持续发展理念是经济发展理念在经济法中的回应。可持续发展的理念是人类在发展过程中认识到社会经济发展与自然环境保护之间的矛盾，以及当代人与后代人之间的矛盾而提出的一种发展理念。李昌麒教授指出："经济法以可持续发展为理念，一是要求经济法应具有对代内公平与代际公平同等关注的公平性；二是要求经济法应具有考虑经济社会发展不超越资源与环境承载能力的可持续性；三是要求经济法应具有注重经济、社会、生态的全方面的整体性。"❶

适度干预理念是经济法理念中其他理念实现的手段性理念。随着经济法的产生与不断发展，国家干预经济获得了法律上的认可，从而具有了合法的地位。经济法视野中的国家干预是适度干预，始终要坚持的是市场第一位的原则，这是由于国家干预其本质上是一种制度替代所决定的。可见，要落实经济法的人本主义、实质正义、社会本位以及可持续发展，最终是要通过适度干预来实现。

二、宏观调控法理念的内容

目前，关于宏观调控法理念，经济法学界研究很少触及。尽管如此，随着我国经济法研究的深入开展，我国经济法理念的研究取得了标志性的成果。如李昌麒教授提出的经济法的以人为本、实质正义、社会本位、可持续发展和适度干预。作为经济法的子部门法的宏观调控法，经济法的理念当然是适用于宏观调控法。

同时，应该看到宏观调控法毕竟是经济法的一个子部门法，有其一定的相对独立性。虽然鲜有直接研究宏观调控法理念的成果，但作为法律

---

❶ 李昌麒. 经济法理念研究[M]. 北京：法律出版社，2009：6.

内在精神和普遍范型的理念，从宏观调控法的价值、原则等方面也可探知几许。如张守文教授提出的宏观调控法的价值包括公平价值、效率价值、秩序价值三个方面，在公平价值中，"宏观调控法不但在形式公平和实质公平、机会平等与结果公平方面，还在实体公平与程序公平、纵向公平与横向平等诸多成对的公平价值上均有平衡的体现和兼顾。"❶ 张守文教授关于宏观调控法基本原则的阐述包括调控公平原则、调控适度原则等。如在调控适度原则中，张守文教授认为："将宏观经济运行调控在最佳区间或幅度内，是宏观调控法律制度的设计和实施应当遵循的基本准则之一。"❷

由此可见，宏观调控法的理念其实是经济法理念在宏观调控法领域中特殊的体现。这种体现主要表现为经济法理念与宏观调控法调整领域特点的一种结合，但其本质精神仍是经济法理念。

三、大众体育宏观调控法律理念的内容

大众体育宏观调控法律理念是大众体育宏观调控法律的内在精神和普遍范式。关于大众体育宏观调控法律理念的具体内容的具体外在表现，则是一个抽象性的表达，需要去加工与提炼。正如李昌麒教授在求得经济法理念时所言："从根本上来说，经济法理念是一个理论性命题，但它又不是一个'从理论到理论'的纯粹主观思辨，更不是学者们的一种'为赋新辞强说愁'，它仍需要一个艰辛的探寻过程。经济法理念的求得与其说是一种理论创造不如说是一种理论发现。"❸

1. 大众体育宏观调控法律理念内容提炼因素

大众体育宏观调控法律理念的内容求得是一个逐渐去加工与提炼的过程，在提炼具体内容的过程中主要需要考虑以下因素。首先，已有的研究成果。学界已有的研究成果是学者们努力不懈的探索结果，是学者对该领

---

❶ 张守文. 经济法学[M]. 北京：高等教育出版社，2016：145.
❷ 张守文. 经济法学[M]. 北京：高等教育出版社，2016：148.
❸ 李昌麒. 经济法理念研究[M]. 北京：法律出版社，2009：3.

域的权威性结论，非常值得借鉴和运用。其次，现行的大众体育宏观调控法律。大众体育宏观调控法律理念蕴含在大量的现行的大众体育宏观调控法律、行政法规、规章等之中，需要我们不断地思考与提炼。最后，现行的大众体育宏观调控政策。从严格的法治角度而言，政策应该需要符合法律的要求，是法律的一种表现形式。在我国存在大量的涉及大众体育发展的宏观调控的政策，对我国大众体育发展起到了重要作用。这些政策同样体现着大众体育宏观调控法律理念，因此，在提炼理念时绝不能遗漏政策这一因素。

2. 大众体育宏观调控法律理念内容提炼路径

大众体育宏观调控法律理念的提炼在考虑到已有的研究成果、现行的大众体育宏观调控的法律、政策等主要因素的情形下，需要一条求得的路径选择。通过前文对经济法理念内容、宏观调控法理念内容的分析可知，作为子部门法的宏观调控法的理念内容其实就是经济法理念与宏观调控法领域中的具体特点的一种结合，其本质内容并没有发生太大改变。同样的思路，大众体育宏观调控法律属于宏观调控法的一个调整领域的法律，在求得大众体育宏观调控法律理念的路径选择可以在经济法理念的指引下通过分析现行的大众体育宏观调控法律、政策，进而提炼适合大众体育宏观调控领域特点的大众体育宏观调控法律理念的具体内容。

3. 大众体育宏观调控法律理念内容提炼过程

根据大众体育宏观调控法律理念内容的提炼路径，以经济法学界具有代表性的李昌麒教授关于经济法理念的研究成果为指引，对现行的大众体育宏观调控法律、政策进行分析与提炼，以期通过这样一过程求得大众体育宏观调控法律理念。

（1）人本主义。以人为本是法律作为人类创造出来的一种调整社会关系的方式，其始终要坚持促进人的全面发展，这是法律根源性的价值追求。在我国现行关于大众体育宏观调控的诸多法律中均有人本主义理念的体现。如《宪法》第21条第2款规定："国家发展体育事业，开展群众性的体育活动，增强人民体质。"该规定是我国宪法层面对发展大众体育的高度概括，是我国大众体育宏观调控的宪法基础。我国宪法中规定的开展大众体育究其根本是增强人民体质，这充分体现了人本主义的理念。《体育法》第2条规定："国家发展体育事业，开展群众性的体育活动，提高全民族身体素质。体育工作坚持以开展全民健身活动为基础，实行普及与提高相结合，促进各类体育协调发展。"第10条规定："国家提倡公民参加社会体育活动，增进身心健康。社会体育活动应当坚持业余、自愿、小型多样，遵循因地制宜和科学文明的原则。"可见，我国体育法中的关于大众体育的法律规定以宪法为指导，提出国家提倡发展大众体育，从而增进身心健康，这其实就是体现了发展大众体育的价值追求在于关注我国广大人民群众的身心健康，是坚持以人为本。除此之外，《公共文化服务保障法》中提出加强公共文化服务体系建设在于丰富人民群众精神文化生活，提高全民族文明素质等，同时，其他的法律、法规中均有人本主义理念的体现。

由上可知，从《宪法》《体育法》《公共文化服务保障法》以及其他法律法规中关于开展大众体育的根本原因在于促进我国广大人民群众的身心健康。可见，大众体育宏观调控法律理念的人本主义的核心在于国家通过大众体育的开展促进广大人民群众的身心健康。

（2）实质正义。实质正义是随着人类社会的发展而对正义的一种新的认识程度，是由形式正义发展而来的，强调的是考虑诸多因素的实质公平而非抽象的人格的公平，如通过法律制度的倾斜性配置来促进弱势群体、社会经济发展欠发达地区的发展。我国现行的大量涉及大众体育宏观调控的诸多法律中均有实质正义的体现。如《体育法》第5条规定："国家对青年、少年、儿童的体育活动给予特别保障，增进青年、少年、儿童的身心健康。"第6条规定："国家扶持少数民族地区发展体育事业，培养少数民族体育人才。"第16规定："全社会应当关心、支持老年、残疾人参加体育活动。各级人民政府应当采取措施，为老年人、残疾人活动提供方便。"这充分体现了我国体育法对弱势的青少年、儿童、老年人、残疾人的体育活动以及少数民族地区的体育活动的一种倾斜性的法律制度设计，是实质正义理念的体现。如《公共文化服务保障法》第31条第2款规定："公共文化设施开放收取费用的，应当每月定期向中小学生免费开放。"

这体现了在公共文化体育设施使用方面对中小学生的一种特殊的权利保护，由于收费的公共文化体育设施的使用，对于中小学生而言其本身就属于一种弱势群体。第46条第1款规定："国务院和省、自治区、直辖市人民政府应当增加投入，通过转移支付等方式，重点扶助革命老区、民族地区、边疆地区、贫困地区开展公共文化服务。"这充分体现了对相对落后地区的一种法律制度的倾斜性配置。此外，还颁布了一系列专门保护特殊人群的规范性文件，如《关于进一步加强新形势下老年人体育工作的意见》（体群字〔2015〕155号）、《关于发挥乡镇综合文化站的功能进一步加强农村体育工作的意见》（体群字〔2010〕128号）等。

由此可知，我国大量的关于大众体育宏观调控的法律、政策包含实质正义的理念。大众体育宏观调控法律的实质正义理念集中地体现为对青少年、老年人、妇女等社会弱势群体的特殊保护，以及对边远地区、少数民族地区、贫困地区的特殊扶持。

（3）适度干预。适度干预理念体现的是国家利用公权力对社会经济发展进行干预时应限制在一定的范围之内，防止过度干预或者干预缺位与不到位。我国现行的关于大众体育宏观调控的法律中体现着国家干预的理念并且干预限制在法律规定的限度内。如《体育法》第3条规定的"体育事业应当纳入国民经济和社会发展计划"，第11条中规定的"国家推行全民健身计划，实施体育锻炼标准，进行体质监测"，等等。这些典型的宏观性质的法律体现了对国家干预规划的法律规定，明确了国家对大众体育的宏观调控。尤其是在我国推进简政放权的政府职能改革的背景下，适度干预的理念在我国体育法的两次修改中均得到很好的印证。❶ 这两次体育法的修改就是减少国家对体育发展的干预从而实现适度干预。如《全民

---

❶ 2009年8月27日，第十一届全国人民代表大会常务委员会第十次会议通过修改删去《中华人民共和国体育法》第47条："用于全国性、国际性体育竞赛的体育器材和用品，必须经国务院体育行政部门指定的机构审定。"2016年11月7日，第十二届全国人民代表大会常务委员会第二十四次会议通过删去《中华人民共和国体育法》第32条："国家实行体育竞赛全国纪录审批制度。全国纪录由国务院体育行政部门确认。"

健身条例》第2条第1款规定:"县级以上地方人民政府应当将全民健身事业纳入本级国民经济和社会发展规划,有计划地建设公共体育设施,加大对农村地区和城市地区等基层公共体育建设的投入,促进全民健身事业均衡协调发展。"第8条规定:"国务院制定全民健身计划,明确全民健身工作的目标、任务、措施、保障等内容。"这些都体现了国家对大众体育采用计划的手段进行干预,并且对干预进行相应规范。2013年7月18日,《全民健身条例》第一次修订时将其中经营高危险性体育项目的许可机关由"县级以上人民政府体育主管部门"修改为"县级以上地方人民政府体育主管部门"。这一修改减少了政府的干预,充分体现了在简政放权背景下贯彻适度干预的原则。如《体育总局关于加强和改进群众体育工作的意见》(体群字〔2014〕135号)中提出的关于深化体育管理体制改革的总体要求中对于政府的要求则是监管有力,要充分发挥运动管理中心以及体育协会的作用。这充分体现了在大众体育的发展中,政府定位于监管者的位置而不是包办一切,是适度干预的最好诠释。此外,在其他的关于大众体育宏观调控法律、政策中也存在适度干预的理念。

由以上可知,适度干预理念在关于大众体育宏观调控的法律、政策中均有体现。大众体育宏观调控法律中适度干预的理念主要体现为政府在对大众体育发展中属于监管者的地位,充分发挥各单项运动协会等的优势,以及市场配置资源的巨大推动作用。

(4)社会功能为主。"通过对本项目的深入研究,我们发现现代社会体育的功能呈现出复杂的状态,体育发展不仅具有传统意义上的社会功能、政治功能,还具有经济功能"。❶可见,大众体育的发展本身具有多种功能,比如社会功能、经济功能等。我国关于大众体育宏观调控的法律中多有体现其社会功能的理念。如《体育法》第1条规定:"为了发展体育事业,增强人民体质,提高体育运动水平,促进社会主义物质文明与精神文明建设,根据宪法,制定本法。"可见,在我国体育法的立法宗旨中

---

❶ 董玉明,李冰强,等. 宏观调控视野下的体育政策法规理论与实践问题研究[M]. 北京:法律出版社,2012:145.

的精神文明建设指的便是体育的社会功能，大众体育的社会功能当然包含其中。《公共文化服务保障法》第1条的立法宗旨中提出的"弘扬社会主义核心价值观""促进中国特色社会主义文化繁荣发展""提高全民族文明素质"等均体现了发展公共文化服务的社会功能，其中由于公共文化设施包括体育场馆的建设使用等，而这些设施主要为大众体育服务，其中之义不言而喻。同时，关于大众体育的经济功能则同样体现在关于大众体育宏观调控的法律、政策之中。如《全民健身条例》第2条第2款的规定"国家支持、鼓励、推动与人民群众生活水平相适应的体育消费以及体育产业的发展"，以及《国务院办公厅关于加快发展健身休闲产业的指导意见》（国办发〔2016〕77号）等都体现了大众体育的经济功能。在大众体育宏观调控法律中体现大众体育的社会功能，同时也体现经济功能，但是大众体育宏观调控应坚持社会功能为主的理念。正如董玉明教授所言："但是，若从总体上讲，体育事业发展的本质功能，还是其所具有的教育和社会功能。"❶

可见，大众体育宏观调控法律理念旨在追求目标上应坚持大众体育的社会功能为主，也只有这样才能够真正地提高广大人民群众的身心健康、推动社会的发展。当然，随着我国市场经济的不断发展，大众体育的经济功能应该受到高度重视，但是，社会功能为主的理念非常重要。

（5）国家战略高度。党和国家高度重视大众体育的发展，目前，大众体育发展已经上升到国家战略的高度。第一次明确提出将大众体育发展上升到国家战略高度的是《关于加快发展体育产业促进体育消费的若干意见》（国发〔2014〕46号）。该意见指出："营造重视体育、支持体育、参与体育的社会氛围，将全民健身上升为国家战略，把体育产业作为绿色产业、朝阳产业培育扶持，破除行业壁垒、扫清政策障碍，形成有利于体育产业快速发展的政策体系。"同时，《体育总局关于加强和改进群众体育工作意见》（体群字〔2014〕135号）中提出对大众体育工作的加强与

---

❶ 董玉明，李冰强，等. 宏观调控视野下的体育政策法规理论与实践问题研究[M]. 北京：法律出版社，2012：145.

改进是实现将大众体育上升为国家战略的必然要求。将大众体育上升为国家战略是由于大众体育本身所具有的功能所决定的，如发展大众体育可以增强广大人民群众的体质，推动经济发展的转型，繁荣社会主义文化，促进社会团结，提高国家的竞争力。

因此，国家对大众体育宏观调控必须站在国家战略的高度，大众体育宏观调控法律理念的国家战略高度也是应有之义。

4. 对大众体育宏观调控法律理念内容的总结

通过对大众体育宏观调控法律理念内容提炼过程的分析与研究，笔者认为，大众体育宏观调控法律理念的具体内容包括人本主义、实质正义、国家适度干预、社会功能为主、国家战略高度。人本主义要求发展大众体育要以增强广大人民群众体质为根本；实质正义则要求发展大众体育需要通过法律的倾斜配置来关注青少年、老年人、残疾人、妇女等特殊人群的健身保障以及边远地区、少数民族地区、贫困地区等相对落后地区的大众体育的扶持；国家适度干预则体现为国家对大众体育发展的干预必须严格限制在法律的范围之内，充分发挥体育社会组织的作用和市场机制的优势；社会功能为主则要求对大众体育的发展要以其社会功能的发挥为主，同时，必须注意到随着我国市场经济的发展，大众体育的经济功能作用也在不断增强；国家战略高度则体现了党和国家对大众体育发展的认识高度，这主要是由于大众体育的发展对增强广大人民群众的体质、增强社会凝聚力、推进经济转型升级等具有重要的国家战略意义。大众体育宏观调控法律的人本主义、实质正义、国家适度干预、社会功能为主、国家战略高度理念之间不是毫无关系的，相反，它们之间有着密切的逻辑关系。在这五个理念之中，国家战略高度是认识的程度、人本主义是根本、实质正义是价值追求、国家适度干预是手段、社会功能为主是追求目标。

可见，大众体育宏观调控法律理念应以国家战略的高度，以人本主义为根本，以实质正义为价值追求，以国家适度干预为手段，最终以社会功能为主要追求目标。

第三节 大众体育宏观调控法律理念的意义

大众体育宏观调控法律理念的提炼是一个比较艰辛的思维过程，但一经提炼成功则具有重要的意义。大众体育宏观调控法律理念对于我国大众体育宏观调控法律的完善具有以下重大意义。

一、对大众体育宏观调控法律立法完善的指引作用

从对我国大众体育宏观调控法律的现状分析可知，我国大众体育宏观调控法律取得了较大的成就，成为我国全民健身事业发展的重要保障，但是，仍然存在不足。由于大众体育宏观调控法律理念是在原有的法律基础上结合我国国情的一种提炼，因而具有高度的概括性和指引性。可见，在大众体育宏观调控法律理念的指引下，对大众体育宏观调控法律进行完善，可以使其相应的法律虽然形式不同或者具体的领域不同，但是内在的精神保持一致。尤其是，在我国当前大众体育宏观法律的相关配套的法律完善时，在统一理念的指引下能够保持与大众体育宏观调控基本法律的精神的一致性。

二、对大众体育宏观调控法律适用的评价作用

大众体育宏观调控法律的适用主要体现在国家对大众体育发展的干预以及其他的主体参与到大众体育的发展中这两种形式。因此，对于国家对大众体育发展的干预以及其他主体的参与行为评价的一个重要标准就是其行为是否符合大众体育宏观调控法律的理念。如国家对大众体育进行宏观调控的过程中，一定要站在国家战略的高度、以增强人民群众的体质为根本，在行使干预权的过程中一定要在法律的授权范围内适度干预，同时，要追求社会功能为主，且不可过度追求大众体育的经济功能。

三、对大众体育宏观调控法律的宣传教育作用

大众体育宏观调控法律理念既具有高度的抽象性，同时又表现出简练

性的特点。相对于庞杂的大众体育宏观调控的法律体系,大众体育宏观法律关系中的调控主体和被调控主体更容易去把握。大众体育宏观调控法律的理念起到了较好的宣传教育作用,因而,无论是作为调控主体的政府相关工作部门工作人员,还是作为被调控主体的相关的体育社会组织的成员都容易接受。

总之,大众体育宏观调控法律理念是大众体育宏观调控法律的内在精神的体现,本章在学界已有研究成果的基础上对我国现有的大众体育宏观调控法律进行分析,提炼出我国大众体育宏观调控的理念,以期对我国大众体育宏观调控的法律的完善起到一种积极的法律内在精神指引作用。

第六章　大众体育宏观调控法律基本原则

第一节　大众体育宏观调控法律基本原则概述

一、宏观调控法基本原则概述

1. 宏观调控法基本原则的含义

关于宏观调控法基本原则的含义，经济法学界有着不同表述，如，"宏观经济调控法的基本原则，是指体现在宏观调控法之中的调整宏观经济调控关系时所必须遵循的基本行为准则"。❶ "宏观调控法的原则，是宏观调控法所规范的宏观调控行为应遵循的根本准则"，❷ 等等。可见，学者们虽然对宏观调控基本原则的含义表达不同，但仍然体现出共性的内容，即宏观调控法中贯穿于调控行为应遵循的基本准则。

2. 宏观调控法基本原则确立的依据

关于宏观调控法基本原则确立的依据，经济法学界同样存在不同的表述，如，"我们认为，宏观经济调控法基本原则的确定，一应反映宏观经济调控法的本质，二应揭示宏观经济调控法调控经济关系的独特手段"。❸ "宏观调控法原则的概括和提炼，要以各国宏观调控法规范及其制定和实施的实践为来源和依据，还要与宏观调控法的调整对象、体系、

---

❶ 李昌麒. 经济法学：第3版[M]. 北京：法律出版社，2016：317.

❷ 张守文. 经济法学[M]. 北京：法律出版社，2016：147.

❸ 李昌麒. 经济法学：第3版[M]. 北京：法律出版社，2016：317.

价值、宗旨等法理和逻辑相契合"。❶ "作为宏观调控法的基本原则，它应以基本的经济关系、经济规律为依据，它应当能反映宏观调控法所调整的社会关系的根本要求，能体现宏观调控法的本质属性，能够提供经济行为的方向。宏观调控法的基本原则应当具有贯彻始终性，能够将宏观调控的规范和制度有机统一于宏观调控法之下。与此同时，由于宏观调控法处于经济法的下位法……确立经济法基本原则的标准……适用于宏观调控法"。❷

可见，不同的学者从不同的角度对宏观调控法的基本原则的确定来进行论述，当然也存在一些重合的角度。综合以上学者的研究成果，关于宏观调控法的基本原则确立的依据，主要可体现为：现行的宏观调控法律规范、宏观调控法的调整的社会关系的根本要求、宏观调控法的价值、宏观调控法的本质、宏观调控法的调控手段等。

3. 宏观调控法基本原则的具体内容

关于宏观调控法基本原则的具体内容，由于不同学者在研究宏观调控法基本原则的确立依据时角度不同，因而得出一些不同的结论。如，"可以将宏观调控的原则提炼为：调控法定原则、调控绩效原则、调控公平原则和调控适度原则"。❸ "针对我国宏观调控法制实践中存在的问题，以及宏观调控法基本原则的本质属性，其应包括国家责任原则、计划指导和经济民主原则"。❹ 这些关于宏观调控法的基本原则的内容的研究成果具有重要的借鉴意义。

4. 宏观调控法基本原则的地位

根据宏观调控法基本原则确立的依据，以及宏观调控法基本原则的具体内容，可以得知宏观调控法基本原则在宏观调控法中的地位仅次于宏观调控法的理念。如果说宏观调控法的理念是宏观调控法的内在精神的高

---

❶ 张守文. 经济法学[M]. 北京：法律出版社，2016：147.
❷ 王继军，董玉明. 经济法[M]. 北京：法律出版社，2006：206.
❸ 张守文. 经济法学[M]. 北京：法律出版社，2016：147.
❹ 王继军，董玉明. 经济法[M]. 北京：法律出版社，2006：207.

度抽象，那么宏观调控法的基本原则属于这种内在精神的第一层次的具体化，从而具体来指导整个宏观调控法的运行，使得宏观调控法的理念通过宏观调控法律制度而最终得以实现。

二、大众体育宏观调控法律基本原则概述

1. 大众体育宏观调控法律基本原则的含义

根据宏观调控法基本原则的含义，大众体育宏观调控法律基本原则可以表达为：大众体育宏观调控法律中贯穿于大众体育宏观调控行为中应遵循的基本准则。其对大众体育宏观调控法律基本原则的含义的表述与理解，就其实质而言，属于宏观调控基本原则的含义在宏观调控法对大众体育进行调控中的适用。

2. 大众体育宏观调控法律基本原则确立的依据

根据对宏观调控法基本原则确立依据的分析，笔者认为，大众体育宏观调控法律的基本原则确立的依据主要体现为：现行的大众体育宏观调控法律、政策规范、大众体育宏观调控中大众体育发展的根本要求、大众体育宏观调控法律的调控手段、价值等。与此同时，宏观调控法的基本原则，以及大众体育宏观调控法律的理念在确立大众体育宏观调控法律基本原则时均具有重要的参考价值。

3. 大众体育宏观调控法律基本原则确立的路径

根据大众体育宏观调控法律基本原则确立的依据，需要通过选择大众体育宏观调控法律基本原则的确立路径，从而最终确立大众体育宏观调控法律的基本原则。笔者认为，大众体育宏观调控法律基本原则确立的路径为：通过对现行的大众体育宏观调控法律、政策进行分析与概括，遵循大众体育宏观调控法律的价值、宗旨，符合大众体育发展的基本要求，针对现阶段我国大众体育宏观调控法律存在的问题，并适当参照宏观调控法的基本原则以及大众体育宏观调控法律理念。

4. 大众体育宏观调控法律基本原则的地位

大众体育宏观调控法律基本原则在大众体育宏观调控法律中属于比较抽象性的内容，贯穿于整个大众体育宏观调控法律之中，无论是制度的设

计还是具体的法律规范。但是大众体育宏观调控法律基本原则的抽象程度不及大众体育宏观调控法律理念，因此，大众体育宏观调控法律基本原则处于大众体育宏观调控理念与大众体育宏观调控法律的具体制度与规范之间的位置，起到一种承上启下的作用。

第二节 大众体育宏观调控法律基本原则内容

根据大众体育宏观调控法律基本原则确立的依据，以及确立的路径，我国大众体育宏观调控法律基本原则的内容主要包括政府与市场相结合原则、政府主导原则、部门协作原则、鼓励社会力量广泛参与原则、借鉴国外经验与我国国情相结合原则。

一、政府与市场相结合原则

政府与市场相结合原则，是指在大众体育发展中政府与市场两者需要相结合。在大众体育的发展中，单一的依靠政府或者单一的依靠市场都失之偏颇，需要将两者有机结合起来。

1. 政府与市场相结合原则的原因

在大众体育发展过程中需要政府与市场相结合是由多方面的原因所决定的。就发展大众体育的本质而言，就是通过开展体育运动提高广大人民群众的身体素质，早在中华人民共和国成立之初毛泽东主席就提出了"发展体育运动，增强人民体质"。❶可见，通过发展大众体育增强广大人民群众的身体素质受到党和政府高度关注。因而，推动大众体育的发展是政府的重要职责。同时，随着我国社会主义市场经济的不断发展，体育市场也随之逐渐形成和发展，市场化的发展可以满足不同人群的个性化的健身需求。由此可见，大众体育的发展必须坚持政府与市场相结合的发展原则。

---

❶ 1952年6月10日，毛泽东主席为中华全国体育总会成立题写"发展体育运动，增强人民体质"。

2. 政府与市场相结合原则的体现

关于政府与市场相结合来促进大众体育的发展，其实我国现有的大众体育宏观调控法律中已有相关的规定。最能够体现政府与市场相结合原则的是《全民健身条例》第2条的规定："县级以上地方人民政府应当将全民健身事业纳入本级国民经济和社会发展规划，有计划地建设公共体育设施，加大对农村地区和城市社区等基层公共体育设施建设的投入，促进全民健身事业均衡协调发展。国家支持、鼓励、推动与人民群众生活水平相适应的体育消费以及体育产业的发展。"从中可以看出，在大众体育发展中，政府主要是通过将大众体育的发展纳入国民经济和社会发展规划，从而对大众体育发展进行调控促进其发展。对于市场作用的发挥，由于我国市场经济发展起步较晚，大众体育市场发展还不够成熟与完善，因此，关于大众体育市场的发展目前主要是国家支持、鼓励、推动其发展，如《国务院办公厅关于加快发展健身休闲产业的指导意见》（国办发〔2016〕77号）等。

3. 政府与市场相结合原则评析

政府与市场相结合原则能够比较客观地反映出大众体育发展的要求。目前，我国大众体育宏观调控法律中已经有相关的规定，但是，仍然需要不断地完善。关于政府在大众体育宏观法律完善中，如政府职能的转变、相关的宏观调控权限的配置、运行等均需要不断完善；关于市场在大众体育宏观调控法律完善中，则需要制定相应的鼓励、支持的法律措施，从而引导广大人民群众健身消费促进休闲产业的发展等。

二、政府主导原则

政府主导原则是指政府在促进大众体育发展中起主导作用。与政府主导原则相对应的是社会主导原则，或者称为市场主导原则，是指在大众体育发展中市场力量起主导作用。采用社会主导原则的国家主要是市场经济比较发达的欧美国家，如美国、德国等。

1. 政府主导原则确立的原因

政府主导原则确立的依据从根本上而言是由我国的国情所决定的。从国家体制而言，我国是社会主义国家，宪法中明确规定发展大众体育，增强人民体质，可见，发展大众体育，增强人民体质是政府的重要职责。从社会经济发展的角度而言，我国是由高度集中的计划经济向市场经济转轨型国家，在市场经济发展的过程中，起主要推动作用的是政府而非市场力量的自发演变。因而，我国的市场发展还不够成熟，还需要在不断的改革中去完善，体育市场也不例外。相比较而言，西方市场经济发达的国家其市场经济经历了一个漫长的自发演变过程，市场发展得比较成熟，体育已经完全市场化，形成市场主导型的大众体育发展模式。而我国的大众体育发展采用了适合我国国情的政府主导模式，我国大众体育宏观调控法律当然坚持国家主导原则，并且贯穿于大众体育宏观调控法律始终。

2. 政府主导原则的体现

政府主导原则在我国关于大众体育宏观调控法律中有多方面的体现。如《体育法》第4条规定："国务院体育行政部门主管全国体育工作。国务院其他有关部门在各自的职权范围内管理体育工作。县级以上地方各级人民政府体育行政部门或者本级人民政府授权的机构主管本行政区域内的体育工作。"该条确定了我国从中央到地方的体育行政管理部门，从而奠定了政府主导的基础。

在政府主导的大众体育宏观调控具体措施上，主要表现为政府制订相应的大众体育宏观调控计划、提供相应的财政资金支持等相应的保障条件以及按照国家的有关规定加强管理和监督。如《全民健身条例》第8条规定："国务院制定全民健身计划，明确全民健身工作的目标、任务、措施、保障等内容。县级以上地方人民政府根据本地区的实际情况制定本行政区域的全民健身实施计划。"到目前为止，国务院已经制定了《全民健身计划纲要》《全民健身计划（2011~2015年）》《全民健身计划（2016~2020年）》三个全民健身计划。全民健身计划是我国大众体育发展政府主导的代表。《体育法》第41条规定："县级以上各级人民政府应当将体育事业经费体育基本建设资金列入本级财政预算和基本建设投资计划，并随着国民经济的发展逐步增加对体育事业的投入。"同时，在《全民健身条例》中更加明确了关于大众体育发展的资金投入等诸多政府发展大众体育的保障措施。除此之外，对于大众体育发展中的弱势群体以及边远地区、贫困地区和少数民族地区，政府采取倾斜性的措施保障其全民健身权利的实现。可见，我国大众体育宏观调控法律中充分地体现了政府主导原则。

3. 政府主导原则评析

在大众体育发展方面，通过对国内外大众体育宏观调控法律的分析可知，存在政府主导型、社会主导型、政府与社会合作型三种。我们不能简单地评价孰优孰劣，关键是要与本国的具体国情相适应。目前，我国大众体育取得的成就充分证明政府主导对促进大众体育发展起到了巨大的促进作用。但是，我国大众体育发展中仍存在不足，迫切需要在政府主导原则的指引下去不断完善大众体育宏观调控相应的法律制度，如在大众体育宏观调控中，积极转变政府职能，在简政放权的指导下，减少政府对大众体育发展直接干预，而加强相应的宏观调控权力的配置，从而充分发挥政府在大众体育发展中的主导作用。

三、部门协作原则

部门协作原则是指在促进大众体育发展中需要相关部门的协作而制定相应的大众体育宏观调控法律法规规章等。

1. 部门协作原则的原因

大众体育宏观调控法律中部门协作原则的确定究其根源是由多方面的原因所决定的。从大众体育的参与对象角度而言，由于大众体育的参与对象群体相当广泛，而且存在比较明显的特点。一般而言，大众体育的参与对象群体可分为青少年、老年人、残疾人、妇女等，这些具有不同特点的人群则分别有相应的专门管理部门。从大众体育宏观法律运行的角度而言，大众体育宏观调控法律制度的实施需要相关部门的协作，比如财政部门、土地部门、税务部门等。可见，大众体育宏观调控法律的制度设计并非体育部门单独可以完成的，而是需要诸多相关部门的协作。

2. 部门协作原则的体现

部门协作原则在我国现行的关于大众体育宏观调控法律中已经有相关

的体现。如《体育法》第17条规定:"教育行政部门和学校应当将体育作为学校教育的组成部分,培养德、智、体等全面发展的人才。"《全民健身条例》第16条第1款规定:"工会、共青团、妇联、残联等社会团体应当结合自身特点,组织成员开展全民健身活动。"同时,同相关部门联合发布行政法规以及规范性文件等。如2010年6月29日,国家体育总局、文化部、农业部联合发布《关于发挥乡镇综合文化站的功能进一步加强农村体育工作的意见》(体群字〔2010〕128号);2012年1月18日,财政部、民政部、国家体育总局联合发布《彩票管理条例实施细则》;2015年9月30日,国家体育总局、发展改革委、民政部、财政部、农业部、文化部、卫生计生委、国家旅游局、全国老龄办、中华全国总工会、全国妇联、中国残联联合发布《关于进一步加强新形势下老年人体育工作的意见》(体群字〔2015〕155号)等。可见,部门协作主要体现在部门规章和规范性文件上。

3. 部门协作原则的评析

部门协作原则能够将促进大众体育发展的相关部门联合起来共同在相关的领域协作从而提高了所制定的规章、规范性文件的科学性与可执行性,有力地推动大众体育的发展。但是,从中也可以看出,部门协作所制定的大众体育宏观调控的法律仍然存在效力较低等方面的问题。因此,在下一步完善我国大众体育宏观调控法律的过程中加强与完善部门协作仍具有重要意义。

四、鼓励社会力量广泛参与原则

鼓励社会力量广泛参与原则是指在大众体育发展中,国家积极鼓励社会力量通过资金的投入、捐赠等多种方式参与到大众体育中来,从而有力地促进大众体育的发展。

1. 鼓励社会力量广泛参与原则的原因

鼓励社会力量广泛参与的根源在于市场经济体制。在市场经济体制下,经济主体具有了自身独立的财产权利,而消费者随着生活水平的提高其个性化的健身需求不断提升。因此,在大众体育发展的资金来源方面必然会出现多元化的情形。正如董玉明教授所言："除中央财政的财政支持外，地方财政的支持不可缺少，而通过制定激励性政策和法律使各经济主体积极投资、投身于大众体育、竞技体育和体育产业的发展，是体育事业发展不可缺少的部分。"❶

2. 鼓励社会力量广泛参与原则的体现

鼓励社会力量广泛参与原则在我国现行的大众体育宏观调控法律中已有相关的体现。如《体育法》第42条规定："国家鼓励企业事业单位组织和社会团体自筹资金发展体育事业，鼓励组织和个人对体育事业的捐赠和赞助。"《公共文化服务保障法》第42条规定："国家鼓励和支持公民、法人和其他组织通过兴办实体、资助项目、赞助活动、提供设施、捐赠产品等方式，参与提供公共文化服务。"可见，现有的大众体育宏观调控法律中已经明确提出了鼓励社会力量广泛参与大众体育的发展。

3. 鼓励社会力量广泛参与原则的评析

鼓励社会力量广泛参与大众体育的发展是我国在社会主义市场经济体制下发展大众体育的一项重要举措，该举措能够在社会主义市场经济体制下充分地发挥市场力量从而有力促进我国大众体育的发展。但是，通过对大众体育宏观调控法律的分析可以得知，尽管我国大众体育宏观调控法律中规定鼓励社会力量广泛参与大众体育，但是该规定还比较概括与笼统。因而，在我国大众体育宏观调控法律不断完善的过程中需要在鼓励社会力量广泛参与原则的指导下对社会力量参与大众体育发展进行不断细化。

五、借鉴国外经验与我国国情相结合原则

借鉴国外经验和保护民族特色相结合原则是指在大众体育发展中要积极借鉴国外的发展大众体育的先进经验与我国的具体国情相结合。

1. 借鉴国外经验与我国国情相结合的原因

国外市场经济发达的国家在大众体育发展方面达到较高水平，在此

---

❶ 董玉明，李冰强，等. 宏观调控视野下的体育政策法规理论与实践问题研究[M]. 北京：法律出版社，2012：145.

发展过程中积累了丰富经验,如政府的宏观调控、市场的资源配置等。但是,我们必须清醒地认识到,我国具有本国具体的国情,切忌一味盲目地照抄照搬。同时,我国作为世界文明古国之一,勤劳智慧的广大人民群众在生产实践中创造了一系列有民族特色的健身项目,值得我们进一步发扬光大。

2. 借鉴国外经验与我国国情相结合的体现

国外发展大众体育的先进经验是值得我国借鉴学习的,但笔者在研究国外的大众体育宏观调控法律时发现,其实大众体育发达国家的大众体育宏观调控的法律制度也存在差异。因此,我国能够借鉴的只能是反映大众体育宏观调控的共性的内容,如转变政府职能、充分发挥体育社会组织的作用以及利用市场的力量等。正如董玉明教授所言:"但是,在借鉴外国经验的同时,必须强调与我国国情的结合,对此,本项目认为,体育事业发展要坚持我国的国情,一是,要坚持党对体育工作的绝对领导,为此,体育事业的发展必须坚决贯彻党关于体育工作的方针和政策。二是,体育事业的发展要体现人民的意志,要把增强人民体质,放在一切体育工作的首位。……三是,应当高度重视对我国传统体育事业的发扬光大。"❶

3. 借鉴国外经验与我国国情相结合评析

积极借鉴国外先进经验并且与我国的国情相结合有助于不断地完善我国的大众体育宏观法律制度,从而促进大众体育的发展,进而达到增强广大人民群众的体质促进社会和谐提高国家竞争力的目标。

总之,大众体育宏观调控法律的五个基本原则贯穿于整个大众体育宏观调控法律体系,它们之间有着密切的逻辑关系。这一关系体现在:政府与市场相结合是大众体育宏观调控的发展之路,在发展过程中,政府起主导作用、各部门协作并且鼓励社会力量广泛参与,始终要坚持借鉴国外先进经验与我国国情相结合。

---

❶ 董玉明,李冰强,等. 宏观调控视野下的体育政策法规理论与实践问题研究[M]. 北京:法律出版社,2012:144.

第三节 大众体育宏观调控法律基本原则意义

大众体育宏观调控法律的政府与市场相结合原则、政府起主导作用原则、部门协作原则、鼓励社会力量广泛参与原则以及借鉴国外先进经验与我国国情相结合原则，在我国大众体育宏观调控法律体系的完善、实施等方面具有重要的意义。

（1）对大众体育宏观调控法律体系的完善具有指导作用。大众体育宏观调控法律体系是促进大众体育发展的根本保障，尽管我国经过不懈努力基本建立起大众体育宏观调控法律体系，但仍需要在实践中不断完善。大众体育宏观调控法律体系涉及大众体育发展的诸多方面，也表现出多种形式，因此，需要基本的原则来进行指导。只有在大众体育宏观调控法律基本原则的指导下，整个大众体育宏观调控法律体系才能更加完善，从而使该法律体系中的各法律之间相互配合使整体的功能发挥出来，进而促进大众体育的发展。

（2）对大众体育宏观调控法律的实施有保障作用。完善的大众体育宏观调控法律体系是促进大众体育发展的前提，真正落实其法律体系中的具体制度则离不开实施。在大众体育宏观调控法律的实施过程中，其法律的基本原则一方面有助于工作人员能够在繁杂的法律条文中把握其基本的方向，另一方面若在实施的具体过程遇到复杂的情形时可以利用基本原则的指导来进行处理。因此，在大众体育宏观调控法律实施的过程中，大众体育宏观调控法律的基本原则具有重要的保障作用。

（3）对我国深化改革有积极的推动作用。党的十八届三中全会提出全面深化改革并且对我国全面深化改革作出了战略性的规定，如完善市场体系、转变政府职能、深化财税体制改革等。我国大众体育宏观调控法律的基本原则中的政府与市场相结合原则充分体现了政府积极转变职能简政放权，同时，积极培育大众体育市场的发展，把市场优势充分发挥出来促进大众体育的发展。又比如，鼓励社会力量广泛参与大众体育，其中一项重要的手段与措施就是税收的优惠政策，这必然离不开我国财税体制改革等。因此，从这个角度而言，大众体育宏观调控法律的基本原则对我国深化改革有着重要的推动作用。

　　总而言之，大众体育宏观调控法律的基本原则是大众体育宏观调控法律规范与制度设计的高度凝练。本章在对我国现行的大众体育宏观调控法律进行概括与提炼，在借鉴国外大众体育宏观调控法律先进经验的基础上，针对我国大众体育宏观调控法律的不足，提出我国大众体育宏观调控法律的基本原则，以期对我国大众体育宏观调控法律的完善起到积极的指导作用。

第七章　大众体育宏观调控法律运行机制的完善

第一节　大众体育宏观调控法律运行机制概述

一、宏观调控法律运行机制概述

关于宏观调控法律运行机制的含义，正如董玉明教授所言："宏观调控法的运行机制，是指宏观调控法的制定和实施应通过哪些环节得以实现，以及在实现宏观调控法制目标时，各基本要素之间的关系如何。"[1]由此可见，宏观调控法律运行机制与大众体育宏观调控法律理念以及基本原则相比，则属于法律的动态性质。

一般而言，法律的运行机制从整体上而言包括法律的制定、实施与法律监督，具体包括立法、守法、执法、司法以及法律监督等方面。因而，按照一般法律的运行机制的规定，宏观调控法律的运行机制自然包括宏观调控的立法、守法、执法、司法及法律监督等方面。除此之外，从我国宏观调控法律的实践可以看出，我国宏观调控法律运行中的党和国家宏观调控政策同样起着非常重要的作用。根据我国宏观调控的特点，一定时期的国民经济和社会发展规划，在宏观调控中起到龙头的作用，同时，针对比较具体的领域，党和国家也会根据经济社会发展的具体情况单独或者联合制定相应的宏观调控政策。这就必然要求在宏观调控法律运行中法

---

[1] 董玉明，李冰强，等．宏观调控视野下的体育政策法规理论与实践问题研究[M]．北京：法律出版社，2012：63-64．

律与政策的协调，从而能够有效地发挥法律与政策的作用，实现宏观调控的目标。此外，随着经济社会的不断发展，宏观调控法律与政策都在不断"立、改、废"，从而有力地适应并促进经济与社会的发展。

可见，宏观调控法律的运行除了一般法律运行的特点之外，还体现了其中政策的特点，这是宏观调控法律运行机制与一般法律运行机制的不同之处。

二、大众体育宏观调控法律运行机制概述

大众体育宏观调控法律运行机制，其实是宏观调控法律运行机制在大众体育领域的具体展现，是宏观调控法律运行机制的一般理论与大众体育具体特点的结合。因此，大众体育宏观调控法律运行机制主要体现为：大众体育宏观调控法律的制定与修改，其中包括大众体育宏观调控基本法律的制定与修改、大众体育宏观调控相配套的法律的制定与修改；大众体育宏观调控守法，既包括调控机关的守法也包括被调控者的守法，两者的守法同等重要；大众体育宏观调控执法，体现了大众体育宏观调控机关行使职权的行为；大众体育宏观调控司法则主要涉及有关违反大众体育宏观调控法律的法律适用及相关责任问题；大众体育宏观调控的法律监督则主要体现在对调控权的监督方面。同时，大众体育宏观调控政策则体现在关于大众体育发展的规划及相关的党和国家关于大众体育宏观调控的政策文件的制定与实施各方面，以及大众体育宏观调控法律与政策的协调问题。

总之，大众体育宏观调控法律运行机制主要体现在大众体育宏观调控法律的制定与实施以及与大众体育宏观调控政策的协调方面。

第二节 大众体育宏观调控法律运行机制分析

一、我国大众体育宏观调控机制发展历程分析

我国大众体育宏观调控机制经历了一个从无到有、从不完善到逐渐完善的发展历程。在传统的计划经济体制下，由于受传统观念的影响，政府对经济社会生活直接进行干预。因此，在传统计划经济体制下，大众体育的发展一般都是通过直接行政命令的方式进行的，不存在宏观调控的机制。党的十一届三中全会以后，随着我国的改革开放，尤其是党的十四大确立了社会主义市场经济体制的目标，我国宪法中明确提出国家实行宏观调控，因此，我国大众体育宏观调控机制逐步形成。随着我国《体育法》《全民健身条例》等关于大众体育宏观调控的法律、法规、规章以及规范性文件的实施，大众体育宏观调控机制逐步完善。尤其是党的十八大以后，随着全面深化改革与全面推进依法治国的进行，为我国大众体育宏观调控机制的完善提出进一步完善的方向。由此可见，大众体育宏观调控机制与一国的经济体制有着密切的关系。我国的大众体育宏观调控机制是在我国实行社会主义市场经济体制以后而逐渐形成，并且随着大众体育宏观调控法制的不断完善，以及我国全面深化改革与全面依法治国的施行进一步完善。

二、我国大众体育宏观调控机制现状分析

我国大众体育宏观调控机制随着我国大众体育宏观调控法治建设的发展而逐渐完善，取得较大的成就，有力地推动了我国大众体育的发展。如在立法方面，中央政府以及体育行政部门在其职权范围内制定相应的具有大众体育宏观性质的行政法规、规章以及规范性文件。从大众体育宏观调控机制的角度而言，这些具有大众体育宏观调控性质的行政法规、规章，尤其是规范性文件的制定，是大众体育宏观调控机构行使调控职权的重要体现；在执法方面，在大众体育宏观调控领域内执法主要则还是体现为政

府按照相应的法律规定来行使职权从而促进大众体育的发展，满足广大人民群众的健身需求。在具体执行过程中，相关的法律、行政法规、规章以及规范性文件起到依据的作用；在责任方面，相关的行政法规、规章等在最后规定的法律责任，则是对违反相应法律规定的一种制裁。从大众体育宏观调控运行的角度而言，责任则属于运行的一种延伸与保障。

尽管我国大众体育宏观调控机制取得一定成就，但是，我们必须清醒地认识到仍存在不足，如涉及大众体育宏观法律、行政法规、规章、规范性文件制定的科学性问题，在具体执行过程中的效率提高问题，以及关于大众体育宏观调控权运行的监督问题等，这些都是需要在不断的实践中去探索、完善的内容。

第三节 大众体育宏观调控法律运行机制完善

一、我国大众体育宏观调控机制完善的基本原则

我国大众体育宏观调控机制的完善是大众体育发展的必然要求，是大众体育宏观调控基本法律完善的重要内容。笔者认为，我国大众体育宏观调控机制完善的基本原则应主要坚持科学性原则、效率性原则、民主性原则、服务性原则、法治性原则。

（一）科学性原则

科学性原则体现了大众体育宏观机制要符合客观事物发展的科学规律。关于大众体育宏观调控机制的科学性原则，主要体现在两个方面：一方面，大众体育宏观调控机制要符合法律学科的科学性。如法律层级的效力问题、法律之间的协调问题、权力的监督问题等。因此，大众体育宏观调控机制一定要坚守法律本身的科学性，如在大众体育宏观调控法律、行政法规、规章以及与规范性文件之间的协调问题等。另一方面，大众体育宏观调控机制要遵循大众体育发展的一般规律，且不能由于政府的宏观调控运行破坏了大众体育自身的发展规律。如大众体育的产业化问题，大

众体育产业化是在市场经济体制下的一种必然趋势,然而大众体育产业化是一个逐渐发展的过程,有其必然的规律,切不可"拔苗助长",适得其反。因而,在我国大众体育宏观调控机制完善中需要坚持科学性原则。

(二)效率性原则

效率性原则是指大众体育宏观调控机制要提高其运行的效率。效率性是实现大众体育宏观调控目标的重要保障,是大众体育宏观调控运行机制的一个重要评价标准。效率性原则主要体现在大众体育宏观调控立法时要加强效率的观念,减少不必要的环节,提高其立法的效率,以及法律规范本身所蕴含的执行效率性,比如法律规范规定内容具体明确的则可执行性强,否则,如果法律规范原则性太强则适用时相对较困难。因而,在大众体育宏观调控基本法律规范中要注重原则性与具体性的有效结合,从而提高执行效率;能够突出体现效率性的则是大众体育宏观调控法律的执行环节,在执行中要不断提高相应人员的法治水平,利用法治思维来处理问题,提高执行的效率等。同时,需要强调的是大众体育宏观调控机制强调效率性,并不是一味地追求效率,因为大众体育宏观调控法律理念中包含实质正义。

(三)民主性原则

民主性原则是指大众体育宏观调控机制要坚持广泛的民主参与,这集中体现在立法领域,其中包括法律的制定和修改问题。《中共中央关于全面推进依法治国若干重大问题的决定》中指出:"深入推进科学立法、民主立法。"因而,大众体育宏观调控立法中要坚持科学性与民主性。从民主性的角度而言,大众体育宏观调控立法的过程中,需要充分发挥专家学者、社会组织等的积极作用,调动公民广泛参与立法等,从而能够真正地反映社会最广泛的诉求。在大众体育宏观调控立法的过程中充分地体现民主,可以有效保障立法的科学以及反映最广泛人群的利益诉求,同时,最终有利于实施效果的最优化。

（四）服务性原则

《中共中央关于全面深化改革若干重大问题的决定》指出："科学的宏观调控，有效的政府治理……创新行政管理方式，增强政府公信力和执行力，建设法治政府和服务型政府。"可见，党的十八届三中全会提出的在全面深化改革中，服务型政府是非常重要的目标。在大众体育宏观调控机制中，政府及其体育行政部门无论是在制定行政法规、规章以及规范性文件时，以及在依据法律具体实施大众体育宏观调控时，要坚持服务性原则，积极构建服务型政府，促进我国大众体育的发展，提高广大人民群众的身体素质，促进社会的进步和谐，实现经济转型升级，最终实现国家战略。

（五）法治性原则

法治性原则是指大众体育宏观调控机制要以法治为保障。大众体育宏观调控机制由于涉及大众体育宏观调控法律的诸多方面，是一个严密的整体。因而，在大众体育宏观调控机制的完善中，必须注重坚持法治性原则，通过法律制度的设计，保障大众体育宏观调控的实现。同时，法治性原则是其他的科学性原则、效率性原则、民主性原则等的保障性原则。

大众体育宏观调控机制的科学性原则、效率性原则、民主性原则、服务性原则之间有着密切的关系，民主性原则是保证科学性原则的重要条件，科学性原则是效率性原则的重要前提，科学性原则、效率性原则与民主性原则之中，法治性原则起到了重要保障性作用，最终均要体现政府的服务性原则。

二、我国大众体育宏观调控机制完善的路径分析

大众体育宏观调控机制涉及诸多方面，如大众体育宏观调控法律的制定、大众体育宏观调控法律的执行、大众体育宏观调控法律职权的监督等。可见，大众体育宏观调控机制的完善需要从立法、守法、执法、司法、法律监督等整个法律运行环节入手，涉及内容较广。从大众体育宏观调控机制的诸多环节以及现行的我国大众体育宏观法律的分析可知，其重心在于政府的大众体育调控职权的运行。因而，我国大众体育宏观调控机

制的完善路径体现为以政府的大众体育宏观调控职权运行为重心，贯穿于大众体育宏观调控的立法、守法、执法、法律监督等各个环节。

三、我国大众体育宏观调控机制完善的对策

关于我国大众体育宏观调控机制的完善，笔者认为，应以科学性原则、效率性原则、民主性原则、服务性原则、法治性原则为指导，遵循大众体育宏观调控职权运行为重心，贯穿于立法、守法、执法、法律监督等环节的路径选择，具体体现为：立法的科学与民主、守法的自觉、执法的权责统一与权威高效、司法的公正、调控权力监督严密、法律与政策的协调。

（一）立法的科学与民主

大众体育宏观调控立法的科学与民主是大众体育宏观调控机制的前提与基础。按照我国的立法体制，我国的立法分为人大立法与政府立法，并且中央政府享有宏观调控权。因而，我国关于大众体育宏观调控的立法包括全国人大及其常委会立法与中央政府及其部门立法。如《体育法》是由全国人大常委会通过、《全民健身条例》是由国务院发布。因而，立法的科学与民主，不仅包括人大的立法，还包括政府的立法的科学与民主。

关于立法的科学与民主，党的十八届四中全会公布的《中共中央关于全面推进依法治国若干重大问题的决定》中指出，"深入推进科学立法、民主立法。……完善立法项目征集和论证制度。……探索委托第三方起草法律法规草案。……健全立法机关和社会公众沟通机制……拓宽公民有序参与立法途径"，等等，对我国大众体育宏观调控立法的科学与民主有重大的指导作用。

由我国大众体育宏观调控法律的立法现状可知，目前，我国在大众体育宏观调控立法方面取得较大成就。从《体育法》到《公共文化服务保障法》、从《全民健身条例》到《彩票管理条例》、从《社会体育指导员管理办法》到《经营高危险性体育项目许可管理办法》等，形成一个比较完整的由法律、行政法规、部门规章组成的法律体系。但是，通过对现行大众体育宏观法律体系的整体分析后发现，仍存在不能满足我国大众体育发

展需求的不足之处，因而，需要在实践中不断完善。如《体育法》在1995年颁布之后，虽然经历了两次修改，但是，在我国经济社会发生重大变化的时代背景下，我国大众体育发展迅速，同时，党的十八大后，陆续提出全面深化改革、全面依法治国等，对大众体育宏观调控法治提出了新的要求。因此，《体育法》中关于大众体育方面的内容需要进行不断的完善等。同时，大量的行政法规、规章也需要不断进行完善，对于出现的新情况或者需要进一步具体完善的原则性立法则需要全新的立法。

因此，在我国大众体育宏观调控的立法以及修改完善中，要以党的十八届四中全会关于科学立法与民主立法的规定为指导，并且结合大众体育宏观调控的特点来保证立法的科学与民主。具体而言，如在我国大众体育宏观调控法律的制定和完善中，以立法机关为主导，大众体育宏观调控相关的社会各方，如调控机构、体育社会组织、具有代表性的健身群体等，以多种途径和方式充分地参与到立法中，充分地表达各自的诉求。同时，可以委托有雄厚研究实力的科研院所等第三方来进行有关的大众体育宏观调控法律的制定与完善，这样可以把研究成果应用于具体的立法实践中，增强其科学性。在大众体育宏观调控法律的制定与修改中，要充分发挥相关专家学者的论证咨询，以及法律草案的征求意见机制等。

总之，立法的科学与民主，就是要通过在大众体育宏观调控法律的制定和修改的过程中，通过科学与民主的立法制度最终制定出和不断完善符合我国国情的科学的大众体育宏观调控法律体系。

（二）守法的自觉

大众体育宏观调控守法，主要体现在大众体育宏观调控中调控受体要遵守法律。大众体育宏观调控法律制定的科学与民主，为广大的大众体育宏观调控受体的守法提供了依据。守法在法律的运行机制中具有重要意义，正如党的十八届四中全会发布的《中共中央关于全面推进依法治国若干重大问题的决定》指出的："法律的权威源自人民内心拥护和真诚信仰。人民权益要靠法律保障，法律权威要靠人民维护。……形成守法光荣、违法可耻的社会氛围，使全体人民都成为社会主义法治的忠实崇尚者、自觉遵守者、坚定捍卫者。"

在全社会形成一种守法的氛围,深入开展普法宣传是非常重要的一个途径。正如十八届四中全会指出,要深入开展法治的宣传教育工作,积极引导公民自觉守法,健全有关的普法宣传机制,如实行国家机关"谁执法谁普法"的责任制度、有关司法人员的以案释法制度等。在普法宣传的同时,要挖掘与弘扬中华优秀的传统文化,并与现代法治精神相结合,积极培育建设适合我国国情的法治道德,从而充分发挥法治道德在增进守法自觉性中的作用。

因而,在大众体育宏观调控领域增强广大人民守法的自觉性,要以党的十八届四中全会关于守法的相关规定为指导,结合大众体育宏观调控的特点,其途径主要体现为加强对大众体育宏观调控法律宣传机制的建设与健全。如依据"谁执法谁普法"的普法责任制,加强大众体育宏观调控机关的普法宣传机制的建设与健全;加大体育社会组织、社会体育指导员以及广大志愿者对大众体育宏观调控法律宣传的力度以及相关机制建立与健全。

总之,守法的自觉,在大众体育宏观调控法律运行机制中,主要通过加强对大众体育宏观调控法律的宣传教育机制的建立与健全,树立大众体育宏观调控法律的权威,增强广大人民的守法自觉性。

（三）执法的权责统一与权威高效

大众体育宏观调控执法,主要体现为大众体育宏观调控机构履行其职能的过程。由于大众体育宏观调控职能的履行直接关系到大众体育宏观调控目标的实现,与广大人民群众的健身权利的保障有着密切关系,尤其是全民健身上升为国家战略,可见,大众体育宏观调控的执法具有重大意义。因而,大众体育宏观调控执法权责统一与追求效率是应有之义,同时,必须注意到在执法中并不是一味地追求效率,还必须考虑到大众体育宏观调控法的实质正义理念中所包含的公平思想。

关于执法,党的十八届四中全会发布的《中共中央关于全面推进依法治国若干重大问题的决定》以及中共中央、国务院印发的《法治政府建设实施纲要（2015～2020年）》中均有明确规定。《中共中央关于全面推进依法治国若干重大问题的决定》指出:"各级政府必须坚持在党的领导下、在法治轨道上开展工作,创新执法体制,完善执法程序,推进综合执法……加快建设职能科学、权责法定、执法严明、公开公正、廉洁高效、守法诚信的法治政府。"《法治政府建设实施纲要（2015~2020年）》指出："根据不同层级政府的事权和职能，按照减少层次、整合队伍、提高效率的原则，合理配置执法力量。"

目前，我国大众体育宏观调控执法取得了较大的成就，有力地保障了大众体育宏观目标的实现。但是，随着我国大众体育的不断发展，以及改革的不断深入和全面依法治国的推行，大众体育宏观调控执法仍需要不断完善。

因而，大众体育宏观调控执法的完善，要以党的十八届四中全会以及中共中央、国务院关于法治政府建设中关于执法的规定为指导，结合大众体育宏观调控的具体情况，最终实现执法的权责统一与权威高效。具体而言，首先，大众体育宏观调控机关要依法全面履行职能。大众体育宏观调控机关要严格在法律授权的范围内行使宏观调控的职能，要坚决惩处超越法律的行为以及纠正不作为行为，要坚决惩处在大众体育宏观调控中的失职、渎职。其次，大众体育宏观调控机关要不断完善依法决策的相关机制。大众体育的发展与广大人民群众的利益息息相关，并且全民健身已上升为国家战略，可见，依法决策具有重要意义。因而，在大众体育宏观调控决策中要积极引进公众参与、专家论证、合法性审查等程序，要确保决策的科学性、程序正当性、过程公开性以及责任的明确性等。最后，要不断完善执法体制提高执法效率。如由于大众体育宏观调控涉及诸多部门，因此，大众体育宏观调控中加强部门之间的协作有助于提高效率；同时，通过授权的方式可以赋予体育社会组织一定的调控的执行权，这样可以充分地发挥体育社会组织的优势提高执行的效率；以及提高大众体育宏观调控实施的具体相关人员的法治水平等。

总之，执法的权责统一与权威高效，就是在大众体育宏观调控法律的执行中要坚持权责统一和权威高效，从而能够实现调控目标的实现。

（四）司法的公正

大众体育宏观调控司法，主要体现在违反大众体育宏观调控法律的救济以及追责的相关的法律机制与制度。一般而言，由于宏观调控法作为现代法，相较于传统法律其司法性较弱，但大众体育宏观调控司法在大众体育宏观调控法律机制中仍具有重要的意义,是广大人民群众健身权利保护的屏障。

关于司法,党的十八届四中全会发布的《中共中央关于全面推进依法治国若干重大问题的决定》指出:"公正是法治的生命线。司法公正对社会公正具有重要引领作用,司法不公开对社会公正具有致命破坏作用。必须完善司法管理体制和司法权力运行机制,规范司法行为,加强对司法活动的监督,努力让人民群众在每一个司法案件中感受到公平正义。"

关于大众体育宏观调控司法公正的实现,应该以党的十八届四中全会为指导,并结合大众体育宏观调控领域的特点,不断完善在大众体育宏观调控法律的运行中由于宏观调控权的不当行使而造成损害的相关司法机制,以及在大众体育宏观调控中被调控主体的违法的追究的相关司法机制等。

总之,通过相关制度和机制的完善,实现大众体育宏观调控的司法公正,从而有效地保护广大人民群众的健身权利,实现全民健身的国家战略。

(五)调控权力监督严密

大众体育宏观调控的监督,体现在通过多种途径与方式对大众体育宏观调控权力进行监督,从而保障大众体育宏观调控权力的行使,最终实现大众体育宏观调控的目标。

关于政府行政权力的监督,党的十八届四中全会发布的《中共中央关于全面推进依法治国若干重大问题的决定》指出:"加强党内监督、人大监督、民主监督、行政监督、司法监督、审计监督、社会监督、舆论监督制度建设,努力形成科学有效的权力运行制约和监督体系,增强监督合力和实效。"中共中央、国务院印发的《法治政府建设实施纲要(2015~2020年)》也比较细致地规定了强化对行政权力的制约和监督的相关内容。

因而,我国大众体育宏观调控权力的监督,应该以党的十八届四中全会和中共中央与国务院关于法治政府建设的要求为指导,并结合大众体育宏观调控的具体情况而完善大众体育宏观调控权力的监督。具体而言,首先,加强大众体育宏观调控权力政府内部的监督。通过完善政府内部的监督制度，不断改进大众体育宏观调控机关对地方政府关于大众体育宏观调控的执行的监督制度，以及地方政府中上级对下级政府的关于大众体育宏观调控的执行的监督制度，并完善相应的追责机制，如停职检查、引咎辞职、罢免等。其次，审计制度的完善。审计制度是一项非常专业化的监督制度，尤其是在大众体育宏观调控中涉及国家财政资金的投入使用问题，这则需要完善的审计制度监督资金的使用状况等。最后，完善社会监督、舆论监督等多种监督制度的建设，以及政府对体育社会组织的监督等。

总之，通过完善大众体育宏观调控权的监督，构建一个比较严密的大众体育宏观调控权的运行监督体系，从而保障大众体育宏观调控权在法律界定的范围内运行，从而实现大众体育宏观调控的目标。

（六）法律与政策的协调

在大众体育宏观调控中，法律与政策均起到极其重要的作用。尽管宏观调控法的政策法基本理论认为，政策属于宏观调控法的法律渊源之一，但是，在具体的大众体育宏观调控机制中，只有科学地实现法律与政策的协调，才能充分发挥法律和政策的作用，从而保障大众体育宏观调控目标的实现。可见，大众体育宏观调控机制中，法律与政策的协调具有重要意义。

目前，我国大众体育宏观调控政策主要体现为：中共中央、国务院、国家体育总局及各相关部委单独或联合发布的各种关于或者涉及大众体育宏观调控的规划以及政策性文件两种类型。我国现行的大众体育宏观调控的规划主要包括：2016年5月，国家体育总局发布的《体育发展"十三五"规划》；2016年8月，中共中央、国务院发布的《"健康中国2030"规划纲要》；2016年11月，国家体育总局、发改委、教育部等23部门发布的《群众冬季运动推广普及计划（2016～2020年）》等；我国现行的大众体育宏观的政策性文件主要包括《关于加快发展体育产业促进体育消费的若干意见》（国发〔2014〕46号）、《县级全民健身中心项目实施办法》（体群字〔2016〕112号）、《国务院办公厅关于加快发展健身休闲产业的指导意见》（国办发〔2016〕77号），等等。可见，我国大众体育宏观调控政策占有一定的比例，对促进我国大众体育发展起到重要作用。但是，政策与法律相比，一般而言，政策的制定程序相对简单、政策执行的保障欠缺、违反政策的责任不明确等，仍然需要进行不断的完善。

　　因而，在全面推进依法治国和建设法治政府的背景下，大众体育宏观调控机制中实现法律与政策的协调主要体现为以下方面：首先，要严格规范大众体育宏观调控政策制定的程序。对于政策的出台程序，必须按照严格的法定程序，这样制定出的大众体育宏观调控政策才具有法律效力和执行力。其次，要实现大众体育宏观调控政策执行保障与违反政策责任明确。与法律相比，政策的执行保障力度弱以及违反政策责任不明确。因此，需要通过法律的形式来确保大众体育宏观调控政策的执行保障，以及明确有关违反大众体育宏观调控政策的相关责任。最后，要加强大众体育宏观调控政策的合法性审查的完善。通过建立完善大众体育宏观调控政策的审查制度，从而对其合法性进行审查，这样可以有效地保证政策的合法性。此外，关于大众体育宏观调控法律与政策的协调是一个动态的过程，随着实践的证明，比较成熟的大众体育宏观调控政策可以转化为法律，而大众体育宏观调控法律也随着经济社会的不断发展而不断修改和完善。因而，大众体育宏观调控法律与政策的协调并不是一成不变的，而是一个不断修改、废止变化的过程，从而实现协调。

第四节　大众体育宏观调控法律运行机制完善意义

大众体育宏观调控法律运行机制从整体上反映出我国大众体育宏观调控法律的运行状态，无论是从大众体育宏观调控的立法、守法、执法、司法的各个环节，还是大众体育宏观调控法律与政策的协调。

在全面深化改革和全面推进依法治国的背景下，我国大众体育宏观调控法律运行机制的完善对我国大众体育宏观调控法律完善具有极其重要的意义，主要体现在：大众体育宏观调控法律运行机制的完善，为大众体育宏观调控法律的完善提供了一个整体上的指导作用和要求。如在大众体育宏观调控法律运行机制完善的立法方面，从整体上而言，立法的完善则要求立法的科学与民主。因而，在这一立法完善思想的指引下，对我国大众体育宏观调控基本法律、相关的配套的法律的完善则具有重要的指导意义。

因此，大众体育宏观调控运行机制的完善是从动态的运行角度对我国大众体育宏观调控法律的完善提供指引，与大众体育宏观调控法律理念的提炼和大众体育宏观调控法律的基本原则定位从静态的价值角度为我国大众体育宏观调控法律完善提供指引。

第八章　大众体育宏观调控基本法律的制定

第一节　大众体育宏观调控基本法律制定概览

大众体育宏观调控基本法律在整个大众体育宏观法律体系中处于基础性地位，因而，对大众体育宏观调控基本法律的制定具有重要意义。以下就大众体育宏观调控基本法律制定的背景、路径、指导、主要内容等进行相关的分析。

一、大众体育宏观调控基本法律制定的背景分析

自中华人民共和国成立以来，党和政府就高度重视大众体育的发展。在计划经济时期，犹如社会的各个领域，政府对大众体育的发展直接进行管理。在我国实行社会主义市场经济体制后，政府职能积极转变，由原来的直接管理转变为宏观调控为主，市场力量逐渐增强。尤其是，党的十八届三中全会提出全面深化改革和党的十八届四中全会提出全面依法治国的时代背景下，我国大众体育宏观调控法律的完善具有全新的发展指引，如积极转变政府职能、完善宏观调控、完善市场体系等。可见，我国大众体育宏观调控法律完善是在党提出全面深化改革和全面依法治国的背景下进行的。因此，党的十八届三中全会以及党的十八届四中全会对大众体育宏观调控基本法律的完善具有重大指引作用。

二、大众体育宏观调控基本法律制定的路径分析

一般而言，在我国某个领域的基本法律主要是以全国人大及其常委会制定的法律形式表现出来。这主要是因为作为某个领域的基本法律要对该

领域的基本问题做相应的法律规定，因而，从国家整个法律的位阶角度而言，需要全国人大及其常委会来制定。例如，作为我国体育领域的基本法《体育法》就是由第八届全国人大常委会通过的。可见，以此进行观察和分析能够发现，目前在我国大众体育宏观调控领域并不存在严格意义上的基本法。但是，在大众体育宏观调控领域中实质上承担着大众体育宏观调控基本法律功能的是《体育法》中关于大众体育的有关规定以及《全民健身条例》。

由我国大众体育宏观调控法律现状分析中可知，《体育法》作为我国体育发展领域的基本法，其中专门用两章的内容来规范社会体育与学校体育，二者本质就是大众体育。《全民健身条例》则是国务院针对大众体育的发展而制定的行政法规，其中包括全民健身计划、全民健身活动、全民健身保障等方面的内容。《体育法》与《全民健身条例》是我国大众体育宏观调控法制建设中具有标志性的成果，尤其是《全民健身条例》（2009年8月30日，由国务院颁布；2013年7月和2016年2月分别进行修改）。

作为承担大众体育宏观调控基本法律功能的《体育法》与《全民健身条例》，对我国大众体育的发展起到积极的促进作用，但是，随着我国经济社会的不断发展与全面深化改革、全面推进依法治国，以及全民健身正式上升为国家战略，《体育法》中关于大众体育发展的有关规定以及《全民健身条例》仍存在不足之处，需要修改，从而能够与我国社会经济发展更加适应、促进我国大众体育的发展，更加有效地满足广大人民群众的健身需求。同时，在条件成熟的情形下，可以制定大众体育宏观调控的基本法律，以满足大众体育的发展对法律的需求。

因此，根据我国大众体育宏观调控法律的现状，笔者认为，大众体育宏观调控基本法律制定的路径体现为，在现有的《体育法》与《全民健身条例》基础上不断进行完善，在不断的实践和理论研究逐渐深入等条件成熟时，制定大众体育宏观调控基本法。

三、大众体育宏观调控基本法律制定的指导分析

大众体育宏观调控基本法律的制定对促进大众体育的发展有着极其

重要的基础性地位，因而，必须进行严密的论证以及广泛的民主参与从而保证其科学性。这主要是因为大众体育宏观调控基本法律在大众体育宏观调控法律体系中处于基础性地位，大众体育宏观调控的基本法律制度要在基本法律中确定，同时，大众体育宏观调控法律相关的配套的法律要以基本法律为基础而制定等。可见，大众体育宏观调控基本法律的完善具有极其重要的意义。为保证其科学性，在大众体育宏观调控基本法律完善过程中，坚持大众体育宏观调控法律的理念与基本原则的指导具有重要作用。

大众体育宏观调控基本法律制定需要坚持大众体育宏观调控法律理念与基本原则的指导，这是由于我国大众体育宏观调控法律理念与基本原则是在对我国现有的大众体育宏观调控法律进行概括与提炼，并且针对我国大众体育宏观调控中存在的问题，并结合国外的先进经验归纳总结而成。因而，需要将大众体育宏观调控法律的人本主义、实质正义、国家适度干预、社会功能为主、国家战略的高度的理念，以及政府与市场相结合、政府起主导作用、部门间协作、鼓励社会力量积极参与、借鉴国外先进经验与我国国情相结合的基本原则融入大众体育宏观基本法律的完善过程中。

四、大众体育宏观调控基本法律制定的主要内容分析

大众体育宏观调控基本法律的制定涉及诸多方面，要积极地回应我国大众体育发展的需求从而提供相应的基本法律供给。一般而言，大众体育宏观调控基本法律的基本内容主要包括立法宗旨、适用范围、调控体制、基本制度、权利义务、法律责任等。笔者认为，大众体育宏观调控基本法律制定的主要内容是大众体育权利的确认、大众体育宏观调控体制与大众体育宏观调控基本制度这三方面的内容。这主要是由于大众体育权利的确认与保护是大众体育宏观调控的出发点，大众体育宏观调控体制与大众体育宏观调控基本制度在大众体育宏观调控基本法律中发挥着极其重要的作用：大众体育宏观调控体制主要涉及的是政府大众体育宏观调控权配置，而大众体育宏观调控基本制度是实现大众体育宏观调控目标的重要保障。由此可见，大众体育权利、大众体育宏观调控的体制与大众体育宏观调控的基本制度是我国大众体育宏观调控基本法律制定的重要内容。

总之，大众体育宏观基本法律制定是在党的十八届三中提出全面深化改革和党的十八届四中全会提出全面依法治国的背景下进行，要以大众体育宏观调控法律的理念与基本原则为指导，完善的重点内容是大众体育权利的确认、大众体育宏观调控体制与大众体育宏观调控基本制度。

第二节 大众体育宏观调控基本法律之大众体育权利完善

人的权利是法律赋予的，权利与义务是对等的。随着经济与社会的不断发展，人的权利的内容也在不断丰富。如随着大众体育的兴起与发展，大众体育权利或者称为健身的权利等，逐渐进入人们的视野，进入法律之中。

（1）国外大众体育权利保护。通过对国外大众体育发达国家的研究发现，国外大众体育发达国家非常重视对大众体育权利的保护。国外保护大众体育权利的方式主要体现为两类：一类是直接以宪法的形式明确国家保护国民的大众体育的权利，如俄罗斯等；另一类是宪法中虽然没有明确国民的大众体育的权利，但是，宪法以不同的方式表达了对大众体育权利的保护，大多数国家都是采用了这种方式。可见，在国际上，无论是采用何种方式来保护大众体育权利，大众体育权利得到了认可。这充分说明，国外对大众体育的认识已经上升到权利的层次。

（2）我国大众体育权利的法律保护。我国高度重视对广大人民群众的大众体育权利的保护。我国宪法中虽未明确提出保护公民的大众体育权利，但是，宪法提出了国家积极发展体育事业，增强广大人民群众的身体素质，这其实是对广大人民群众体育权利保护的一种表达。同时，《全民健身条例》第4条提出公民享有全民健身的权利，并且地方各级人民政府应予保护。由此可见，根据我国宪法以及《全民健身条例》的规定，我国高度重视对大众体育权利的法律保护。

（3）我国大众体育权利保护的完善。我国从《宪法》到《全民健身条例》以及其他的关于大众体育宏观调控的法律非常注重对大众体育权利的保护，这样有力地促进了我国大众体育事业的发展。随着我国经济社会的发展，大众体育权利的保护需要不断完善，从而不断满足广大人民群众的健身利益。

关于我国大众体育权利保护的完善，笔者认为，应以《宪法》为依据，以已有的法律中关于大众体育权利为基础，尤其考虑到我国区域经济的不平衡等对大众体育发展的影响等，进行大众体育权利的逐渐细致化。如明确对边远地区、少数民族地区、经济相对落后地区的广大人民群众的体育权利的保护，以及对老年人、残疾人等特殊人群的体育权利的保护等。

第三节　大众体育宏观调控基本法律之调控体制完善

大众体育宏观调控体制是大众体育宏观调控基本法律中的基础性内容，其中最重要的内容是大众体育宏观调控权限的配置。因此，大众体育宏观调控体制的完善对大众体育宏观调控基本法律具有重要研究意义。

一、我国大众体育宏观调控体制的发展历程

我国大众体育宏观调控体制自中华人民共和国成立之初确立，并且随着我国改革进程的发展而不断发展。以我国经济体制变迁为参照，大众体育宏观调控体制可分为传统计划经济体制下的大众体育宏观调控体制、由计划经济体制向市场经济体制转轨时期的大众体育宏观调控体制、市场经济体制下的大众体育宏观调控体制。

（一）传统计划经济体制下的大众体育宏观调控体制

在传统计划经济体制下，我国大众体育宏观调控体制中其实政府一般是依靠行政性的命令在行使职权，这与当时的经济社会体制是相适应的。但是，在传统的计划经济体制下建立起的与大众体育相关的行政管理部门等为我国大众体育宏观调控体制奠定了基础。如1952年成立全国体育总会，著名的"发展体育运动、增强人民体质"就是毛泽东主席为其成立大

会题写的；1954年，中央人民政府体育运动委员会（中央体委）改名为中华人民共和国体育运动委员会，即是现在的国家体育总局的前身"国家体委"，等等。

（二）计划经济体制向市场经济体制转轨时期大众体育宏观调控体制

在计划经济经济体制向市场经济体制转轨时期，我国大众体育宏观调控体制也发生了相应的调整。"这一时期也对体育事业的发展进行了明确的分工，体委同教育、卫生、工会、共青团、妇联和解放军等部门分工合作，并注意了切实发挥全国体育总会及体育分会，单项协会和基层体育协会等群众性体育社团的积极作用"。❶ 同时，《关于体育体制改革的决定（草案）》（1986年）提出了放手发动全社会办体育，大众体育则主要由各部门、各行业来办。可见，在由计划经济向市场经济转轨时期，大众体育宏观的思想已经出现，比如不再以以往单纯的行政命令来推动大众体育的发展，已经转变为开始充分发挥单项体育协会等群众性社会团体的积极作用等。

（三）社会主义市场经济体制下的大众体育宏观调控体制

在社会主义市场经济体制时期，我国大众体育宏观调控体制真正确立起来。1992年，党的十四大确立了我国的社会主义市场经济体制，明确了经济发展中的国家宏观调控职能，随之我国体育管理体制开始适应市场经济体制改革。1995年颁布的《体育法》明确规定了"体育社会团体"的内容，并且关于大众体育的发展提出一系列具有宏观调控性质的法律措施。1998年，国家体委更名为国家体育总局，并且在此次体制改革中产生了具有政府和社会双重性质的运动项目管理中心。❷ 2009年，国务

---

❶ 梁国力，刘德会. 我国体育管理体制的发展变迁研究[J]. 安徽体育科技，2016（4）：16.

❷ 运动项目管理中心的政府和社会双重性质体现在：政府性是指运动项目管理中心是体育行政部门下属的事业单位，本身具有管理的职能；社会性则是指运动管理中心是单项体育协会的办事机构。

院颁布《全民健身条例》。该条例更是明确了政府的大众体育宏观调控的职责等。2013年,党的十八届三中全会提出全面深化改革。在全面深化改革新时期,《体育总局关于加强和改进群众体育工作的意见》(体群字〔2014〕135号)中指出要充分发挥运动项目管理中心与全国性单项体育协会的作用,加强政府的宏观监管有力、市场配置资源合理等特点的体育管理体制。此外,《关于加快发展体育产业促进体育消费的若干意见》(国发〔2014〕46号)明确提出将全民健身上升为国家战略;《国务院办公厅关于加快发展健身休闲产业的指导意见》(国办发〔2016〕77号)则提出转变政府职能等。这一系列的规范性文件对我国大众体育宏观调控体制的完善提出相关的要求。

总之,在计划经济体制下,体育行政机构以及相关体育社会组织的成立为我国大众体育宏观调控体制奠定了基础;在由计划经济体制向社会主义市场经济体制转轨时期,已经初步具备大众体育宏观调控的思路;随着我国社会主义市场经济的确立,体育管理体制不断改革,我国大众体育宏观调控体制最终得以确立,并且随着全面深化改革的推进而不断完善。

二、我国大众体育宏观调控体制现状分析

通过我国大众体育宏观调控体制的发展历程可以得知,伴随着我国由计划经济体制向社会主义市场经济体制的转轨,我国体育管理体制不断改革最终确立了大众体育宏观调控体制。政府在促进大众体育的发展方面摒弃了原来的直接行政命令,主要是通过制定大众体育发展规划的手段,以及根据经济社会发展的要求颁布一系列的规范性文件,促进大众体育的发展。但是,随着我国全面深化改革的推进以及全面依法治国的提出,我国大众体育宏观调控领域一系列规范性文件的颁布,正式提出将全民健身上升为国家战略,并且积极推进全民健身的产业化发展等。因而,在此形势下我国大众体育宏观调控体制的不足之处就逐渐显现出来,主要还是大众体育宏观调控政府职能的转变问题。如在大众体育的发展中体育社会组织的作用还没有充分发挥出来、市场作为一种促进大众体育发展的重要力量其应有的活力并未展示出来等。这些表现出来的问题其实从根本上而言是

大众体育宏观调控政府职能需要不断完善优化。

可见,我国大众体育宏观调控体制尽管已经确立,有力地保障了我国大众体育的发展。但是,随着我国全面深化改革和全面依法治国的推进,我国大众体育宏观调控的体制仍存在不足之处,需要在不断地实践与研究中去完善。

三、我国大众体育宏观调控体制完善路径

根据我国大众体育宏观调控体制的现状,并借鉴国外发达国家大众体育宏观调控体制,笔者认为,关于我国大众体育宏观调控体制的完善路径体现在:以科学界定大众体育宏观调控中政府的定位为基础,以大众体育宏观调控中政府职能的转变为核心,以大众体育宏观调控机构的科学设置为依托,从而实现我国大众体育宏观调控体制的完善。

(一)大众体育宏观调控中政府的角色定位

大众体育宏观调控中政府的角色定位涉及的是大众体育宏观调控中政府自身的角色确定问题,体现了政府在大众体育宏观调控中的价值追求、调控思路等问题,因而,在大众体育宏观调控体制中处于基础性地位。

1. 政府角色定位的历史演变

政府角色定位并不是一成不变的,而是随着社会经济的发展变化而逐渐发展变化的。政府角色定位经历了一个比较漫长的逐步变化过程,体现了在经济社会发展中人类对政府角色认识的不断深化。在自由资本主义时期,由于亚当·斯密提出的"守夜人"理论,政府在经济社会发展中就承担着"守夜人"的角色,对经济社会发展干预很少,只是负责保护市场主体的财产安全等。到垄断资本资本主义阶段以后,西方国家纷纷开始国家对经济的主动干预,凯恩斯提出的宏观经济学理论更是奠定了政府干预的基础,此时政府积极干预经济社会生活。直到20世纪70年代,由于西方国家经济"滞胀"局面的出现,政府改变了以往的过度干预经济而改变为适度干预,这种角色定位一直延续到现在。当然,在苏联、东欧社会主义时期,政府对经济社会发展包办一切,否定市场的作用,可以称为全能政府,我国在计划经济体制时期也是属于这种全能政府的类型。

可见，政府角色随着经济社会的发展经历了一个从"守夜人"政府、积极干预的政府甚至全能政府，到适度干预的政府这样一个基本的发展历程。

2. 大众体育宏观调控中政府的角色定位

在全面深化改革和全面推进依法治国的背景下，我国大众体育宏观调控中政府的角色定位则主要体现为"有限的政府""民主的政府""服务的政府""高效的政府""法治的政府"。

"有限的政府"对应的是"全能的政府"。"有限的政府"是人类在市场经济的发展过程中通过反复实践而证实的对政府定位的一个比较科学的认知，最终摒弃了"守夜人"政府与"全能的政府"两个极端。在大众体育宏观调控领域，"有限的政府"要求政府对大众体育宏观调控的权限限制在必要的范围之内，在我国尤其要注意政府对大众体育发展的过度干预，要减少不必要的政府干预。

"民主的政府"对应的是"专制的政府"。"民主的政府"是现代社会政府的一个重要标志，是人类在反对专制统治中取得的重要成果。我国作为社会主义性质的国家，"民主的政府"当然是应有之义。在大众体育宏观调控领域，"民主的政府"主要体现为政府的有关调控措施的制定、实施等需要由广泛的民主参与，从根本上维护广大人民群众的体育权利。

"服务的政府"对应的是"自利的政府"。"服务的政府"就是要求政府实施行为的宗旨要坚守服务性，而并非像营利性组织一样追求自身的营利性，这是政府与企业的一个根本性区别。我国作为社会主义国家更是坚守政府为人民服务的宗旨。在大众体育宏观调控领域，"服务的政府"就是要求政府要以提供制度保障为方式来为广大人民群众健身提供服务。

"高效的政府"对应的是"低效的政府"。"高效的政府"是现代社会对政府的一种必然要求。由于随着经济社会的发展，政府行政权力的扩张使得政府的行为对经济社会的影响程度加深，这就要求政府要提高其运行效率，从而有力地促进经济社会的发展。我国的政府机构改革其中一个非常重要的目标就是要提高政府的工作效率。在大众体育宏观调控领域，"高效的政府"则要求政府要不断地优化大众体育宏观调控机制、科学配置调控的权力等，从而提高其调控措施的效率。

"法治的政府"对应的是"恣意的政府"。"法治的政府"是人类法治发展的一个重要标志,一般而言,"法治的政府"就是要求政府的行为必须严格限制在法律的范围之内,即所谓的将权力关在笼子里。相较于"恣意的政府","法治的政府"更易于限制权力保护权利。在我国,党和政府高度重视"法治的政府"的建设。如2014年,党的十八届四中全会通过的《中共中央关于全面推进依法治国若干重大问题的决定》明确提出,"深入推进依法行政,加快建设法治政府";2015年,中共中央、国务院印发《法治政府建设实施纲要(2015~2020年)》则是为深入推进依法行政,加快建设法治政府,起到了积极的促进作用。在大众体育宏观调控领域,"法治的政府"则要求以党的十八届四中全会的全面推进依法治国的精神和《法治政府建设实施纲要(2015~2020年)》的具体安排为指导,在大众体育宏观中政府的行为必须严格限制在法律的范围内。

我国大众体育宏观调控角色定位的五种表现("有限的政府""民主的政府""服务的政府""高效的政府""法治的政府")是一个有机的整体,"有限的政府"与"民主的政府"是制定和实施大众体育宏观调控制度的需要,"服务的政府"是大众体育宏观调控的宗旨,"高效的政府"是大众体育宏观调控的必然要求,"法治的政府"则是大众体育宏观调控的保障。

(二)大众体育宏观调控中政府职能的转变

关于政府职能的转变,党和政府高度重视。如《中共中央关于全面深化改革若干重大问题的决定》中明确提出加快政府职能的转变;《中共中央关于全面推进依法治国若干重大问题的决定》中提出要依法全面履行政府的职能;《法治政府建设实施纲要(2015~2020年)》提出:"简政放权、放管结合……政府职能切实转变,宏观调控、市场监管、社会管理、公共服务、环境保护等职责依法全面履行。"

在理论研究中,关于体育领域的政府职能转变,正如于善旭教授所言:"在体育领域依法治权,我认为,从体育行政管理的实际出发,就是要认真落实中央'创新行政管理方式'和'依法全面履行政府职能'的要求,从有所不为和有所为这两条并行的路径上,改革体育行政部门的法治行为。一方面,体育行政部门要简政放权,不该管的要坚决放开。……另

一方面，体育行政部门要切实履行行政职责，该管的一定要管住管好，该加强的一定的要加强。"❶

在大众体育宏观调控中政府职能的转变，从横向的大众体育宏观调控政府职权的配置而言，需要简政放权、管放结合；从纵向的大众体育宏观调控政府职权的配置而言，需要在中央与地方之间合理安排权力。

1. 横向大众体育宏观调控政府职权配置

横向大众体育宏观调控政府职权配置，是指中央政府大众体育宏观调控职权的配置。在中央政府大众体育宏观调控职权的配置中，从本质而言需要在大众体育发展领域中去现实地思考政府、市场、社会三者之间的关系。

从整体而言，在我国社会主义市场经济体制下，市场在资源配置起决定性作用，政府适度干预。在我国大众体育发展领域中，政府、市场、社会都在各自的范围内起到相应的作用，如政府的宏观调控、大众体育消费市场的推动以及体育社会组织在促进大众体育发展方面有其独特的优势等。

从具体而言，在大众体育发展领域中，围绕政府的权力配置问题，仍需要在实践中去理顺政府、市场、社会之间的关系，使其在各自的范围内发挥最大的作用。目前，对于政府而言，由于我国的社会主义市场经济体制是由传统的计划经济转轨而来，这样原有的计划经济体制下的影响仍然是存在的，比如，政府对经济社会的干预较多，市场发展不充分从而造成市场体系不健全，社会组织的功能并未充分地发挥出来。因而，在我国全面深化改革和全面依法治国中提出要转变政府职能，简政放权、放管结合等。在大众体育宏观调控领域中，简政放权就是要求政府要减少对大众体育消费市场的不必要的直接干预，从而使市场获得自由发展的空间，我国《体育法》2009年和2016年的两次修改正好印证了简政放权；同时，我们必须注意到在大众体育发展领域中体育社会组织的功能还未充分发挥，其中很重要的原因是其地位的独立性，也就是和政府脱钩的关系方面，其本质上也是放权的问题；放管结合，意味着政府并不是一味地放权，同时要

---

❶ 姜熙. 中国体育法治建设的宏观理路——于善旭教授学术访谈录[J]. 体育与科学，2017（1）：21.

加强"管",而"管"的方式主要体现为宏观调控。此外,我们还须认识由于我国大众体育发展不充分,政府还需要来培育和促进大众体育市场的发展。国务院先后发布的《关于加快发展体育产业促进体育消费的若干意见》(国发〔2014〕46号)、《国务院办公厅关于加快发展健身休闲产业的指导意见》(国办发〔2016〕77号)规范性文件正好表明了政府对大众体育市场的培育。

因而,基于社会主义市场经济体制下,我国大众体育发展领域中政府、市场、社会之间的相互关系的现实思考,笔者认为,我国大众体育宏观调控政府职权配置主要可体现如下。

(1)大众体育宏观调控职权界定。

大众体育宏观调控职权是大众体育宏观调控的基础,因而,大众体育宏观调控职权的科学界定具有重要意义。笔者认为,在大众体育宏观调控职权的具体界定中,要坚持中共中央、国务院印发的《法治政府建设实施纲要(2015~2020年)》中的"大力推行权力清单、责任清单、负面清单制度并实行动态管理"。其具体体现如下。

首先,要明确大众体育宏观调控的职权。大众体育宏观调控的具体职权主要可体现为以大众体育发展战略规划制定权为核心的职权,在战略规划的具体实施措施中包括财税调控权、金融调控权、价格调控权,以及针对特殊人群和少数民族地区、边远地区、相对落后地区的调控权等。这些大众体育宏观调控权必须在大众体育宏观调控基本法律中给予明确规定。目前,我国现行的大众体育宏观调控基本法律中已有规定,如《全民健身条例》第8条第1款:"国务院制定全民健身计划,明确全民健身工作的目标、任务、措施、保障等内容。"

其次,要明确大众体育宏观调控相关的职权。大众体育宏观调控的相关职权可体现为保障大众体育发展的宏观调控措施实施的诸多职权。大众体育宏观调控相关的职权具体可表现为大众体育宏观调控实施监督职权、效果评估职权、加强大众体育宣传职权等。这些大众体育宏观调控相关职权的确定有利于保障大众体育宏观调控职权的实施,从而有利于促进大众体育的发展。

最后，注重权力与责任的相对应。大众体育宏观调控职权中的"职权"的表述其实并不仅仅代表权力或者责任，而是"职责与权力"的一种习惯性简称。因而，在大众体育宏观调控的职权配置中，一定要注重宏观调控权力与宏观调控责任的统一，尤其要注重责任的具体形式明确，从而真正使得权力与责任相对应。

可见，大众体育宏观调控职权的界定是宏观调控的基础。在界定大众体育宏观调控职权时，必须以党和国家关于法治政府建设的要求，做到权力与责任相对应。这样真正做到大众体育宏观调控职权由法律所确定，严格按照法律执行，并承担相应责任。

（2）部门之间的宏观调控职权的界定。

大众体育的形式丰富多彩，涉及生活的诸多方面，这样就出现了多部门管理大众体育的一种现象。同时，大众体育宏观调控实施本身涉及多个部门，并非体育行政部门单独可以完成的。现行的诸多关于大众体育宏观调控的规范性文件都是多部门联合发布。❶因而，基于这一事实，笔者认为，大众体育宏观调控法律要明确各部门的大众体育宏观调控的职权，这是部门协作的法律基础。可见，确定各部门具体的大众体育宏观调控职权的界定，并且在此基础上实现部门协作是我国大众体育宏观调控的部门协作原则的体现。

（3）政府与体育社会组织之间宏观调控职权的界定。

政府与体育社会组织之间的关系，由于传统因素的影响，我国的社会组织并未真正实现独立，一般都具有政府性与社会性双重属性，体育社会组织也不例外。2015年7月，中共中央办公厅、国务院办公厅印发的《行

---

❶ 目前，我国多部门联合发布关于大众体育宏观调控的规范性文件，还是比较常见的。如《关于进一步加强老年文化建设的意见》2012年9月由中组部、中宣部、教育部、民政部、财政部、住房和城乡建设部、文化部、广电总局、新闻出版总署、国家体育总局、国家旅游局、解放军总政治部等多部门联合发布；《关于进一步加强新形势下老年人体育工作的意见》2015年9月由国家体育总局、发展改革委、民政部、财政部、农业部、文化部、卫生计生委、国家旅游局、全国老龄办等多部门联合发布。

业协会商会与行政机关脱钩总体方案》为政府与体育社会组织之间关系改革指明了方向：体育社会组织要与体育行政部门脱钩。改革要求行业协会商会与行政机关脱钩，并不代表政府对行业协会与商会没有任何关系，政府要依法对行业协会与商会提供服务和进行监管。在此改革背景下，体育社会组织独立性增强，以及由于其本身的优势，其在大众体育发展中的作用将会进一步发挥出来。同时，鉴于国外大众体育发达国家各种类型的体育社会组织都在大众体育宏观调控中起到重要的责任，因而，笔者认为，大众体育宏观调控法律可以在体育社会组织与体育行政部门脱钩的基础上赋予体育社会组织一定的宏观调控权职权，从而充分发挥体育社会组织的功能，促进大众体育的发展。

（4）政府与市场之间宏观调控职权的界定。

人们对政府与市场之间的关系在不同的经济发展阶段有着不同的认识，在现代市场经济条件下，人们普遍认为，政府和市场相互作用，政府干预市场本质上只是市场失灵的一种制度替代。《中共中央关于全面深化改革若干重大问题的规定》中提出市场在资源配置中起决定性作用，并且要求积极转变政府职能，加强宏观调控等。

在我国大众体育领域中，从政府与市场之间的关系来界定大众体育宏观调控职权，笔者认为，首先，要明确政府对大众体育市场的宏观调控权替代政府对大众体育市场的直接行政干预。我国政府与市场的关系中普遍出现的问题是直接干预过度而宏观调控缺位，这种现象根源于我国由计划经济体制向社会主义市场经济体制转轨的影响。因而，在全面深化改革和全面依法治国建设法治政府背景下，要加强政府对大众体育市场的宏观调控权界定，取消没必要的、直接的行政干预，使大众体育市场获得比较自由的发展空间。其次，科学设定政府培育大众体育市场发展的职权。我国大众体育消费市场发展不充分，这是由于诸多的因素造成的。随着我国社会主义市场经济的不断发展完善和广大人民群众生活消费水平的提高，大众体育消费市场开始逐渐发展起来，但仍不够发达。因而，要设定政府对大众体育消费市场的培育权，利用政府的宏观调控手段促进大众体育消费市场的发展。《关于加快发展体育产业促进体育消费的若干意见》（国发〔2014〕46

号)、《国务院办公厅关于加快发展健身休闲产业的指导意见》(国办发〔2016〕77号)就是政府促进大众体育消费市场的典型代表。

2. 纵向大众体育宏观调控政府职权配置

纵向大众体育宏观调控政府职权配置,是指中央政府和地方政府对大众体育宏观调控职权的合理配置问题。严格来讲,只有中央政府才具有宏观调控职权,地方政府不享有宏观调控职权。正如中共中央、国务院印发的《法治政府建设实施纲要(2015~2020年)》中提出的:"强化中央政府宏观管理、制度设定职责和必要的执法权,强化省级政府统筹推进区域内基本公共服务均等化职责,强化市县政府执行职责。"

关于中央政府与地方政府的调控权限配置问题,由于各国的具体国情各不相同,各国的宏观调控体制也存在较大的差别,因而,相应的调控权限的配置也不尽相同。我国是一个地域辽阔的大国,区域经济特征比较明显。故而,经济法对区域经济的法律调整,应当对应于国家干预区域经济关系的层次化,而取宏观经济调控法和中观经济调控法并行调整的二元结构,不宜以宏观经济调控法涵盖中观经济调控法,对区域经济进行"大一统"的一元调整。❶

体育对经济发展水平有很大的依赖作用,同时,经济发展水平对政府宏观调控能力也具有重大的影响作用。由于我国区域经济发展不平衡,我国大众体育区域发展水平也存在较大的差距,同时,在长期的历史发展中形成大量的具有地方传统特色的大众体育娱乐项目,尤其是在少数民族地区尤为众多。鉴于此,我国大众体育宏观调控基本法律对大众体育宏观调控应采用二元调控的调控机制,即对于属于大众体育宏观调控的基本性的问题由中央政府进行科学调整,对于具有地方区域性传统特色的大众体育项目则由地方政府进行科学调控,从而实现我国大众体育宏观调控基本法律的规定,进而达到相应的调控效果。以下从中央政府和地方政府两个层面来分析我国大众体育宏观调控职权的配置。

---

❶ 董玉明. 与改革同行——经济法理论与实践问题研究[M]. 北京:知识产权出版社,2007:403.

（1）中央政府层面上的大众体育宏观调控职权配置。中央政府层面的大众体育宏观调控职权的配置，是从大众体育整体发展的调控角度来进行的，配置的依据是全国大众体育发展中的共性问题，如从政府与体育社会组织之间的关系来界定宏观调控权、从政府与市场之间的关系来界定宏观调控权等。可见，这些都是针对具有全国性的问题而进行的一种职权配置。因此，这些规定是在全国范围内适用的，为我国大众体育宏观调控起到最基本的法律保障作用。

（2）地方政府层面上的大众体育调控职权配置。从地方的角度来具体分析大众体育的发展，则呈现出了五彩缤纷的状态。由于我国地域辽阔，经济发展呈现出明显的区域性特征，而且发展不平衡。这样的一种经济发展的整体格局造成我国各地的大众体育发展不平衡。同时，在我国漫长的历史长河中，勤劳的各族人民在生产实践中结合本地本民族的文化习俗创造了许多有特色的传统体育健身项目，这些具有民族地方特色的体育健身项目在我国大众体育中具有重要的作用。然而，在经济社会发展中，许多优秀的具有民族特色的传统体育健身项目的潜力还没有真正发挥出来。这是由于多方面的原因所造成的，如经济相对落后，宣传力度不够等。

对于我国地方大众体育发展的特点，对于地方大众体育发展的区域性不平衡问题，尤其是少数民族地区、边远地区、经济相对落后地区的大众体育发展，则由中央政府行使宏观调控职权，从而使得区域间大众体育均衡发展。对于具有民族特色的传统体育项目的法律调控中央只做原则性规定，如地方传统体育项目的认定标准、基本的促进政策等，但具体的内容则由地方根据实际情况制定详细法规。这样既使中央的发展民族特色的传统体育健身项目的宏观调控得以落实，又充分考虑到地方各具特色的传统体育项目的差异，使传统体育项目得到有力发展。因而，关于具有地方民族特色的传统体育健身项目具体的宏观调控职权由中央通过原则性的规定实际上是由地方政府根据具体情况制定本地的相应制度和实施。

（三）大众体育宏观调控机构的科学设置

大众体育宏观调控职权的界定是大众体育宏观调控的基础的法律规

定，同时，大众体育宏观调控职权需要依托一定的大众体育宏观调控机构，因此，大众体育宏观调控机构的科学设置具有重要意义。

关于大众体育宏观调控机构的科学设置的总体思路，笔者认为，在全面深化改革和全面依法治国的背景下，一方面，需要对政府部门的大众体育宏观调控机构进行科学设置；另一方面，可以赋予体育社会组织一定的大众体育宏观调控职权，如执行的职权等，从而在法律授权的范围内成为大众体育宏观调控的机构。这正体现了"在体育事业的管理中，这种多元化的管理模式，能够有效地协调管理主体之间的职能，能够有效地提升管理效率和质量，能够促进体育事业的健康快速发展"。❶

1. 关于政府部门大众体育宏观调控机构的科学设置

政府对大众体育进行宏观调控从而促进大众体育的发展，由于不同国家的国情不同，宏观调控的机构设置也各有特色。大众体育宏观调控机构的设置与一国的大众体育调控体制的类型有直接的关系，如作为社会主导型调控体制的美国，其联邦政府中并没有明确设立大众体育宏观调控的机构，而是由多个部门共同配合调控，而作为政府主导型调控体制的俄罗斯，其从联邦政府到地方政府机构中都设有专门的机构来负责大众体育的发展。

借鉴国外大众体育宏观调控机构的设置，基于我国的特殊国情因素的考虑，我国大众体育宏观调控机构主要体现为国家体育总局以及国家体育总局中下设的群体司，同时考虑到大众体育宏观调控涉及财政部门、税务部门、教育部门等诸多部门，因而，只要涉及大众体育宏观调控发展，在其职权范围内均属于大众体育宏观调控部门。目前，在大众体育宏观调控中，如果涉及多部门的相互配合时，一般是以多部门联合出台相关宏观调控措施。可见，在大众体育宏观调控政府部门中，国家体育总局中的群体司是主要部门，其他涉及大众体育宏观调控的部门则是重要的组成部门，各自在职权范围内相互合作行使大众体育宏观调控职权。

2. 关于体育社会组织大众体育宏观调控职权的授予问题

政府与体育社会组织的关系，在行业协会、商会与行政机关关系的改

---

❶ 黄旭晖. 我国体育管理体制的改革趋势[J]. 社会体育学，2015（21）：158.

革方向的指导下，其目标是体育社会组织与体育行政脱钩，真正实现其独立性。体育社会组织由于其在发展大众体育方面有其天然的优势，并且，国外大众体育发达的国家就存在体育社会组织承担大众体育宏观调控具体措施的实施的先例，因此，大众体育宏观调控基本法律可以授予独立的体育社会组织一定的大众体育宏观调控职权，如一定范围内的执行权等。这样在法律设定的职权范围内，体育社会组织可以充分发挥其作用。因而，体育社会组织在授权的范围内也成为大众体育宏观调控的机构。但是，基于政府对体育社会组织的监管，要加强对于授权后的体育社会组织的监管，从而有效保障体育社会组织行使大众体育宏观调控权。

总之，在全面深化改革和全面依法治国的背景下，大众体育宏观调控机构的科学设定，在完善政府大众体育宏观调控机构的基础上，可以通过法律授权的方式，授权体育社会组织一定调控职权，从而充分发挥体育社会组织的功能，形成政府与体育社会组织两者充分发挥各自功能的两种类型的大众体育宏观调控机构。

第四节　大众体育宏观调控基本法律之基本制度完善

大众体育宏观调控职权的界定是大众体育宏观调控的基础，大众体育宏观调控机构的科学设置确认了调控职权的主体，而大众体育宏观调控制度的构建则是大众体育宏观调控职权的具体外在表现。目前，我国现行的大众体育宏观调控法律中已设计了诸多的法律制度来促进大众体育的发展，如激励制度、保障制度、责任制度等。❶ 这些体现大众体育宏观调控性质的具体制度的设计有力地促进了大众体育的发展，这是毋庸置疑的，

---

❶　这些激励制度、保障制度和责任制度等具体制度的体现，如《全民健身条例》第6条："国家鼓励对全民健身事业提供捐赠和赞助。自然人、法人或者其他组织对全民健身事业提供捐赠的，依法享受税收优惠"，属于典型的激励制度。

但是，随着我国经济社会的不断发展，我国全面深化改革和全面依法治国的推进，大众体育宏观调控具体制度的构建需要不断完善。

笔者认为，大众体育宏观调控具体制度的构建与完善主要体现在保障与监管制度、指引与宣传制度、激励与奖励制度、区域均衡发展与特殊群体保护制度、市场培育与促进产业化制度。

1. 保障与监管制度

（1）保障制度。有效的保障制度设计可以为大众体育宏观调控提供法律上的保障，从而有力保障大众体育宏观调控目标的实现，促进大众体育的发展。关于保障制度主要涉及大众体育发展的资金投入保障、体育运动场馆的建设使用保障、社会体育指导员的建设、大众体育法制宣传等。可见，大众体育的保障制度涉及的方面较多，并且从基本法律的角度而言不便而且不易做详细的规定，因此，一般做相对比较原则的规定，具体的规定则由单独的立法详细规定。如关于体育运动场地的建设与使用，则由《公共文化体育设施条例》和《公共文化服务保障法》做比较详细的规定。同时，在大众体育宏观调控基本法中应主要围绕政府的职权设置相应的保障制度，这样可以保障政府的宏观调控达到预期效果从而促进大众体育的发展。如大众体育宏观调控中政府具有对大众体育进行宣传的职权，保障制度则可以对保障宣传的措施作比较原则性规定，这样使得政府的宣传职权能够得到落实。

（2）监管制度。有效监管制度的设置可以使大众体育宏观调控机构掌握其职权的实施状态，以及整个大众体育的发展程度。因而，监管制度的构建有极其重要的意义。关于监管制度的设置可以从两个方面入手：一方面，政府对体育社会组织的监管制度；另一方面，政府对大众体育宏观调控运行的监管制度。

关于政府对体育社会组织的监管制度。政府对于体育社会组织的监管是体育社会组织与体育行政部门脱钩以后，政府对体育社会组织的一种新的管理方式，正是印证了脱钩不是代表不管，监管就是全新的管理方式。同时，从大众体育宏观调控的视域而言，正如前文所述，可以在一定范围内赋予体育社会组织一定大众体育宏观调控职权，从而充分发挥其促进大众体育发展的功能。因而，为保证体育社会组织在授权范围内实施职权，政府需要建立对体育社会组织的监管制度。

关于政府对大众体育宏观调控运行的监管制度。大众体育宏观调控涉及诸多方面的内容，其实施的效果直接关系到大众体育宏观调控目标的实现，事关广大人民群众体育权利的实现，以及全民健身国家战略的实现。因而，大众体育宏观调控运行的监管制度的建设有着重要意义。笔者认为，大众体育宏观调控监管制度可以重点建立绩效评价制度和资金监督制度。绩效评价制度可以通过对大众体育宏观调控的效果进行评价从而反映出大众体育调控的效果，进而可对政府的宏观调控进行有效监督。目前，我国《全民健身条例》第11条规定了有关大众体育宏观调控的实施评价制度，这起到了有效保障大众体育发展的作用。随着经济社会的发展，在完善评价制度时需强调实施效果即绩效评价，这也是国外大众体育发达国家的常用方法。同时，在大众体育宏观调控中，资金的使用也是非常重要的监管领域。根据现行的大众体育宏观调控法律的规定，大众体育宏观调控的资金来源主要有政府财政预算资金、彩票公益金、社会捐赠资金等。因此，为了保证资金的使用符合法律规定，并且发挥其最大功效，有必要设立投入资金的监督制度。

2. 指引与宣传制度

（1）指引制度。广大人民群众以各种各样的健身娱乐形式参与健身活动，以提高身体健康水平。由于党和政府对大众体育的高度重视，以及大众体育相关的法律、法规不断完善，我国的大众体育发展水平极大提高，广大人民群众的身体素质普遍提高。第六次人口普查的数据表明，我国的人口平均寿命达到74.9岁。但是，我们必须清醒地认识到，由于社会节奏的加快以及饮食结构的变化，像肥胖、心血管疾病等疾病严重影响着人们的健康水平。这也从另外一个角度折射出要加强全民健身的科学引导作用，提高广大人民群众的健身的科学性，从而"避免低效率"主要是体现指导对科学健身的意义。这便是指引制度建立的必要性。2017年8月，国家体育总局发布的《全民健身指南》则是建立大众体育指引制度的一个很好的诠释。

（2）宣传制度。宣传制度构建在于通过对大众体育健身的广泛宣传使广大人民群众了解健身的意义、科学方法等，促使广大人民群众积极参与到全民健身活动中来，从而在社会上形成一种积极参与的社会氛围。《全民健身条例》规定每年的8月8日为全民健身日，并规定了一系列宣传要求。全民健身日的确立，是我国大众体育宣传制度的一个重要组成部分，具有重要意义。随着我国全民健身活动的深入发展，笔者认为，可以在原有大众体育宣传制度的基础上构建更为完善的宣传制度，对我国大众体育进行广泛和深入细致的宣传，借鉴国外大众体育的有针对性的、细致的宣传的经验，进一步完善我国大众体育的宣传制度，从而使不同群体的健身者获得对自身有益的健身知识，进一步使得大众体育深入发展。

3. 激励与奖励制度

（1）激励制度。激励制度在大众体育宏观调控制度中则体现为激励社会力量积极参与到大众体育发展中来。如《全民健身条例》中的激励制度主要体现为社会力量的捐赠可以享受税收优惠，这样的税收优惠措施的实施对社会力量参与大众体育发展起到了重要的激励作用。随着我国社会主义市场经济的发展，社会力量逐渐成为我国大众体育发展的重要力量，因而，关于激励制度可以随着经济社会的不断发展，除了有关税收的优惠措施外，还可以不断地创设一些全新的激励的方式，以及创新社会力量参与大众体育发展的方式，不仅限于捐赠和赞助，还应开拓新的适应时代发展的参与方式等。

（2）奖励制度。对于法律制度的设计，一般呈现出的是惩罚制度居多，奖励制度较少。在法律中出现奖励制度似乎与法律的强制性背道而驰，然而奖励性恰恰是现代法的一个重要特征。作为现代法的经济法中，奖励制度便是其颇具特色的手段之一。在经济法的子部门法宏观调控中，通过奖励的手段可以提高被调控主体的积极性，从而有助于实现经济法的调控目标。如《全民健身条例》中规定了对于在体育事业发展中组织和个人作出贡献的给予奖励，这体现了对奖励制度的原则性规定。其实，国外大众体育发达国家对于大众体育发展的奖励制度多有设置，有的国家甚至具有悠久的历史传统。例如美国为鼓励大众体育的发展设计了"体育总统奖"的奖励制度；德国 "德国体育奖章制度" 可以追溯到1913年，该奖章制度分为"德国青少年体育运动奖章""德国体育运动奖章""德国残疾人体育运动奖章"。❶因此，借鉴国外大众体育宏观调控的奖励制度，并结合我国的大众体育宏观调控中关于奖励的原则性规定，笔者认为，我国大众体育宏观调控基本法律可借鉴美、德的这种大众体育奖励制度，设置我国的大众体育奖励制度，即对积极参与大众体育且有突出效果的个人和组织民众参与大众体育有突出贡献的单位给予奖励，可称为"全民健身奖"和"全民健身组织奖"。

4. 区域均衡发展与特殊群体保护制度

（1）区域均衡发展制度。区域均衡发展是我国大众体育宏观调控的一个重要目标。由于我国区域经济发展不平衡，我国大众体育发展呈现出区域性的特点，并且区域间发展不平衡。为此，我国《体育法》和《全民健身条例》中都有明确规定促进区域发展的相关规定。❷以基本法的形式确立区域性均衡发展对促进我国大众体育的发展起到积极作用，同时，我们必须清楚地认识到真正实现大众体育区域均衡发展需要一系列的相互配套的法律制度的构建，从大众体育基本法律的角度而言，则需要作出最基本的制度设计。

（2）特殊群体保护制度。从大众体育参与群体的分析不难看出，有一部分特殊群体的存在，如青少年、老年人、残疾人等。这些特殊的人群在大众体育发展中客观上处于弱势群体的地位。为秉承大众体育宏观调控法的实质正义的理念，需要对青少年、老年人、残疾人等特殊群体进行倾斜性保护。关于特殊群体健身活动的特别保护，我国《体育法》和《全民

---

❶ 关于美国的 "体育总统奖" 以及德国的 "德国体育奖章制度" 的具体的内容，在本书第四章中关于美国、德国的大众体育宏观调控法律的分析中有比较详细的论述，此处不再详细说明。

❷ 如《体育法》第6条中关于支持少数民族地区体育事业发展的规定；《全民健身条例》第2条中规定的加大对农村地区等公共体育设施的投入等，这些均体现出均衡发展的立法意图。

健身条例》中均有相关的规定。❶ 对于特殊群体的健身的保护是在立法中践行实质正义的大众体育宏观调控的理念，对保障青少年、老年人、残疾人等特殊群体的健身活动具有重要意义。从大众体育宏观调控基本法的角度而言，则需要对特殊群体保护制度做基本规定，具体制度的设计则由相配套的法律、法规、规章以及规范性文件来具体规定。

5. 市场培育与促进产业化制度

（1）市场培育制度。党的十八届三中全会明确提出使市场在资源配中起决定性的作用。目前，我国市场在大众体育发展中其潜力并未得到充分发挥，其直接原因是市场发育不成熟，就其根本原因则是传统计划经济体制的影响，政府对市场直接干预过多。因而，在全面深化改革和全面依法治国的背景下，应积极构建大众体育市场培育制度，通过政府的力量创造条件，培育大众体育市场的发展，从而发挥其在促进大众体育发展中的积极作用。

（2）促进产业化制度。关于推进体育产业化发展则是我国全面深化改革的必然要求，是体育本身所具有的经济属性在市场经济体制下的一种体现。随着我国经济社会的发展，广大人民群众生活水平提高，健身消费需求不断提高，大众体育消费市场已逐渐发展。但是，由于诸多因素的影响，我国大众体育产业化水平还比较低，促进产业化的制度就显得尤为重要。目前，我国《全民健身条例》中对促进大众体育产业发展做了原则性规定。《国务院办公厅关于加快发展健身休闲产业的指导意见》（国办发〔2016〕77号）则对促进大众体育产业化发展作了较为细致的规定，这将对我国大众体育产业化的发展起到极大的促进作用。可见，在具体促进大众体育产业化方面已存在相关法律，但是是以规范性文件的形式出现的。笔者认为，随着我国大众体育产业化的发展，需要构建与完善促进其产业化的制度，同样，大众体育宏观调控基本法律做基本的制度设计，具体制

---

❶ 如《体育法》第16条明确了政府对老年人等特殊人群参加体育活动提供便利；《全民健身条例》第8条则进一步明确要求要充分考虑特殊人群健身的特殊需求。

度则由相配套的法律、法规、规章和规范性文件来完成。

第五节　结语

　　一般而言，一个领域的基本法律是对该领域的基本调整内容的法律规定。大众体育宏观调控基本法律是对大众体育宏观调控中最基本的内容做法律的界定，如大众体育权利、大众体育宏观调控体制、大众体育宏观调控基本制度等。因而，大众体育宏观调控基本法律在大众体育宏观调控法律体系中起到了基础性的作用，大众体育宏观调控基本法律的制定具有重要意义。

　　尽管我国大众体育宏观调控的法律经过不断制定与完善取得较大成就，但是，按照一般的基本法律的标准，我国目前并没有严格意义上的大众体育宏观调控基本法律。通过对我国现行的关于大众体育宏观调控法律的分析可知，《体育法》中关于大众体育的内容和《全民健身条例》承担起了大众体育宏观调控基本法律的作用。因此，根据我国的大众体育宏观调控法律的具体情况，提出对现行的立法不断完善，在此基础上最终制定符合我国国情的大众体育宏观调控基本法律。

　　对现行的关于大众体育宏观调控法律中关于大众体育宏观调控基本法律相关规定的完善，主要体现在大众体育权利、大众体育宏观调控体制以及大众体育宏观调控基本制度三方面的完善，以期对我国大众体育宏观调控基本法律的制定有所裨益。

第九章 大众体育宏观调控保障法律的完善

第一节 大众体育宏观调控保障法律完善概述

一般而言，大众体育宏观调控保障法律，是指为了促进大众体育的发展，以大众体育宏观调控基本法律为依据，具体的促进大众体育发展的相关的配套的法律。因而，从本质上来讲，大众体育宏观调控保障法律就是大众体育宏观调控基本法律的相关制度的具体化，是大众体育宏观调控基本法律的一种延伸，是大众体育宏观调控的保障性的法律。

一、大众体育宏观调控保障法律的范围

大众体育宏观调控保障法律涉及诸多方面，这些保障法律与基本法律共同构成大众体育宏观调控的法律体系。根据大众体育发展的规律以及宏观调控法的基本特点，笔者认为，大众体育宏观调控保障法律主要包括大众体育发展资金保障法律、大众体育发展环境的改善法律、大众体育发展倾斜性保护法律、大众体育产业化法律等。

具体而言，大众体育发展资金保障法律，主要涉及财政资金、彩票公益金、社会力量资金这三种类型资金的投入、使用、监管等方面的内容；大众体育发展环境的改善法律，则主要涉及大众体育运动场地、组织形式、社会体育指导相关的宏观调控法律的完善，通过促进大众体育运动场地的建设与使用、组织形式的科学性、社会体育指导员作用的充分发挥，从而改善制约大众体育发展的环境；大众体育发展倾斜性保护法律则主要包括对边远地区、少数民族地区以及对老年人、残疾人等特殊人群的倾斜性保护；大众体育产业化法律，则包括引导大众体育消费促进其产业化的相关内容。

二、大众体育宏观调控保障法律的整体现状

我国大众体育宏观调控保障法律从整体上而言，相关领域基本上都存在相应保障的法律规范，这对促进大众体育的发展起到重要的法律保障作用。但仔细分析后可以发现，在主要的大众体育宏观调控保障法律中，除了涉及大众体育运动场地的《公共文化服务保障法》之外，大多数相关配套的法律主要是行政法规、规章，而且存在大量的规范性文件。

可见，我国大众体育宏观调控保障法律从整体而言已基本形成，有力地促进了大众体育的发展。但是，仍然存在一些不足之处，如由于大多数法律的位阶较低，因而，需要在实践中去逐渐完善。

三、大众体育宏观调控保障法律完善路径

根据对我国大众体育宏观调控保障法律现状的整体分析可知，需要对其进行不断完善。根据法律以及宏观调控法的一般理论，以及结合大众体育发展的自身特点，笔者认为，大众体育宏观调控保障法律的完善，应以大众体育宏观调控基本法律为依据，提高相关保障法律的位阶，在条件成熟的情形下，将规范性文件逐渐上升为行政法规规章。

第二节 大众体育发展资金保障法律完善

促进大众体育的发展，资金是一项非常重要的保障条件。通过资金投入的保障、资金运行的监管、资金投入的绩效评估等诸多方面法律的规定，可以有效地保障大众体育发展资金的投入以及投入的效果。

一、大众体育发展资金的构成分析

大众体育发展资金的构成，是指一国大众体育发展中的资金来源的组成，如政府财政投资、社会力量捐赠等。大众体育发展资金的构成与一个国家的大众体育宏观调控体制有着直接的关系，受到经济体制、法律制度

等多方面的影响。

目前，我国大众体育发展资金的构成主要包括政府财政资金、彩票公益金、社会力量资金。具体而言，政府财政资金主要包括中央政府财政资金和地方政府财政资金；彩票公益金则是在彩票公益金中用于发展大众体育的部分，而并非彩票公益金的全部；社会力量资金则包括的范围比较广泛，如自然人、法人等社会力量对大众体育发展的捐赠和赞助等。

可见，在我国社会主义市场经济体制下，大众体育发展资金的构成呈现出多元化的特点，这对保障大众体育发展资金有着重要的意义。

二、大众体育发展资金保障法律现状

目前，关于大众体育发展资金的保障，我国已基本建立起相应的法律制度。由于大众体育发展资金的构成不同，相应法律规范也不尽相同。关于政府的财政资金的投入，则在《体育法》与《全民健身条例》中有相关的规定，要求各级政府应当将对大众体育投入资金列入财政预算，并且随着经济社会的发展而逐渐增加；关于彩票公益金的分配使用，则在《彩票管理条例》《彩票管理条例实施细则》等相应的关于彩票的法律规定中有相关的规定；关于社会力量资金，则在《体育法》与《全民健身条例》中有相关的规定，如《全民健身条例》明确规定，鼓励社会力量对大众体育发展的捐赠和赞助并创设相应的税收优惠鼓励措施等。可见，我国已经建立起对大众体育发展资金保障相关的法律制度。

三、大众体育发展资金保障法律现状分析

通过我国现行的关于大众体育发展资金保障相关的法律可知，我国已基本建立相应的资金保障的相关法律规定，从政府财政资金到彩票公益金的使用以及社会力量资金。但通过对现行的相关法律进行分析后发现，这些关于大众体育发展资金保障的相关法律规定从整体上看还是比较原则性，还不够系统和完善。如基本均在强调资金投入保障方面的相关措施，但是，从系统的角度而言，资金的投入保障措施仅仅是资金保障制度设计的一个环节，资金的保障措施除了投入之外，资金运行的监管、资金投入

后的绩效评估等都具有极其重要的意义。可见，我国大众体育发展资金保障相关法律规定仍然需要不断完善。

四、大众体育发展资金保障法律完善

针对我国大众体育资金保障法律中存在的问题，结合大众体育发展资金构成本身的特点，根据大众体育宏观调控基本法律的基本要求，笔者认为，我国大众体育发展资金保障法律完善体现如下。

（一）大众体育发展资金保障法律制度完善的总体思路

大众体育发展资金保障法律制度完善，从整个大众体育发展资金的构成而言，主要涉及政府财政资金、彩票公益金、社会力量资金；从整个大众体育发展资金的系统监管而言，则需要对资金投入的保障、资金的运行监管、资金的效益评估等多方面进行法律规范。因而，我国大众体育发展资金保障法律制度完善，应根据不同的资金类型而完善相应的法律制度。

（二）大众体育发展资金保障法律制度的完善对策

1. 关于政府财政资金保障法律制度完善

政府财政资金对大众体育的发展有着重要的意义，尤其是在我国社会力量资金还未充分发挥作用的背景下。关于政府财政资金保障法律制度，我国现有的法律中对资金的投入做了明确规定，这对我国大众体育发展起到重要的资金来源保障作用。然而，在资金投入以后，资金的运行监管就显得尤为重要，因为其可以保障财政资金能够按照大众体育宏观调控的要求而合理使用。同时，在现代市场经济体制下，效益的观念日益深入人心，为了能够保障有限的财政资金的投入起到最大的功效，加强资金使用的绩效评估有其必要性。因而，笔者认为，有必要围绕大众体育政府财政资金进行系统的法律完善，在政府财政资金投入保障的基础上，重点去完善资金的监管以及资金的绩效评估法律制度，从而形成一个相对系统化的大众体育财政资金保障的法律制度。

2. 关于彩票公益金法律制度完善

彩票公益金是我国大众体育发展资金来源的重要途径之一，其对我国大众体育的发展起到重要的支持作用。因而，彩票公益金法律制度的构建与完善有着极其重要的作用。

目前，我国已经颁布一系列的关于彩票公益金的法律法规，如2009年4月，国务院发布《彩票管理条例》，其中在彩票资金管理中就彩票公益金的使用、分配、监督等方面做出了相关的基本规定；2012年1月，财政部、民政部、国家体育总局联合发布《彩票管理条例实施细则》，其中就彩票公益金方面又做出了较为具体的相关规定；《中央集中彩票公益金支持体育事业专项资金管理办法》（财教〔2013〕）481号）、《彩票公益金资助项目宣传管理办法》（体经字〔2014〕411号），以及2017年4月国家体育总局办公厅发布的《中央集中彩票公益金资助青少年体育活动管理办法（试行）》等，分别对彩票公益金的诸多方面进行相关的规定。可见，对于彩票公益金的法律规定已有一定的数量。但是，通过对这些相关法律的分析可以发现仍然存在诸多不足之处，如法律位阶较低，关于彩票公益金的基本规定为行政法规而缺少相应的基本法律规定。同时，关于彩票公益金的基本法律制度的设计存在需要完善的地方等。

针对我国彩票公益金的法律规范现状，笔者认为，我国彩票公益金法律制度的完善主要体现在提高彩票公益金法律规范的位阶，完善彩票公益金的基本法律制度。通过诸多关于彩票公益金的行政法规规章以及规范性文件的颁布实施，可以把成熟的相关规定最终以基本法律的形式确立下来。在条件成熟的时候可以制定我国的《彩票管理法》，其中对彩票公益金做专门规定，对彩票公益金的分配、使用、监管、绩效评估等基本制度作出基本法律的规定。同时，关于彩票公益金的具体事项仍然采用行政法规规章以及规范性文件的形式出现，这样可以通过构建一个关于彩票公益金的基本法律、行政法规规章和规范性文件完整的体系，从而保障彩票公益金对大众体育发展的资金支持。

3. 关于社会力量资金法律制度完善

在社会主义市场经济体制下，大众体育发展资金的多元化构成是一种必然的趋势，而且有利于扩大大众体育发展资金的渠道。因而，在大众体育发展资金投入中，除了政府财政资金、彩票公益金之外，社会力量资金的投入是非常重要的资金来源。

一般而言，关于社会力量资金投入大众体育的方式主要包括捐赠和赞助大众体育发展、参与大众体育发展以及直接投资于大众体育发展。我国现行法律中对社会力量资金投入大众体育发展已有相关的规定，主要体现为积极鼓励社会力量对大众体育捐赠和赞助享受有关税收优惠政策，而对其他的方式，法律则作出了鼓励性的原则规定。这些鼓励措施有助于吸引社会力量资金投入大众体育的发展中，从而拓展大众体育发展的资金渠道。但是，现行法律主要是从资金的投入环节作出了相关激励，而具体到资金的使用监管、绩效评估、相关奖励等方面的规范仍存在不足。

因而，针对我国现行法律存在的不足，笔者认为，关于社会力量资金投入大众体育发展的法律完善主要体现在整体上从社会力量资金的投入、运行监管、绩效评估、奖励等方面进行比较系统的法律规范。具体而言，完善鼓励社会力量资金进入大众体育发展的具体措施，除了对大众体育捐赠和赞助享受相关税收优惠外，对于社会力量参与以及直接投资大众体育发展的则需要完善相应的激励制度；同时，要加强对社会力量资金在大众体育发展中的运行监管、绩效评估以及奖励等具体的制度。

总之，通过完善大众体育发展资金保障法律制度，使得大众体育发展资金的渠道得以拓宽，从而获得充足的资金保障。

第三节　大众体育发展环境改善法律完善

大众体育发展环境是广大人民群众参与体育健身活动的外部条件，主要包括大众体育设施建设与使用、大众体育组织形式和社会体育指导员等。良好的大众体育发展环境为广大人民群众参与大众体育提供了便利，这样可以有效增加参加体育娱乐活动的人数从而保障大众体育的发展。同时，由国外大众体育宏观调控法制建设的研究可知，大众体育发达的国家都非常重视改善本国的大众体育环境。❶ 因此，我国大众体育宏观调控保障法律完善中应通过相应的具体制度的完善来加大对大众体育设施的建设与提高利用率、完善大众体育组织、充分发挥社会体育指导员的指导作用等，从而通过有效地改善大众体育发展环境，保障大众体育的发展。

一、大众体育设施建设与使用法律完善

1. 大众体育设施建设与使用法律现状

"大众体育运动场地为群众参与大众体育提供了场地，是发展大众体育的重要载体。"❷ 我国高度重视对大众体育设施方面的法制建设，已颁布了一系列的关于大众体育设施建设与使用的法律规范。从基本法律的《体育法》到《公共文化服务保障法》，从行政法规的《全民健身条例》到《公共文化体育设施条例》，以及规范性文件，如《大型体育场馆免费低收费开放补助资金管理办法》（财教〔2014〕54号）等，尤其值得一提的是《公共文化服务保障法》。该法于2017年3月1日生效，其法律位阶较高，由全国人大常委会制定通过，其中包含大众体育设施的建设与使用，对我国大众体育设施的建设与使用具有重要的法律促进意义。

2. 大众体育设施建设与使用法律现状分析

从我国现行的大众体育设施建设与使用的法律可知，对于大众体

---

❶ 如日本颁布的《关于普及振兴体育的基本策略》中就提出了完善公共体育设施为改善大众体育的重点，为此制定了内容比较细致的《日常生活圈体育设施配备标准》《广域生活圈野外活动设施配备注意事项》两个公共体育设施配备的标准。此后，2000年日本出台的体育发展中长期计划即《体育振兴基本计划》将培育综合型社区体育俱乐部作为今后10年改善大众体育环境的重点。这都有力地改善了日本大众体育环境从而促进了大众体育的发展。在英国的"社会投资型"福利政策的指引下，政府就是通过改善大众体育环境提高体育人口来促进本国大众体育的发展，美国也不例外。英国在"社会福利型"国家福利政策指引下为民众提供高质量的服务环境从而促进大众体育的发展。

❷ 刘子华. 我国大众体育运动场地宏观调控的法制完善[J]. 山西政法管理干部学院学报，2011（2）：32.

设施的建设与利用已有最基本的法律规定。如将城市公共体育设施的建设纳入相应的规划之中，同时，鼓励社会力量兴建、捐建或者与政府合建公共文化设施，而根据《公共文化服务保障法》中关于公共文化设施的定义，其中包括体育场（馆）。对于大众体育场（馆）的建设，首次将鼓励社会力量的因素引进，并且以基本法律的形式予以确定，对于拓宽体育场（馆）建设资金的渠道，促进其发展具有重要的意义。在体育场（馆）的利用方面，则明确规定了体育场（馆）应该对外开放，国家鼓励和支持机关、学校、企事业单位的文化体育设施对外开放，并且发布了相应的规范性文件，如《大型体育场馆免费低收费开放补助资金管理办法》（财教〔2014〕54号）等。这将有助于提高体育场（馆）的利用率，满足广大人民群众健身的体育场地的需求。

尽管我国关于大众体育设施建设与使用的法律规范取得了巨大的成就，但仍存在一些不足之处，需要不断完善。如虽然以位阶较高的法律明确了鼓励社会力量兴建、捐建或者与政府合建公共文化设施，但具体的鼓励措施还需要进一步完善等。同时，关于体育场（馆）对外开放，则需要不断完善相关的鼓励措施，从而形成一套全方位的鼓励体育场（馆）对外开放的法律体系等。

3. 大众体育设施建设与使用法律完善对策

针对我国现行大众体育设施方面法律存在的不足之处，根据宏观调控法的基本原理，笔者认为，关于大众体育设施方面的法律完善主要体现在鼓励社会力量进行大众体育设施建设，即鼓励社会力量积极兴建、捐建与政府合建大众体育场（馆）的具体相关的措施；鼓励体育场（馆）对外开放的系统性的相关措施等。

（1）鼓励社会力量进行大众体育设施建设。鼓励社会力量进行大众体育设施建设，我国《公共文化服务保障法》中明确了兴建、捐建、与政府合建三种方式。在社会主义市场经济条件下，这极大地拓宽了大众体育设施建设的资金来源渠道，满足广大人民群众健身的需求。为具体落实鼓励社会力量进行大众体育设施建设，笔者认为，可以在土地的使用、融资、经营过程中的有关补贴、税收优惠等诸多方面给予相应的法律规定，从而通过更加具体的措施来保障鼓励的目的。

（2）体育场（馆）对外开放鼓励措施完善。在不断加强体育场（馆）建设的同时，提高其利用率同样具有重要意义。根据我国体育场馆的类型，以及在实际使用中面临的现实问题，笔者认为，对于大众体育场（馆）对外开放鼓励的法律措施的完善主要体现为以下方面：首先，积极创新大众体育场（馆）的经营模式。积极鼓励自然人、法人和非法人组织通过多种方式参与大众体育场（馆）的日常经营以及管理，制定较为详细的相应的鼓励措施，如经营过程中的有关税收优惠、财政的有关补贴以及对于为大众体育发展做出突出贡献者给予奖励等。其次，针对不同类型的大众体育场（馆）进行相应鼓励开放的法律措施。目前，我国针对大型体育场（馆）对外开放制定了专门的规范性文件《大型体育场馆免费低收费开放补助资金管理办法》（财教〔2014〕54号），这为我国大众体育场（馆）的对外开放进一步完善起到了积极示范作用。因而，在此基础上可以不断地完善和大型体育场馆相对应的中小型体育场（馆）的对外开放相关的法律措施。最后，针对学校所属的体育场馆的对外开放进行专门的法律规定。这主要是因为，对于学校的体育场（馆）而言，其本身要为日常体育教学服务，同时，学校体育场（馆）的对外开放受到教学使用以及更为严格的安全问题等诸多特殊因素的影响。因此，随着我国大众体育场（馆）对外开放的立法经验不断丰富，可以专门制定鼓励学校体育场（馆）对外开放的相应法律，充分发挥学校体育场馆在大众体育发展中的场地支持作用。

总之，通过对大众体育设施的建设与利用的相关法律制度的完善，通过宏观调控的方式，保障我国大众体育设施的建设以及提高其利用率，为我国大众体育的发展提供场地方面的保障。

二、大众体育组织法律完善

1. 大众体育组织法律现状

大众体育组织形式是大众体育发展的一个重要保障,因而,对于大众体育组织的法律保障具有重要意义。目前,我国现行的法律对大众体育组织均有相关的规定,如《体育法》中专设"体育社会团体"一章来规范、鼓励、支持社会团体积极推动体育事业的发展;《全民健身条例》则明确提出推动基层文化体育组织建设,鼓励群众性体育社会组织开展全民健身等。可见,我国规范大众体育组织的法律位阶较高。

2. 大众体育组织法律现状分析

通过对我国现行大众体育组织方面的法律分析可知,我国对大众体育组织的规定的法律位阶较高,如《体育法》。这样高位阶的法律对大众体育组织的规定起到了方向性的作用,将会极大地促进大众体育组织对大众体育发展的作用。同时,必须清醒地认识到,现行法律对大众体育组织的相应的规定具有原则性。因而,需要在不断的实践中完善。

3. 大众体育组织法律完善对策

根据我国现行大众体育组织法律中存在的不足,以《体育发展"十三五"规划》和《全民健身计划(2016~2020年)》等为具体指导,笔者认为,我国大众体育组织法律完善主要体现在以下几个方面。

(1)体育社会组织独立性法律完善。体育社会组织本身在大众体育发展方面具有巨大的优势,然而,由于诸多因素的影响,其应有的功能并未充分发挥出来,根本原因在于体育社会组织并未获得真正的独立地位。因此,我国体育社会组织改革的最终目标是要实现其独立的法人组织地位。从法律完善的角度而言,就是要明确赋予体育社会组织独立的法人资格的地位,明确其本身的权责,依法进行自治。同时,在保障体育社会组织独立性的基础上,政府可以通过对体育社会组织给予一定的财政资金的支持,从而保障其积极发挥组织大众体育活动的功能。

(2)基层大众体育社会组织法律完善。基层大众体育社会组织对于保障广大人民群众参与大众体育具有极其重要的意义。目前,具体包含基层大众体育社会组织建设与完善的主要体现为《关于发挥乡镇综合文化站的功能进一步加强农村体育工作的意见》（体群字〔2010〕128号）。同时，《全民健身计划（2016~2020年）》指出："加强对基层文化体育组织的指导服务，重点培育发展在基层开展体育活动的城乡社区服务类社会组织，鼓励基层文化体育组织依法依规进行登记。"据此，笔者认为，对于基层大众体育社会组织建设的法律完善主要围绕重点培育基层服务类体育社会组织而展开，具体包含的法律措施可以包括以下方面：首先，在资金保障方面，要加大财政资金的支持力度，彩票公益金的投入比例，以及鼓励社会力量资金的捐赠和赞助更加倾斜于基层体育社会组织。其次，积极引导和鼓励社会体育指导员以及专业性的体育人员到基层体育社会组织中充实力量，这样可以大大增强基层体育社会组织的人员力量。最后，制定与完善相关的奖励制度，对于基层体育社会组织工作突出的组织和个人，给予相应的奖励，从而起到积极的示范作用。此外，要建立与完善鼓励基层体育社会组织积极进行登记以及对基层体育社会组织进行指导的相关法律等。

（3）经营性大众体育组织法律完善。在社会主义市场经济体制下，社会力量资金建立的经营性健身俱乐部成为大众体育组织形式的重要组成部分，对满足不同人群的健身需求具有重要意义。因而，需要积极完善相应法律鼓励措施，主要体现为对社会力量资金准入的优惠、在经营体育俱乐部过程中企业融资的优惠、企业的税收优惠以及对发展体育俱乐部有突出贡献的经营性俱乐部进行奖励等；同时，可根据我国《民法总则》中关于非营利法人的相关规定，并借鉴国外在此方面的相关规定，在一定情形下可以将社会力量资金建立的经营性健身俱乐部在法律上定位为非营利性法人，并给予一定的财政资金支持等；此外，"我国体育俱乐部的经营管理人才缺乏，应充分发挥高校和有关社会培训机构的力量来培养此方面的人才，从而促进健身俱乐部的快速、健康、持续地发展。"❶通过政府的

---

❶ 刘子华. 大众体育组织形式宏观调控法律问题研究[J]. 山西经济管理干部学院学报，2013（1）：69.

宏观调控积极引导民营资本进入体育俱乐部的建设，可以满足不同人群的大众体育的消费需求，从而促进大众体育的多样性发展。

总之，通过对大众体育组织的相关法律的保障，在体育社会组织改革的指引下，通过法律方式确认其独立的法人地位，通过宏观调控的方式，促进大众体育组织的建设，尤其是基层体育社会组织的建设以及经营性健身俱乐部的发展等，其最终是要为我国大众体育的发展提供组织上的保障作用。

三、社会体育指导员法律完善

1. 社会体育指导员法律现状

社会体育指导员对提高广大人民群众健身的科学性，保障健身的效果具有重要的意义。因此，我国非常重视对于社会体育指导员法律制度的建设。目前，我国现行法律对于社会体育指导员的规范主要体现为《体育法》《全民健身条例》《社会体育指导员管理办法》等。可见，我国关于社会体育指导员的法律规定，从基本法律的《体育法》到行政法规的《全民健身条例》，以及规章《社会体育指导员管理办法》，形成一个比较完整的关于社会体育指导员的法律规范体系。

2. 社会体育指导员法律现状分析

通过对现行的关于社会体育指导员的法律规范的分析可知，《体育法》中对发展社会体育指导员做出了原则性的规定，如国家实行社会体育指导员技术等级制度；《全民健身条例》中则进一步指出了要加强社会体育指导员的建设，并且明确规定县级以上地方人民政府体育主管部门应免费对社会体育指导员进行培训的鼓励措施等；《社会体育指导员管理办法》则从组织管理、培训教育、工作保障、奖惩处罚等多方面进行了比较详细的规定，这些比较系统的规定尤其是工作保障和奖惩处罚有力地促进了社会体育指导员的发展。但是，随着我国经济社会的发展，大众体育发展水平的不断提高，对社会体育指导员提出更高的要求，因而，需要在实践中去不断完善相应的法律从而保障社会体育指导员的发展。

3. 社会体育指导员法律完善对策

关于社会体育指导员法律的完善，《体育发展"十三五"规划》指出："拓宽社会体育指导员的发展渠道，提升社会体育指导员的技能和综合素质，探索社会体育指导员与人群和项目结合的新模式。"根据我国社会体育指导员的发展现状，以《体育发展"十三五"规划》为指导，社会体育指导员法律完善主要体现以下几个方面：

（1）加大对社会体育指导员的资金投入。《社会体育指导员管理办法》对社会体育指导员的资金保障做了相关规定，从政府的财政资金投入到彩票公益金的使用，以及鼓励社会力量提供经费、捐赠和赞助等。可见，该管理办法对社会体育指导员发展的资金保障做了比较全面的规定。但是，在具体的实施过程中则原则性较强。因此，为了保障社会体育指导员的发展，可以对社会体育指导员的资金投入做比较详细的规定，通过加大对社会体育指导员的资金投入起到保障作用。

（2）拓宽社会体育指导员的发展渠道。目前，我国社会体育指导员资格的获得是通过地方各级体育主管部门、经批准的协会或委托的有关部门经过审查，经培训合格后颁发证书。通过严格的程序规定可以有效地保障社会体育指导员的技能以及素质，对提高大众体育指导的科学性具有重要意义。然而，随着我国大众体育的发展，基层的社会体育指导员的科学指导相对紧张，尤其值得关注的是我国诸多具有悠久传统习俗的健身娱乐方式的推广力度还不够，这严重制约着大众体育的发展。因此，可以专门针对基层以及具有悠久文化传统和民族特色的健身活动的社会体育指导员通过创新的途径与方式授予资格，同时享受普通社会体育指导员的相关保障制度等。通过创新方式可以拓宽社会体育指导员的发展渠道，壮大社会体育指导员的队伍，促进多种形式的大众体育的发展。

（3）提高社会体育指导员的技能与素质。随着我国大众体育的不断发展，广大人民群众的健身意识逐渐增强，对健身的科学性的认识不断提高，这就对社会体育指导员的技能与素质提出了更高的要求。因而，需要不断完善相关的法律制度来保障社会体育指导员的技能与素质。根据我国现行的关于社会体育指导员的法律规定，以及我国大众体育发展的现实，提高社会体育指导员的技能与素质主要从体育主管部门的继续培训的完善以及鼓励社会体育指导员自身不断提高技能与素质两方面入手。在体育主管部门的继续培训完善方面，在原有的培训制度的基础上，可以不断创新培训的内容和方式等。比如，在培训的内容中适当增加有关中华优秀文化的内容，以及现代文化中的法治精神等；在培训的方式上，则可充分利用现代的传播手段进行培训，从而可以提高培训的效率等。在鼓励社会体育指导员自身提高技能与素质方面，则可以通过制定相应的鼓励措施从而提高社会体育指导员自我提升的自觉性。比如，可以在社会体育指导员的相关经费中，拨出一定的比例专门用来鼓励社会体育指导员技能与素质的提高。此外，要注重制定与完善相关的法律吸引体育专业的人员，以及具有较高文化素质的人员积极投身于社会体育指导员的队伍中来，从而为大众体育的发展贡献自身的力量。

（4）创新社会体育指导员的指导方式。社会体育指导员的指导方式对广大人民群众的健身的科学性与有效性具有重要的影响，在拓宽社会体育指导员的发展渠道、提高社会体育指导员的技能与素质的基础上，创新社会体育指导员的指导方式就显得尤为重要。根据我国现行的关于社会体育指导员的法律，以及我国大众体育的发展特点，笔者认为，关于创新社会体育指导员的指导方式的法律完善，主要体现在根据参与大众体育的人群的不同以及项目的不同而进行分别指导。这主要是由于参与大众体育的人群种类较多，并且参与的项目较多的特点所决定的。因而，在社会体育指导员具体指导中，可以根据社会体育指导自身的特点选择具体的大众体育人群或者具体的运动项目，从而可以进行有针对性和比较长期的指导，在条件允许的情形下，可以基本固定社会体育指导员与接受指导的群体与项目，鼓励社会体育指导员坚持指导人群和项目的长期性，有效地提升社会体育指导员本身的专业指导素质，进而提升指导的科学性。

（5）增强对社会体育指导员的补助与奖励。增强对社会体育指导员的补助与奖励对于提高社会体育指导员的积极性具有重要意义。我国现行法律已经对社会体育指导员的补助与奖励做出了相关的规定，如对社会体育指导员工作提供补助经费，以及建立社会体育指导员奖章制度等。这些社会体育指导员的补助与奖励制度对提高社会体育指导员的工作积极性，吸引更多的人才投身于社会体育指导员工作具有重要意义。随着我国大众体育的发展，对社会体育指导员的需求不断增加，笔者认为，对于增强社会体育指导员的补助与奖励的法律完善主要体现在，不断细化有关社会体育指导员补助的相关规定以及地方性的社会体育指导员的奖励制度。具体而言，关于对社会体育指导员的补助则需要根据相关的标准进行适当的细化，这样可以有效调动社会体育工作人员的指导工作，尤其是向基层进行倾斜，不断增强其对基层广大人民群众的指导。同时，应该注重在条件允许的情形下不断扩大设立社会体育指导员公益岗。在奖励方面，参照国家级别的社会体育指导员的奖励制度，可以设置地方级别的社会体育指导员金质奖章、银质奖章和铜质奖章，从而起到更大范围的激励作用。

总之，社会体育指导员对于提高广大人民群众参与健身的科学性具有重大的意义，在我国现行的关于社会体育指导员的法律规定的基础上，从扩大对社会体育指导员的资金的投入、拓展社会体育指导员的发展渠道等诸多方面进行相关法律的完善，对于促进我国大众体育的发展具有重要意义。

第四节　大众体育发展倾斜性保护法律完善

根源于我国经济发展的不平衡性，大众体育的发展从整体上呈现出一种不平衡性。一般而言，我国大众体育发展的不平衡性主要体现为城乡之间、区域之间、群体之间、项目之间的发展不平衡。可见，利用国家宏观调控的手段，对在大众体育发展中处于弱势的一方给予倾斜性法律保护，最终实现大众体育发展的共享发展具有重要意义。

一、大众体育发展倾斜性保护法律的现状

目前，我国现行关于大众体育宏观调控的法律中存在诸多倾斜性保护法律规定。如《体育法》规定的政府应当采取措施对老年人、残疾人等特殊群体参加体育健身活动提供便利等；《全民健身条例》指出"加大对农村地区和城市社区等基层公共体育设施的投入，促进全民健身事业均衡协

调发展","制定全民健身计划和全民健身实施计划,应充分考虑学生、老年人、残疾人和农村居民的特殊需求",等等;《社会体育指导员管理办法》中规定:"各级体育主管部门应当为有关组织开展社会体育指导员工作提供补助经费,并对农村、贫困地区和民族地区予以倾斜。"其他如《关于进一步加强新形势下老年人体育工作的意见》(体群字〔2015〕155号)等。

二、大众体育发展倾斜性保护法律的现状分析

根据对我国现行的大众体育宏观调控法律中倾斜性保护法律规定的分析可知,我国的《体育法》《全民健身条例》《社会体育指导员管理办法》等法律法规中对倾斜性保护均有相关的规定。这些倾斜性保护法律的相关规定,对于促进我国大众体育的均衡发展具有重要意义。但是,在具体的实施过程中,这些倾斜性规定由于本身的原则性较强,影响其倾斜性保护作用的充分发挥。同时,即使有比较具体的相关规定,由于其法律位阶较低,也需要在实践中不断完善。因此,针对这些不足之处,大众体育发展倾斜性保护法律亟待完善。

三、大众体育发展倾斜性保护法律的完善

(一)大众体育发展倾斜性保护法律完善的方向指导

《体育发展"十三五"规划》中指出:"着力推进基本公共体育服务均等化……做到体育发展为了人民……体育发展成果由人民共享。"《全民健身计划(2016~2020年)》指出:"着力推动基本公共体育服务均等化和重点人群、项目发展。……推动基本公共体育服务向农村延伸,以乡镇、农村社区为重点促进基本公共体育服务均等化。……重点扶持革命老区、民族地区、边疆地区、贫困地区发展全民健身事业。"可见,《体育发展"十三五"规划》以及《全民健身计划(2016~2020年)》中的相关规定为我国大众体育发展倾斜性保护法律完善提供了基本方向指导。

(二)大众体育发展倾斜性保护法律完善的基本内容

对大众体育发展倾斜性保护法律的完善,展现了大众体育宏观调控法

律的实质正义的理念。根据《体育发展"十三五"规划》以及《全民健身计划（2016~2020年）》中为我国大众体育发展倾斜性保护法律完善提供的基本指导方向，结合我国大众体育发展本身的特点，笔者认为，我国大众体育倾斜性保护法律完善的基本内容主要包括对特殊区域、农村、特殊人群、重点项目的倾斜性保护法律的完善。

（三）大众体育发展倾斜性保护法律完善的具体内容

1. 特殊区域大众体育发展倾斜性保护法律完善

在大众体育发展中，特殊区域指的是《体育发展"十三五"规划》中指出的革命老区、民族地区、边疆地区、贫困地区。由于地理、历史、经济等诸多因素的影响，这些特殊区域的大众体育发展相对落后。这严重制约着我国大众体育的均衡发展，因此，通过对特殊区域大众体育发展倾斜性保护法律的完善从而实现大众体育的均衡发展具有重要意义。

目前，我国关于特殊区域大众体育发展的倾斜性保护的法律规范中，《体育法》中有相关的规定，但呈现出较强的原则性。因而，针对我国现行关于特殊区域大众体育发展的倾斜性保护的不足，根据特殊区域大众体育发展的基本特点，笔者认为，我国特殊区域大众体育发展的倾斜性保护法律的完善主要体现在针对特殊区域的大众体育发展制定专门的促进性法律。通过专门的促进性法律来制定一系列促进特殊区域大众体育发展的制度，如制定相应的发展规划；加大财政资金的投入以及彩票公益金投入的倾斜，积极鼓励社会力量参与及其相关的配套鼓励措施；尤其值得注意的是，在制定相关的倾斜性保护的法律措施时，要充分地结合特殊区域发展大众体育的特色优势，走特色发展的道路，如在民族地区要注重充分地挖掘具有民族特点的大众体育项目等。

总之，通过特殊区域大众体育发展的倾斜性保护法律完善，以期促进我国革命老区、民族地区、边疆地区、贫困地区大众体育的发展水平，进而实现我国大众体育领域的共享发展。

2. 农村大众体育发展倾斜性保护法律完善

由于诸多因素的影响，我国城市与农村经济发展差异较大，经济从整体上呈现出城乡的二元结构。经济上的相对落后，导致农村的大众体育发展水平低于城市，这严重影响了广大农村人口参与大众体育的程度。因而，对农村大众体育发展倾斜性保护具有重要意义。

目前，我国关于农村大众体育发展倾斜性保护的法律规范中，《全民健身条例》指出要加大对农村地区等基层公共体育设施建设的投入；《关于发挥乡镇综合文化站的功能进一步加强农村体育工作的意见》（体群字〔2010〕128号）则是从发挥乡镇综合文化站的功能的角度来加强农村体育的发展。可见，关于农村大众体育发展倾斜性保护的法律之中，既有原则性规定，也存在相对比较细致的规范性文件，但是，仍然需要完善农村大众体育发展倾斜性保护的法律。笔者认为，在条件成熟的条件下，可以专门制定我国农村大众体育发展倾斜性保护促进性法律，从而设计出适合我国国情的一系列的保障农村大众体育发展的法律措施。具体体现为制定相应的农村大众体育发展规划；加大财政资金的投入以及彩票公益金向农村倾斜，积极完善农村体育设施以及农村基层文化体育组织，加强农村社会体育指导员的建设；此外需要特别指出的是，农村的广大人民群众的健身由于特有的环境和生产生活的状况而有其特点，因而，在完善农村大众体育发展倾斜性保护法律时要与农村大众体育发展的具体特点相结合，注重其适用性等。

总之，通过对农村大众体育发展倾斜性保护法律的完善，最终实现城市与农村基本公共体育服务均等化，从而有力地保障广大农村人口的健身需求。

3. 特殊人群大众体育发展倾斜性保护法律完善

一般而言，在大众体育发展领域，特殊人群是指在大众体育发展中处于弱势的社会群体，如青少年、老年人、残疾人、妇女等。对于特殊群体的大众体育发展进行倾斜性保护，体现了大众体育宏观调控法律的实质正义的理念，对于保障特殊人群健身权利的实现具有重要意义。

目前，我国关于大众体育宏观调控的法律中已存在诸多关于特殊人群大众体育发展的倾斜性保护的法律规范。如《体育法》中对老年人、残疾人健身活动的倾斜性保护作出了原则性规定，并且对学校体育作出了专门规定。此外，还有一系列专门针对具体特殊人群的规范性文件，诸如《关于进一步加强老年文化建设的意见》（全国老龄办发〔2012〕60号）、《关于进一步加强新形势下老年人体育工作的意见》（体群字〔2015〕155号）、《中央集中彩票公益金资助青少年体育活动管理办法（试行）》（2017年4月24日由体育总局办公厅发布）。可见，对于特殊人群的倾斜性保护的法律规定，既有原则的规定，也有针对具体特殊人群的相关规定。但是，仍存在不足之处，如具体特殊人群的倾斜性保护的法律规范还不够系统与完善。因此，笔者认为，关于大众体育特殊人群倾斜性保护法律的完善主要体现在针对具体的特殊人群，如青少年、老年人、残疾人、妇女等，进行具有针对性的相关法律完善。具体体现为制定各类特殊人群相应的发展规划，如《青少年体育"十三五"规划》就是典型的代表；加大财政资金的投入力度以及彩票公益金的倾斜性支持，以及鼓励社会力量对特殊人群的捐赠与赞助等；同时，要根据不同特点的特殊人群在体育设备、运动类型、运动指导等方面进行具有针对性的保障性法律完善；尤其需要注意的是，特殊人群的健身活动与其相关权利的保护密切联系，因而，在对特殊人群大众体育发展的倾斜性法律完善时要注意与相关的保护特殊人群利益的部门进行协作，从而提高相关法律制度的科学性以及效率性。

总之，通过对青少年、老年人、残疾人、妇女等特殊人群的大众体育发展倾斜性保护法律的完善，可以有效地保护特殊人群的健身权利，真正落实大众体育宏观调控法律的实质正义理念，达到大众体育领域不同群体间的共享发展。

4. 重点项目大众体育发展倾斜性保护法律完善

重点项目大众体育发展对整个大众体育的发展具有重要的引领作用，因而，通过重点项目大众体育发展的倾斜性保护法律的完善具有重要的意义。《全民健身计划（2016~2020年）》指出重点项目包括足球运动和冰雪运动，并且制定出了相应的鼓励措施。

目前，我国关于重点项目的足球运动和冰雪运动已制定了一系列相关的规划。如《中国足球中长期发展规划（2016~2050年）》《全国足球场地设施建设规划（2016~2020年）》《冰雪运动发展规划（2016~2025

年)》《全国冰雪场地设施建设规划(2016~2022年)》等。这些相关的发展规划对于足球运动和冰雪运动的发展起到引导和保障作用。然而,具体相关的法律比较缺乏。因而,笔者认为,我国重点项目大众体育发展倾斜性保护法律完善主要体现在以我国足球运动和冰雪运动相关的发展规划为指导,具体制定相应的保障性法律。具体而言,主要体现为投入资金的保障性法律制度完善,无论是加大财政性资金的投入,还是积极鼓励社会资金的进入等都具有重要意义;有关金融、土地、税收等方面的法律制度的完善,如在风险可控的范围内积极创新金融的方式来积极支持重点项目的发展等;其他的相关保障性法律制度的完善,如鼓励校园足球发展的相关法律等。

总之,通过对重点项目的足球运动和冰雪运动的大众体育发展的倾斜性保护法律的完善,有力地推动足球运动和冰雪运动的发展,实现这两项运动在大众体育发展中的引领作用,最终提升我国大众体育的发展水平。

第五节 大众体育产业促进法律完善

随着我国社会主义市场经济的不断发展,广大人民群众的消费水平普遍提高,对健身提出了更高的个性化需求,大众体育发展的市场化与产业化成为一种必然趋势。尤其是在全民健身上升为国家战略的背景下,大众体育产业化更具有重要意义。我国大众体育产业发展面临重要的机遇,同样存在诸多的问题需要去解决。正如,《关于加快发展健身休闲产业的指导意见》(国办发〔2016〕77号)指出:"目前健身休闲产业总体规模不大、产业结构失衡,还存在有效供给不足、大众消费激发不够、基础设施建设滞后、器材装备制造落后、体制机制不活等问题。"由此可知,通过宏观调控的方式促进大众体育产业的发展是大众体育发展的一个重要内容,大众体育产业促进法律完善的意义不言而喻。

一、大众体育产业促进法律现状

目前，我国现行的关于大众体育的法律之中已包含大众体育产业方面的相关规定。如《全民健身条例》指出："国家支持、鼓励、推动与人民群众生活水平相适应的体育消费以及体育产业的发展。"这充分体现了国家对大众体育产业发展的促进的立法宗旨。除了《全民健身条例》中的相关规定外，我国还发布了一系列关于大众体育产业促进性的规范性文件，如《关于加快发展体育产业促进体育消费的若干意见》（国发〔2014〕46号），以及专门针对大众体育产业发展的《关于加快发展健身休闲产业的指导意见》（国办发〔2016〕77号）等。由此可见，我国目前关于大众体育产业促进法律主要体现为《全民健身条例》以及相关的规范性文件。

二、大众体育产业促进法律现状分析

通过对我国大众体育产业促进法律的现状进行分析可知，《全民健身条例》中有关大众体育产业的相关规定，以及相关的规范性文件对大众体育产业的规定，都为我国大众体育产业化的发展起到了积极的促进作用。但是，《全民健身条例》中关于鼓励与促进大众体育产业的规定仅仅是一种原则性的体现，因而，在具体的实施中需要进一步完善，从而能够更加有力地促进大众体育产业的发展。同时，有关促进大众体育产业发展的规范性文件，尽管对大众体育产业的发展起到了极大促进作用，但仍然需要在不断的实践过程中把比较成熟的相关内容上升到法律的高度，从而更加有力地促进大众体育产业的发展。可见，通过对我国大众体育产业促进法律的分析可知，需要在原有的原则性立法的基础上不断细化，并且对规范性文件不断提炼进而上升为法律的形式。

三、大众体育产业促进法律完善

（一）大众体育产业促进法律完善的指导

加强对大众体育产业促进法律完善的指导，可以保障大众体育产业促进法律的科学性和效率性。根据我国的国情，并结合我国大众体育发展的实际状况，大众体育产业促进法律完善的指导主要体现在体育产业发展的规划中。如《体育产业发展"十三五"规划》中对体育产业发展总体要求、主要任务、主要措施等多方面的规定，对我国大众体育产业促进法律的完善具有重要的指导作用。同时，关于大众体育产业发展的相关规范性文件，如《关于加快发展体育产业促进体育消费的若干意见》（国发〔2014〕46号）、《关于加快发展健身休闲产业的指导意见》（国办发〔2016〕77号）等，同样对大众体育产业发展促进法律的完善具有指导作用。

（二）大众体育产业促进法律完善的基本原则

大众体育产业促进法律完善的基本原则贯穿于大众体育产业法律完善的全过程，对大众体育产业促进法律完善具有重要的指导作用。针对我国大众体育产业法律的现状，结合我国大众体育产业的发展特点，以大众体育产业规划为指导，笔者认为，我国大众体育产业法律完善的基本原则包括市场决定性原则、积极发挥政府作用原则、统筹协调原则等。

（1）市场决定性原则。市场在资源配置中起决定性作用，积极构建我国统一、开放、竞争有序的体育市场体系，充分发挥市场机制的作用，从而真正实现发挥市场的决定性作用，增强市场的活力。由于我国由传统的计划经济向市场经济转轨，因而，市场发展不充分是一个比较普遍的现象，大众体育市场也不例外。从大众体育宏观的视角，市场决定性原则主要体现在政府要积极转变职能，改变以往对市场的直接干预为对市场的宏观调控。具体而言，就是要求通过相关法律的完善对政府的职权进行严格规范，避免政府对大众体育市场进行直接干预。

（2）积极发挥政府作用原则。市场在资源配置中起决定性的作用是市场经济发展的必然要求，但是，政府并不是无所作为的，相反，政府要充分发挥宏观调控的作用。尤其是对于我国大众体育市场发展不充分的具体国情，积极发挥政府的宏观调控作用就显得尤为重要。政府的宏观调控作用主要体现为：制定大众体育产业化的发展规划、吸引社会资金积极投入大众体育发展领域、优化大众体育产业结构和布局、积极引导大众体育消费、加强有关大众体育产业发展的人才保障等。由此可见，在大众体育产业促进法律完善过程中要坚持积极发挥政府作用的原则。

（3）统筹协调原则。大众体育产业化的发展是市场经济发展的必然要求。随着我国社会主义市场经济的发展，广大人民群众生活水平的提高以及健身意识的增强，必然会对健身提出更高要求。因而，为了满足广大人民群众对健身的更高需求，市场主体必然会积极投身于健身市场，从而在社会主义市场经济条件下满足人们的不同需求。但是，大众体育发展的根本目的，是要增强广大人民群众的体质，使广大人民群众能够身心健康，获得幸福感。因而，在大众体育产业发展过程中绝不能背离根本目的，而一味地追求大众体育产业经济利益。可见，在大众体育产业促进法律完善中要坚持统筹协调原则，使大众体育事业与大众体育产业协调发展。

（三）大众体育产业促进法律完善的主要内容

大众体育产业促进法律的完善涉及多方面的内容，如市场主体的多元化培育、良好市场秩序的构建、产业结构的调整与布局，体育场馆的建设与经营等市场供给、消费观念的引导、规划，以及其他相关宏观调控保障措施完善等。笔者认为，从宏观调控的视角，大众体育产业促进法律完善的主要内容包括产业结构的调整与布局、消费氛围的营造、规划及其他相关宏观调控保障措施的完善等。

1. 产业结构的调整与布局

合理的产业结构以及产业布局对大众体育产业的良性发展具有重要的促进作用，因而，对大众体育产业结构调整与布局进行优化具有必要性。针对我国大众体育产业发展仍处于起步阶段，结合我国的具体国情，以大众体育产业的相关政策为引导，笔者认为，我国大众体育产业结构的调整与布局的法律完善主要体现为优化产业结构与产业合理布局。

关于优化产业结构。在大众体育产业的诸多种类之中，优化大众体育服务业、器材装备制造业以及其他相关产业之间的结构，积极引导资金投入服务业领域，从而提高服务业在整个大众体育产业中的比重；制定具体的相关鼓励措施，如采取对经营状况良好的健身俱乐部、相关大众体育活动等的奖励以及其他的具体鼓励措施，从而保障健身精品工程的有效实施；同时，要积极鼓励大众体育相关产业的发展，如大众体育旅游、大众体育贸易等。

关于产业合理布局。我国幅员辽阔，区域特点比较明显，无论是地理条件还是人文景观，大众体育的发展呈现出鲜明的地域特色，大众体育产业的布局要充分地发挥地域优势，打造具有地域特点的大众体育产业，同时，积极推动区域之间产业的互补与互动。从宏观调控的角度而言，要制定相应的措施鼓励地方根据自身的地理环境、人文资源具体特点，发展具有地方特色的大众体育产业等。

2. 消费氛围的营造

大众体育产业是一种新兴的产业，是伴随着广大人民群众生活水平的提高而对健身产生更高的需求的基础上产生的。作为一种新兴的产业，营造一种积极的消费气氛对大众体育产业的发展具有重要意义。笔者认为，关于大众体育产业消费氛围的营造主要体现在消费观念的引导、消费行为的促进、消费潜力的挖掘等。

（1）关于消费观念的引导。消费观念是消费者对某种消费的一种认知，引导正确的消费观念具有重要的意义。尤其对于大众体育消费这种新兴产业的消费而言，更具有重要的意义，主要是由于大多数人对大众体育的认知存在误区。因此，需要对大众体育消费观念进行积极的引导，最根本的在于广泛宣传大众体育，增强广大人民群众对大众体育认识的科学性。笔者认为，在加强大众体育宣传方面要认真落实国家机关"谁执法谁普法"的普法责任，同时，要不断完善社会体育指导员和广大大众体育志愿者进行宣传的相关促进制度，以及在进行宣传的过程中要积极利用先进的传播手段，例如手机应用程序等。

（2）关于消费行为的促进。在消费行为的促进方面，主要体现在制定一系列的鼓励性措施，从而促进广大人民群众积极进行大众体育消费。笔者认为，鼓励广大人民群众积极进行大众体育消费的具体措施主要可体现为：通过向大众体育先进的个人或者组织发放健身券等有关奖励措施，积极引导大众体育消费；完善相关制度使得金融机构与大众体育休闲产业合作，实现有关消费的折扣；完善有关保险制度，创新险种，从而保护大众体育消费中的安全性等。

（3）关于消费潜力的挖掘。大众体育消费潜力的挖掘是一个涉及多方面的问题，根据大众体育产业发展本身的特点，笔者认为主要体现在不断挖掘大众体育产业的项目，尤其是具有悠久文化传统和少数民族习俗的大众项目等，这样大大地激发广大人民群众去积极消费；完善相关大众体育的锻炼标准、业余赛事等级标准、场馆的免费对外开放或者低收费开放的具体制度；针对大众体育的不同群体，完善大众体育技能的培训制度，从而提高大众体育不同人群的运动能力等。

3. 规划及其他相关宏观调控保障措施的完善

规划及其他相关宏观调控保障措施的完善对大众体育产业法律完善具有重要的保障作用。笔者认为，关于规划及其他相关宏观调控保障措施的完善的内容主要体现在大众体育产业发展规划的科学制定、拓宽资金投入渠道制度的完善、税收金融土地制度的完善、相关人才的培养等。

（1）关于大众体育产业发展规划的科学制定。大众体育产业发展规划在大众体育产业发展中具有重要作用，比如制定大众体育产业的发展目标、保障措施等。因而，在全国性的体育产业发展规划的基础上，各地要根据本地的具体情况把大众体育产业规划纳入体育产业发展规划之中，在大众体育产业比较发达的地方，条件成熟时可以单独制定大众体育产业发展规划。在此需要明确指出的是，关于大众体育产业发展规划的制定必须符合相关法律的要求。

（2）关于拓宽资金投入渠道制度的完善。拓宽大众体育产业发展资金投入的渠道有利于吸引大众资金投入大众体育产业领域从而促进大众体育产业的发展。根据我国大众体育产业资金投入的现状，以现有的关于大众体育产业发展的有关政策为指导，笔者认为，拓宽资金投入渠道制度的完善主要包括以下内容：对于社会资金而言，鼓励社会力量积极参与到大众体育产业中来，完善相应的具体激励措施鼓励社会资本以市场化方式设立大众体育产业发展投资基金，以及社会资本与政府合作等；对于政府而言，则需要不断完善政府购买公共体育服务的相关法律制度，以及创新政府奖励方式,如发放健身券等方式,积极引导大众体育产业的发展;对于彩票公益金而言,则需要完善彩票公益金的使用的相关制度,加强彩票公益金对大众体育产业的支持等。

(3)关于税收金融土地制度的完善。大众体育产业促进法律制度的完善离不开相关的税收、金融以及土地相关制度的完善。根据我国现行的税收、金融以及土地等相关法律制度,结合大众体育产业的具体特点,笔者认为,关于税收、金融以及土地制度的完善主要包括以下方面:关于税收,在现行的税收优惠制度的基础上,针对投身于大众体育产业的企业可以进行税收方面的进一步优惠的制度创新。因为大众体育产业的发展本身就承载着一定的发展大众体育的功能,通过税收优惠积极吸引社会力量投身于该产业具有重要的意义。关于金融,在风险可控的范围内,积极创新扶持大众体育产业发展的金融种类,加大对从事大众体育产业的企业的金融支持力度,从而使得企业能够具有一个良好的金融融资环境。关于土地,通过相关土地法律制度的完善,要保证大众体育产业发展的用地的需求,并且不断创新土地相关的法律制度,创建具有我国特点的土地利用法律制度,如完善相关法律制度,鼓励农村集体经济组织以土地使用权入股等方式积极投入大众体育产业等。

(4)关于相关人才的培养。大众体育产业的发展需要大量的专业技术、运营管理等多方面的人才保障。根据我国大众体育相关人才的特点,结合大众体育产业发展的阶段,笔者认为,我国大众体育产业发展相关人才的培养制度的完善主要体现在以下方面:加大高等学校对大众体育产业方面的学生的培养力度,使学生具备专业技术,并积极推进校企合作,从而在具体实践中培养学生的综合能力;积极完善相关的具体的鼓励措施,吸引专业的教练以及成绩优异的运动员积极投身于大众体育产业,以及虽然并非具有专业知识但热爱大众体育且具有丰富的经营管理经验的人才等;提高社会体育指导员的综合素质,尤其是对于具有较强的专业技术技能的指导员,要充分发挥其专业指导的作用等。

总之,大众体育产业促进法律的完善涉及大众体育产业发展的诸多方面。从宏观调控的角度而言,大众体育产业促进法律的完善主要涉及产业结构的调整与布局、消费氛围的营造、规划及其他相关宏观调控保障措施的完善等。通过这几个方面的相关法律制度的完善，以期能够有效促进大众体育产业的发展。

第十章　大众体育宏观调控法制环境的营造

第一节　大众体育宏观调控相关法制的完善

为保障大众体育宏观调控法律制度的实施，与大众体育宏观调控法制有着密切关系的相关法制的完善同样有着极其重要的意义。一般而言，根据我国大众体育宏观调控的具体情况，以及我国宏观调控法律制度的现状，大众体育宏观调控相关法制的完善主要体现为大众体育宏观调控相关规划与相应政策的法制化问题。

一、大众体育宏观调控规划法制化的完善

（一）大众体育宏观调控规划的现状

按照我国宏观调控的特点，规划在整个宏观调控中处于"龙头"的地位，这突出地体现为我国的国民经济与社会发展规划。同样，大众体育宏观调控规划在大众体育宏观调控中起到了统领的作用。目前，我国现行的关于大众体育宏观调控的规划主要包括《体育发展"十三五"规划》《体育产业发展"十三五"规划》《全民健身计划（2016～2020年）》《青少年体育"十三五"规划》《群众冬季运动推广普及计划（2106～2020年）》《冰雪运动发展规划（2016～2025年）》《中国足球中长期发展规划（2016～2050年）》等。

（二）大众体育宏观调控规划的现状分析

通过对我国大众体育宏观调控规划的现状分析可知，我国大众体育宏观调控规划取得了巨大的成就，不仅具有整体上的规划，也存在专门的规划，同时还具有有关具体项目的规划。这使得大众体育宏观调控具有比较

系统的规划,从而为大众体育发展起到引领的作用。但是,必须认识到,目前,关于宏观调控"龙头"的规划并没有专门相对应的法律规范,其涉及一系列的问题,如规划的执行保障、违反规划的具体责任等问题。

(三)大众体育宏观调控规划法制化的完善

目前,在我国宏观调控领域尽管规划并未形成一个独立的部门法律,但在具体的实施中具有法律效力,一般称为"准法律"或者"软法"。正如颜运秋教授所言:"制定和实施'规划'这样复杂、影响深远的重大社会活动,理应把'规划'从编制、审议到实施、调整、监督等各个环节纳入法治轨道。"[1] 针对我国大众体育宏观调控规划中存在的不足,依据宏观调控法的基本理论,笔者认为,关于大众体育宏观调控规划法制化的完善主要体现在规划制定主体法定化、制定程序法定化、执行的法律化、可诉性的法律化、法律责任的明确化等。

(1)制定主体法定化。制定主体法定化,就是要求制定大众体育宏观调控规划的主体必须是法律明确规定的。如《全民健身条例》中明确规定国务院制订全民健身计划,如我国现行的《全民健身计划(2016~2020年)》,县级以上地方人民政府制订全民健身实施计划。这充分说明规划的主体由法律明确规定。同时,由于在我国大众体育宏观调控规划中出现了许多专项的规划,进而使得规划更加细致。因而,针对专项的规划等制定的主体需要明确的法律规定。

(2)制定程序法定化。制定程序法定化,就是要求大众体育宏观调控规划在制定的过程中要符合法定的制定程序。正如《中共中央关于全面推进依法治国若干重大问题的决定》中指出:"把公众参与、专家论证、风险评估、合法性审查、集体讨论决定确定为重大行政决策法定程序,确保决策制度科学、程序正当、过程公开、责任明确。"因而,在大众体育宏观调控规划的制定程序中要积极引进公众参与、专家论证、风险评估等程序,并且使之法定化,进而提高其科学性。从整体的角度而言,使大众体育宏观调控规划从提出、审议、制定、出台等程序有一个明确的法律规

---

[1] 颜运秋,范爽. 法理学视野下的中国经济规划[J]. 法治研究,2010(3):14.

定，是其合法性认定的一个重要标准。

（3）执行的法律化。执行的法律化，就其根本而言就是要求大众体育宏观调控规划的内容的执行过程中具有法律的保障，这样才能真正落实规划的内容，实现宏观调控的目标。关于执行的法律化，则需要在大众体育宏观调控规划的指引下，制定或完善相应的政策，以及制定与完善相应的法律，从而保障规划的落实。具体而言，大众体育宏观调控规划的执行要求具体的政策落实，如宏观调控的财政、金融、土地、价格等方面的政策的落实，以及其他的相关激励政策的落实；而关于相关法律的制定与完善，则对规划执行的法制化同样具有重要意义，如《全民健身计划（2016~2020年）》指出："推动在《中华人民共和国体育法》修订过程中进一步完善全民健身的相关内容，依法保障公民的体育健身权利。"

（4）可诉性的法律化。可诉性的法律化，要求大众体育宏观调控规划具有法律规定的可诉性。可诉性是法律的一个重要特征，是保障当事人权利的一种重要方式。正如董玉明教授所言："体育事业发展规划也属于国家政策的一种，并且，体育事业发展规划涉及公民的权益，所以，作为非正式法律渊源，理应对其可诉性问题予以规定。"[1] 因而，关于大众体育宏观调控的规划的可诉性需要法律明确给予规定，这样有助于维护广大人民群众的健身权利，从而对大众体育宏观调控的规划的制定、执行起到重要的督促作用。

（5）法律责任的明确化。法律责任的明确化，要求通过法律确定具体明确的法律责任，从而使得违反法律的行为主体承担相应的责任。大众体育宏观调控规划的法律责任的明确化对于保障大众体育宏观调控规划的实施具有重要的作用，能够使得在相关主体违反大众体育宏观调控规划时承担相应的法律责任。这大大加强了规划执行上的法律责任角度的保障。

总之，通过对大众体育宏观调控规划的制定主体法定化、制定程序法定化、执行的法律化、可诉性的法律性、法律责任的明确化以期实现其法

---

[1] 董玉明，李冰强，等. 宏观调控视野下的体育政策法规理论与实践问题研究[M]. 北京：法律出版社，2012：148.

制化的完善,从而保障大众体育宏观调控规划制定的科学落实,从而发挥其在大众体育宏观调控中的指引作用。

二、大众体育宏观调控政策法制化的完善

(一)大众体育宏观调控政策的现状

大众体育宏观调控政策对于落实大众体育宏观调控规划,促进大众体育发展具有重要作用。大众体育宏观调控政策主要体现为党的政策、政府的政策,以及党和政府联合制定的政策。目前,我国已经制定了一系列关于大众体育宏观调控的政策,主要体现为《关于进一步加强用于全民健身的体育彩票公益金使用管理的通知》(体群字〔2004〕106号)、《关于发挥乡镇综合文化站的功能进一步加强农村体育工作的意见》(体群字〔2010〕128号)、《关于加快发展体育产业促进体育消费的若干意见》(国办发〔2014〕46号)、《关于加强和改进群众体育工作的意见》(体群字〔2014〕135号)、《关于进一步加强新形势下老年人体育工作的意见》(体群字〔2015〕155号)、《关于加快发展健身休闲产业的指导意见》(国办发〔2016〕77号)、《县级全民健身中心项目实施办法》(体群字〔2016〕112号)等。

(二)大众体育宏观调控政策的现状分析

通过对我国现行的大众体育宏观调控政策的分析可知,我国围绕促进大众体育发展制定了一系列的政策,从关于大众体育整体发展的规定到具体的大众体育的多个方面,如彩票公益金的使用、基层大众体育的发展、特殊人群健身权利的保护、大众体育产业化的促进等。这些相关政策的制定有力地促进了大众体育的发展。尽管政策与法律有着密切的关系,正如肖金明教授所言:"从某种意义上讲,政策与法律只有一步之遥。"[1] 但政策和法律相比,在制定的程序、可诉性、具体的落实、相关责任等方面仍需要不断地去完善。

---

[1] 肖金明. 为全面法治重构政策与法律关系[J]. 中国行政管理, 2013(5): 39.

（三）大众体育宏观调控政策法制化的完善

鉴于大众体育宏观调控政策在大众体育宏观调控中的重要作用，以及大众体育政策存在的不足之处，在全面推进依法治国的背景下，笔者认为，我国大众体育宏观调控政策法制化的完善主要体现在政策制定程序的法定化、政策实施的法定化、违反政策法律责任的明确化等方面。

（1）政策制定程序的法定化。大众体育宏观调控政策对大众体育的发展具有重要的作用，对广大人民群众的健身权利的实现具有重要意义。为了保障大众体育宏观调控政策的科学性与民主性，其制定程序的法定化具有重要的保障作用。政策制定程序的法定化，尤其是要把公众参与、专家论证、风险评估等纳入政策的制定程序之中并且实现法定化。从而，从政策制定程序的法制化来实现政策的法制化。

（2）政策实施的法定化。大众体育宏观调控政策的制定是前提，其具体的实施对于大众体育宏观调控具有重要意义。大众体育宏观调控政策实施的法定化主要体现在政策实施保障制度的法定化以及相关监督制度的法定化。通过对相应政策实施有关保障制度的具体的法定化，如相应的财税、金融、价格等调控手段的法定化，从而保障政策目标的实现；对于大众体育宏观调控政策实施的监督则主要体现在完善多种途径的监督制度，如政府监督制度、审计监督制度、媒体以及社会团体等社会监督制度，从而通过法制化的监督方式来保障大众体育政策的实施。

（3）违反政策法律责任的明确化。一般而言，相对于法律的明确的责任规定性，政策则没有明确的法律责任。这充分反映出政策在明确法律规定方面的不足，因而，在大众体育宏观调控政策的法制完善中需要明确规定违反政策的法律责任。这样可以通过明确的法律责任来对违反政策的行为进行相应的法律制裁，从而增强政策的强制力。

总之，通过政策制定程序的法定化、政策实施的法定化以及违反政策法律责任的明确化等方面的完善，以期对大众体育宏观调控政策法制化进行完善，从而有力地促进我国大众体育的发展。

第二节　大众体育宏观调控守法意识的增强

《中共中央关于推进全面依法治国若干重大问题的决定》指出："必须弘扬社会主义法治精神，建设社会主义法治文化，增强全社会厉行法治的积极性和主动性，形成守法光荣、违法可耻的社会氛围，使全体人民都成为社会主义法治的忠实崇尚者、自觉遵守者、坚定捍卫者。"可见，守法意识对法治建设具有重大意义。在大众体育宏观调控法治领域，增强广大人民群众的大众体育宏观调控守法意识对于大众体育宏观调控法律目标的实现，维护广大人民群众的健身权利，实现全民健身的国家战略具有重要的意义。以《中共中央关于推进全面依法治国若干重大问题的决定》中关于守法方面的要求为指导，结合我国大众体育宏观调控发展的具体情况，笔者认为，大众体育宏观调控守法意识的增强，主要体现在大众体育宏观调控法制宣传制度的完善、守法激励制度的完善以及违法惩戒机制的完善等。

一、宣传制度的完善

对大众体育法制进行广泛的宣传可以增强广大人民群众的大众体育法制意识，从而激发其参与大众体育的热情。国际组织和发达国家非常重视对大众体育法制的宣传。❶我国也高度重视关于大众体育法制宣传制度的建设，如《全民健身条例》中确立了全民健身日，并且明确规定了在全民

---

❶ 如1964年《国际运动与体育理事会》提出"每个人都有体育运动的权利"，1996年第六届世界群众大会的《汉城宣言》和2000年第八届世界群众大会的《魁北克2000年宣言》号召世界为完善大众体育政策行动起来。同时，发达国家非常重视把大众体育的法制内容浓缩成简洁的语言进行宣传，如日本的"终身体育"、法国的"保护心脏"、德国的"有氧运动—130"等。这些简洁的宣传口号把国家的大众体育法制思想进行了有力的宣传，使大众体育发展调控有了良好的群众基础。同时，发达国家还建立起比较完善的宣传制度，如美国建立了多层次的大众体育宣传体系，不仅政府参与宣传，企业和个人也参与其中，构建了一个多方位的宣传网络，提高了民众的大众体育意识。

健身日采取的有关宣传的措施，如县级以上人民政府及其有关部门应当加强宣传等。随着我国大众体育的不断发展，广大人民群众对健身要求的不断提高，需要不断完善相应的法律宣传制度。以我国现行的大众体育宣传制度为基础，以全面推进依法治国的基本思想为指导，笔者认为，我国大众体育宣传制度的完善主要体现在政府宣传制度完善、体育社会组织宣传制度完善、社会体育指导员以及广大志愿者宣传制度完善等。

（1）政府宣传制度完善。在大众体育宏观调控领域，政府宣传制度完善主要体现为政府及其体育行政部门，以及相关的行政部门对大众体育宣传的相关制度的完善。根据国家机关"谁执法谁普法"的普法责任制的要求，在大众体育宏观调控中，宏观调控的具体执行机关，如各级体育行政部门以及相关部门，需要结合本地具体的实际情况制定相应的宣传制度，主要包括宣传的主体、内容、方式、保障措施以及相关责任等。这样通过比较细致的宣传的法律制度的完善，尤其是设定相关的法律责任，可以有效地保障政府对大众体育的宣传。

（2）体育社会组织宣传制度完善。体育社会组织在大众体育宏观调控中起着非常重要的作用，尤其可以凭借其独特的优势，如单项协会的相对专业的技术支持等。随着我国体育社会组织改革的不断深化，体育社会组织最终将与政府分离，以独立的法人资格来从事活动，同时，政府要通过多种方式加强对其监管。从体育社会组织关于大众体育宣传制度完善角度而言，法律必须明确授予体育社会组织关于大众体育宣传的职权，同时，对体育社会组织宣传的具体内容、宣传的方式、宣传的鼓励措施以及相关的法律责任做出比较明确的规定，这样有利于充分发挥体育社会组织的优势，提高群众大众体育宣传的效率。

（3）社会体育指导员宣传制度完善。社会体育指导员在指导广大人民群众健身活动中具有重要的作用，其主要是通过专业的知识来保障广大人民群众健身的科学性，可见，充分发挥社会体育指导员的专业优势从而提高宣传的力度具有重大意义。尽管关于社会体育指导员有专门的法律规定，但具体关于社会体育指导员宣传制度的规定则较少。因此，为了强化社会体育指导员的宣传作用，笔者认为，在社会体育指导员宣传制度完善方面，首先，要明确社会体育指导员对大众体育进行宣传的义务。这是社会体育指导员进行宣传的前提与基础。其次，设立社会体育指导员宣传的保障与鼓励制度。通过相应的资金补贴等多种保障与鼓励方式，调动社会体育指导员的宣传积极性，尤其是对边远地区、贫困地区等的大众体育宣传。最后，明确相应的法律责任。要明确违反社会体育指导员宣传义务应承担相应的法律责任，这样对于违反相关法律义务的行为主体则具有制裁的作用。

（4）广大志愿者宣传制度完善。在大众体育宏观调控中，广大志愿者的积极参与起到了重要的作用，其利用自身的技能为大众体育的发展做出贡献。但仅凭广大志愿者的一腔热情，无法充分发挥其作用，因而，相关法律制度的建立与完善具有重要意义。就广大志愿者宣传制度的完善而言，笔者认为，首先，鼓励与引导广大志愿者积极参与大众体育的宣传工作，尤其是具备相关体育知识与技能的人员，如退役的运动员、体育专业的大学生等；其次，完善相应的宣传保障制度，如积极创新大众体育宣传的平台与工具，使得广大人民群众更容易接受与理解，从而使得宣传更为有效等；最后，完善相应的宣传奖励制度，可以设立相应的奖励制度，对于在大众体育宣传中做出突出贡献的志愿者，给予相应的奖励。这既是对志愿者工作的一种肯定，同时又可以起到激励作用。

总之，关于大众体育宣传制度的完善，主要可以通过政府宣传制度、体育社会组织宣传制度、社会体育指导员宣传制度以及广大志愿者宣传制度的完善的途径来实现。因而，在完善的大众体育宣传制度的保障下，可以使得广大人民群众充分地了解和掌握相应的权利以及承担的义务等，这对于自觉遵守大众体育宏观调控相应法律具有重要的作用。

二、守法激励制度的完善

一般而言，守法激励制度，是指为了营造一种守法的社会氛围而创立的一系列制度。守法激励制度是现代法制环境下的一种制度的创新，有别于单一的惩罚制度，是一种激励性质的法律制度。在大众体育宏观调控中，守法激励制度的构建与完善主要体现在设立相关的激励制度促使个人、组织积极地按照大众体育宏观调控法律的要求从事大众体育活动。具体而言，守法激励制度的完善主要体现在以下方面。

（一）对于个人守法激励制度的完善

随着大众体育的发展，进一步促进广大人民群众积极参与健身活动，个人守法激励制度的完善具有重要意义。借鉴国外的先进经验，并结合我国的具体国情，笔者认为，个人守法激励制度的构建与完善，主要体现在设立个人健身奖、创新奖励的方式、增强对基层健身人群的激励等。

（1）设立个人健身奖。为积极引导广大人民群众参与全民健身的热情，可以借鉴"德国体育奖章"制度，根据不同健身人群，建立我国的个人健身奖制度。具体而言，个人健身奖的设立主要包括颁发个人健身奖的标准、类别以及相关的组织测试等。关于个人健身奖的标准，则体现在国家统一的健身标准，如《全民健身计划（2016~2020年）》提出的推行《国家体育锻炼标准》，因而，个人健身奖以《国家体育锻炼标准》为依据；关于个人健身奖的类别，则要求根据不同的年龄段以及考虑残疾人等特殊人群设置不同类别的个人健身奖，如青少年健身奖、残疾人健身奖等；关于组织测试的相关规定，则体现在关于个人健身奖的组织测试的机关、组织测试的时间等，如可以由相应的体育行政部门以及授权的体育社会组织每年规定一定的时间段来组织相关的测试等。

（2）创新奖励的方式。随着经济社会的发展，尤其是我国社会主义市场经济的不断完善，广大人民群众对健身需求正在发生不断的变化。因此，需要不断地创新奖励的方式从而引导广大人民群众遵守大众体育宏观调控法律，积极投身于健身活动。正如《全民健身计划（2016~2020年）》提出的："有条件的地方可通过试行向特定人群或在特定时段发放体育健身消费券等方式，建立多渠道、市场化的全民健身激励机制。"笔者认为，创新奖励的方式主要体现在拓宽奖励的渠道，建立政府、体育社会组织以及企业有机统一奖励体系，如政府对于积极参与健身活动的个人可以颁发特定的健身器材等体育用品的打折券；体育社会组织则可以通过向经常参加健身的个人提供更加专业的指导，甚至可以推荐其参加相关的比赛；对于投资全民健身的企业而言，则可以对经常参加健身的个人通过不断提升其会员的级别而给予不同程度的优惠,这样可以不断增加优惠的力度,以此来作为对经常参加健身活动的人群的一种激励。

(3)增强对基层健身人群的激励。基层广大人民群众由于诸多因素的制约,其参与健身活动的积极性较低。因此,增强对基层人群参与健身活动的激励具有重要意义。增强对基层广大人民群众健身的激励,则体现在可以通过对经常参加健身的个人或群体免费提供一定的健身设备,以供其参加健身活动时使用,并与医疗、旅游等优惠活动相结合,如对经常参加体育健身活动的人群可以组织其免费或者低收费旅游等。同时,积极鼓励社会力量对基层人群健身开展有关优惠活动等。

(二)对于组织守法激励制度的完善

机关、企事业单位、体育社会组织以及从事健身活动的企业,这些组织积极支持和参与大众体育,对大众体育的发展具有重要意义。因而,需要建立与完善组织守法的相关激励制度,从而不断提高其支持并积极参加全民健身活动的积极性。关于组织守法激励制度的建立与完善,笔者认为,主要体现在完善相关的奖励制度以及创新相关的奖励方式等方面。

(1)完善奖励制度。对于机关、企事业单位、体育社会组织以及从事健身活动的企业积极支持与参与全民健身活动的,笔者认为,要针对不同的组织而设置不同类型的奖励制度,这是由于不同类型的组织在大众体育发展中作用不同而决定的。对于机关、企事业单位积极组织本单位人员展开健身活动贡献突出的,则对机关、企事业单位给予表彰,如可以授予全民健身组织奖,并且把该奖作为对单位进行考核的一项重要内容;对于体育社会组织在健身活动中贡献突出的,则可以对体育社会组织给予相应表彰,如可以授予优秀体育社会组织奖,以此作为评价体育社会组织支持与参与健身活动的重要标准,并且对获奖的体育社会组织给予资金等方面的相关奖励性支持;对于积极响应大众体育宏观调控的从事健身活动的企业,并且有突出贡献的,则给予相应的表彰,如可授予全民健身突出贡献企业奖,以此作为对从事健身活动企业的一种激励,并且不断加大对获奖企业宣传的力度,积极支持其不断扩大规模形成品牌等。

(2)创新奖励方式。为鼓励组织遵守大众体育宏观调控法律,积极响应和支持大众体育宏观调控的法律要求，创新奖励的方式具有重要的意义。在社会主义市场经济条件下，充分发挥市场的力量创新奖励方式是一个重要的方向。笔者认为，可以对积极支持与响应大众体育宏观调控的组织给予市场化的奖励方式，如可采取购买相关企业的消费券或者相关的优惠活动卡等。从企业的角度而言，这有利于促进其经营，是对其积极响应与支持大众体育宏观调控的一种市场化的奖励。

三、违法惩戒机制的完善

违法惩戒机制的完善对于守法具有重要的保障作用。在大众体育宏观调控法律中增强守法意识，完善宣传制度与激励守法制度具有重要的作用，这样可以使得广大人民群众深入了解全民健身并且在相关激励措施下积极投身于健身活动。同时，违反大众体育宏观调控法律的惩戒机制的完善同样具有重要意义。

关于违反大众体育宏观调控法律的惩戒机制的完善，笔者认为，主要体现在违反大众体育宏观调控法律的相关主体的确定、具体惩戒的程序以及相关的责任等具体方面的完善。

总之，增强大众体育宏观调控法律的守法意识，主要通过宣传制度、守法激励制度、违法惩戒机制等方面的法律制度的完善来实现。

第三节　大众体育宏观调控执法制度的完善

大众体育宏观调控执法制度对于落实大众体育宏观调控法律的具体规定，实现大众体育宏观调控的目标具有重要的意义。目前，我国大众体育发展取得的巨大成就和大众体育宏观调控执法是密不可分的，但是，必须清醒地认识到大众体育宏观调控执法制度还需要不断地完善，从而提高执法的效率，真正落实大众体育宏观调控的目标。正如《全民健身计划（2016～2020年）》在完善法律政策保障中指出的："建立健全全民健身执法机制和执法体系。"根据《中共中央关于全面推进依法治国若干重大问题的决定》《法治政府建设实施纲要（2015~2020年）》中关于执法的相关规定，笔者认为，我国大众体育宏观调控执法制度完善主要体现在改革执法体制、创新执法方式、提高执法人员素质、加强执法监督、落实执法责任，最终形成完善的执法体系。

一、改革执法体制

科学的执法体制是提高执法效率的基础与前提。我国大众体育宏观调控执法中，主要体现在各级政府执行大众体育宏观调控法律，从而落实大众体育宏观调控的目标。随着我国大众体育的发展，尤其是体育社会组织改革的深入，需要不断地完善大众体育宏观调控的执法体制。针对我国大众体育宏观调控执法体制的现状，并结合我国大众体育发展的特点，笔者认为，我国大众体育宏观调控执法体制的完善主要体现在执法权限的合理划分、注重综合执法、推行执法重心下移等。

（1）执法权限的合理划分。关于执法权限的合理划分主要体现在政府部门之间执法权限划分以及政府部门与体育社会组织之间执法权限的划分。关于政府部门之间执法权限划分主要为体育行政部门与其他和大众体育相关的部门的执法权限划分问题，体育行政部门主要享有执法权，其他的和大众体育相关的部门则在各自的范围内享有相应的执法权。同时，随着体育社会组织改革的深入，其最终将与政府脱钩，以独立的法人资格形式从事活动。鉴于体育社会组织在大众体育发展中的重要作用，并借鉴国外关于大众体育宏观调控的先进经验，笔者认为，可以通过大众体育宏观调控法律授权体育社会组织一定的执行权，这样可以充分地发挥其在大众体育宏观调控中的积极作用。

（2）注重综合执法。综合执法有助于整合部门的力量，从而提高执法的效率。在大众体育宏观调控中，除了体育行政部门之外，还存在较多的部门和大众体育宏观调控有着密切的关系，如财政部门、教育部门、税务部门、土地部门等。因此，注重部门之间的综合执法显得尤为重要。在大众体育宏观调控综合执法中，笔者认为，应当建立部门综合执法的协调机制，这样可以整合与协调各部门的力量，避免在执法中由于部门较多而出现相互推诿的情形发生。

（3）推行执法重心下移。推行执法重心下移有助于增强地方的执法力量，是保障执法的重要举措，正如《法治政府建设实施纲要（2015~2020年）》中指出："推进执法重心向市县两级政府下移，把机构改革、政府职能转变调整出来的人员编制重点用于充实基层执法力量。"在大众体育宏观调控执法中，笔者认为，推行执法重心下移主要体现在，加强基层体育行政部门以及其他相关部门人员的配备，这样可以有效地执行宏观调控法律的相关规定，尤其是对于执法力量比较薄弱的边远地区、贫困地区等。

二、创新执法方式

适应经济社会的发展创新执法方式对于提高执法效率同样具有重要的意义。在我国大众体育宏观调控执法中，同样要不断地创新执法方式从而提高执法效率。笔者认为，关于创新执法方式主要体现在执法公示制度的完善、执法信息化平台的创建、执法具体手段的创新等方面。

（1）执法公示制度的完善。执法公示制度对于保障广大人民群众的知情权具有重要的意义。在大众体育宏观调控中，大众体育宏观调控法律的具体执行对于广大人民群众的健身权利的实现具有重要意义。目前，在我国现有的大众体育宏观调控法律中已存在执法公示制度，如彩票公益金的公示制度。[1] 笔者认为，关于大众体育宏观调控执法公示制度的完善，可以参照关于彩票公益金的公示制度，对于大众体育宏观调控执法中的重大事项进行相应的公示，可以充分地保障广大人民群众的知情权，同时，也是对大众体育宏观调控执法的一种监督，从而更好地维护广大人民群众的健身权利。

（2）执法信息化平台的创建。执法信息化平台的创建对于实现执法

---

[1] 《彩票管理条例》第37条规定："国务院财政部门和省、自治区、直辖市人民政府财政部门应当每年向本级人民政府报告上年度彩票公益金的筹集、分配和使用的情况，并向社会公告。"

的信息化以及信息共享具有重要意义。大众体育宏观调控执法信息化平台的创建，有助于从整体上掌握大众体育宏观调控法律的执行情况，从而把握大众体育的发展状况，为不断完善大众体育宏观调控法律提供了充足的信息。笔者认为，关于大众体育宏观调控执法信息化平台的创建主要体现在以下方面：第一，要坚持循序渐进的思路。大众体育宏观调控执法信息化的建设需要诸多条件，如资金、技术等方面的支持。因而，建设的过程不可能是一蹴而就的，有条件的地方可以先行建立。第二，要加强对大众体育发展相对落后地区的执法信息化平台建设的支持。对于大众体育发展相对落后的地区，需要在资金、技术等方面加大支持的力度，鼓励社会力量，尤其是从事信息化的企业对落后地区的执法信息化的援建等。

（3）执法具体手段的创新。随着经济社会的发展，执法手段不断创新，保持与时俱进，有助于提高执法的效率。笔者认为，关于大众体育宏观调控执法手段的创新主要体现在积极采用新的技术创新执法工具。正如《全民健身计划（2016~2020年）》中指出的："推动移动互联网、云计算、大数据、物联网等现代信息技术手段与全民健身相结合，建设全民健身管理资源库、服务资源库和公共服务信息平台，使全民健身服务更加便捷、高效、精准。"可见，其中突出了移动互联网、云计算、大数据、物联网等现代信息技术，对大众体育执法工具具有革命性的影响。因而，在具体执法手段上要不断地采用新的技术手段从而提高执法的效率。

三、提高执法人员素质

执法人员的素质对执法的效果具有重要的影响。在大众体育宏观调控的执法中，提高相关执法人员的素质对于落实大众体育宏观调控的目标，保障广大人民群众的健身权利具有重要的意义。以《全民健身计划（2016~2020年）》关于"加强全民健身人才队伍建设"的相关规定为指导，笔者认为，提高执法人员的素质主要体现在提高执法人员综合素质、完善相关激励与保障制度、加强对基层执法人员倾斜。

（1）提高执法人员综合素质。执法人员综合素质的提高对于提高大众体育宏观调控执法的效率，实现大众体育宏观调控目标具有重要的保障作用。提高执法人员的综合素质，主要通过加强职业道德教育、相关的政策法律的培训，及时地掌握新技术条件下的执法工具的不断更新，如移动互联网、云计算、大数据、物联网等，从而不断地提高大众体育宏观调控执法人员的综合素质。

（2）完善相关激励与保障制度。提高执法人员的素质需要相关的激励制度以及保障制度，只有这些配套的制度健全才能有力地保障提高执法人员的素质。笔者认为，提高大众体育宏观调控执法人员素质的激励制度主要体现为鼓励执法人员积极通过多种途径的学习从而提高自身的素质，对高素质的执法人员给予相应的表彰等；关于相应的保障制度，则主要体现在提高大众体育宏观调控执法人员素质的相应所需资金的保障，以及有关先进执法工具等的保障。

（3）加强对基层执法人员倾斜。基层执法人员对于具体落实大众体育宏观调控的目标，切实维护和实现广大人民群众的健身权利具有重要的意义。尤其是在我国经济相对落后的基层，执法人员相对比较薄弱。因而，针对我国基层执法人员的基本现状，笔者认为，加强对基层执法人员的倾斜主要体现在增加对基层执法人员的配备、加大对基层执法人员的培训力度、重视对基层执法人员中榜样人物的培育。增加对基层执法人员的配备，可以通过相关制度设计增加基层岗位，以及鼓励执法人员去基层等方式实现；加大对基层执法人员的培训力度，是提高基层执法人员素质的一条行之有效的途径；重视对基层执法人员中榜样人物的培育，则需要制定相应的培育制度，如相应的培训的参加、资金的支持等。

四、加强执法监督

加强大众体育宏观调控执法监督制度的建设是大众体育宏观调控执法制度的一项重要内容。加强大众体育宏观调控执法监督，笔者认为，应以《法治政府建设实施纲要（2015～2020年）》中有关加强执法监督的相关规定为指导，❶结合大众体育宏观调控执法的具体特点，具体体现为加快建立执法监督网络平台、完善相关监督制度等。

（1）加快建立执法监督网络平台。在信息化社会，加快建立执法监督网络平台是一种新型的监督方式，具有重要的意义。在加快建立大众体育宏观调控执法监督网络平台时，第一，要加大资金的支持力度，从而为建立该平台提供相关资金保证。第二，鼓励从事网络科技的企业积极参与到大众体育宏观调控执法监督网络平台的建设中来。通过不断的努力最终形成一个统一的大众体育执法监督网络平台这样的现代载体，从而更加有利于监督。

（2）完善相关监督制度。大众体育宏观调控执法监督制度的完善可以充分地发挥执法监督网络平台的作用。在大众体育宏观调控执法监督制度的完善过程中，第一，要不断完善大众体育宏观调控执法机构内部的监督制度，从而充分发挥内部的监督作用。第二，要注重建立健全畅通的社会监督制度，如《法治政府建设实施纲要（2015～2020年）》指出的投诉举报制度。同时，媒体监督制度、社会团体监督制度等，也需要在实践中不断去完善。由于大众体育宏观调控执法最终涉及广大人民群众健身权利的实现，因此，要充分地发挥社会监督的力量。

五、落实执法责任

执法责任的落实是执法制度中一项通过追责而对在执法中违反相关法律的责任的制度。《法治政府建设实施纲要（2015～2020年）》指出："严格确定不同部门及机构、岗位执法人员的执法责任，建立健全常态化的责任追究机制。"以《法治政府建设实施纲要（2015～2020年）》中关于执法责任的相关规定，并结合有关大众体育宏观调控的特点，笔者认

---

❶ 《法治政府建设实施纲要（2015～2020年）》指出："加强执法监督，加快建立统一的行政执法监督网络平台，建立健全投诉举报、情况通报等制度，坚决排除对执法活动的干预，预防和克服部门利益和地方保护主义，防止和克服执法工作中的利益驱动，惩治执法腐败现象。"

为，大众体育宏观调控执法责任的落实，主要体现在严格确定大众体育宏观调控部门以及具体的机构、岗位执法人员的执法责任，尤其是涉及大众体育宏观调控的相关部门，如财政部门、教育部门等，这样使得大众体育宏观调控执法责任明确化；在大众体育宏观调控执法责任明确化的基础上，建立健全常态化的大众体育宏观调控的执法责任追究机制；创新执法责任的形式，大众体育宏观调控执法除了具有一般执法的特点外，还具有自身的特点，因而，在执法责任方面可以根据大众体育宏观调控的具体特点创新执法责任的形式。

总之，在大众体育宏观调控执法完善方面，通过改革执法体制、创新执法方式、提高执法人员素质、加强执法监督、落实执法责任等方面的法律制度的完善，从而形成我国大众体育宏观调控比较完善的执法体系，最终通过实现大众体育宏观调控目标，保障广大人民群众健身权利实现的目的。

第四节 大众体育宏观调控司法制度的完善

司法制度的构建在整个法律体系中具有重要的地位。正如《中共中央关于全面推进依法治国若干重大问题的决定》指出："司法公正对社会公正具有重要引领作用，司法不公对社会公正具有致命破坏作用。必须完善司法管理体制和司法权力运行机制，规范司法行为，加强对司法活动的监督，努力让人民群众在每一个司法案件中感受到公平正义。"同时，《全民健身计划（2016~2020年）》指出："做好全民健身中的纠纷预防与化解工作，利用社会资源提供多样化的全民健身法律服务。"可见，党和政府高度重视司法制度的建设以及大众体育宏观调控相关司法制度的完善。同时，国外大众体育发达的国家都建立了大众体育法律纠纷机制，有的国家还设有单独的机构。如美国1976年成立体育律师协会，专门以法律的手段来解决大众体育法律纠纷。随着我国大众体育的蓬勃发展，有关大众体育的法律纠纷也将不断涌现。与世界上大多数国家一样，我国建立了多样化的体育纠纷解决机制，主要手段有体育仲裁、行政裁决、和解与调解、

诉讼。❶

在我国现行大众体育司法制度的基础上，借鉴国外大众体育有关纠纷解决机制的先进经验，并以《中共中央关于全面推进依法治国若干重大问题的决定》和《全民健身计划（2016~2020年）》为指导，笔者认为，我国大众体育宏观调控司法制度的完善主要体现在规划以及政策的相关司法制度完善、纠纷的预防与化解制度的建立与健全、鼓励社会化的法律服务的提供等。

1. 规划以及政策的相关司法制度完善

大众体育发展相关规划及政策对大众体育发展的作用是不言而喻的。尽管大众体育发展相关规划及政策在大众体育发展中起到重要的作用，但我们必须清醒地认识到，从司法制度完善的角度来审视，我国大众体育发展相关规划与政策需要完善的地方主要体现在可诉性问题、法律责任承担、法律责任形式创新等方面。

（1）可诉性问题。可诉性是法律的一个重要特征，其最主要的作用体现在通过诉讼的途径保障当事人的合法权益。从严格意义上来讲，规划以及政策并不是法律，但实际上起到法律的作用并具有法律的诸多特性，因此，称为"准法律"或者"软法"。但是，关于规划以及政策的可诉性的问题法律并没有做出明确的规定。可见，大众体育发展的相关规划及政策的可诉性问题，需要相关的法律给予明确规定。在对大众体育发展相关规划及政策的可诉性进行法律确认时，笔者认为，主要体现在大众体育发展相关规划及政策本身的合法性的诉讼、执行是否符合规划和政策本身要求的诉讼、实施过程中造成损害的诉讼等方面。

（2）法律责任承担。法律责任的明确化是对违法行为的一种强制性的制裁，同时也是法律实施的重要保障。大众体育发展相关规划及政策，尽管在我国大众体育宏观调控中起到了积极引导的作用，但我们必须客观地认识到，我国现行法律并未明确违反规划和政策应承担的相应的法律责

---

❶ 杨帆. 论我国体育纠纷诉讼解决机制的不足与完善[J]. 成都体育学院学报，2006（2）：8.

任。因此，笔者认为，可以通过法律的形式明确违反大众体育发展相关规划以及政策的法律责任，这样可以有效地保障大众体育发展相关规划及政策目标的实现。

（3）法律责任形式创新。随着经济社会的发展，法律责任的具体形式的创新对于实现法律责任，从而最大限度地维护法律所保护的法益具有重要的意义。正如经济法在不断的实践中对法律责任形式进行了创新，如惩罚性赔偿、企业社会责任、拆分大企业等。因而，关于违反大众体育发展相关规划及政策的法律责任的具体形式可以在实践中不断地创新，从而形成适合大众体育宏观调控的具有自身特色的法律责任形式。

2. 纠纷的预防与化解制度的建立与健全

在广大人民群众参与健身的过程中，有可能产生相应的纠纷，如运动中受伤以及造成他人的伤害等。因而，建立与健全大众体育中的纠纷预防与化解制度具有重要的意义。

（1）纠纷预防制度。在健身过程中存在大量的肢体运动，由于人数较多并且存在不同的群体，因而，建立与健全广大人民群众在健身过程中的纠纷预防制度具有重要的意义。根据我国大众体育发展的特点，并结合我国大众体育相关的法律制度，笔者认为，关于大众体育中纠纷预防制度的建立与健全主要体现在加强对健身群体的法制宣传以及积极利用相关保险制度。关于加强对健身群体的法制宣传，则主要体现在充分发挥社会体育指导员、广大志愿者的作用，在日常的指导以及公益活动中要加强在健身中常见的法律知识的宣传，从而增强广大健身者的法律意识；关于积极利用相关保险制度，则以《全民健身条例》中国家鼓励全民健身组织者、场地管理者以及参加健身活动的公民投保相应的保险为指导，积极鼓励保险公司针对全民健身不断开拓新的险种，并且给予相关的健身参加者一定的优惠等，从而通过保险的手段对纠纷起到预防的作用。

（2）纠纷化解制度。在我国现行的法律制度中，关于纠纷化解有多种途径，如和解、调解、仲裁、诉讼等。根据大众体育的特点，并结合我国现行的纠纷化解的途径，笔者认为，我国大众体育纠纷化解制度主要体现在注重和解与调解制度的完善。关于大众体育纠纷中的和解，则主要体现在要不断增强相关当事人的和解法律意识，鼓励通过和解的方式来解决健身中的纠纷；关于大众体育调解，除了法律规定的相关调解机构外，则可以根据大众体育本身的特点构建自身的调解制度，如加强对社会体育指导员的法律知识的培训，在日常指导的过程中积极调解纠纷；制定相应的鼓励措施，吸引具有娴熟法律知识的人员加入大众体育志愿者的队伍；同时，要加强体育社会组织关于大众体育纠纷的调节制度的建设等。在此需要指出，如果遇到比较复杂的大众体育相关纠纷，则需要采用仲裁和诉讼的方式来解决，但仍然坚持以和解和调解为主。

3. 鼓励社会化的法律服务的提供

一般而言，社会化的法律服务指的是由专门的从事提供法律服务的企业来向社会提供相应的专业化的法律服务，如法律宣传服务、法律顾问服务、纠纷解决服务等。关于在大众体育发展领域，社会化的法律服务主要体现在为大众体育宏观调控机构提供相应的法律咨询，为有关体育社会组织、体育场（馆）、广大人民群众提供纠纷解决等方面的法律服务。可见，社会化的法律服务的提供为大众体育的发展起到了重要的司法保障作用。根据我国社会化法律服务的特点，并结合大众体育发展中可能出现的纠纷，笔者认为，在大众体育发展领域，鼓励社会化的法律服务的提供的相关措施主要体现在对于社会化法律服务提供者给予一定的资金补贴、优惠政策，以及对在提供服务中成绩突出的个人或组织给予相应的奖励等。

总之，通过规划以及政策的相关司法制度完善、纠纷的预防与化解制度的建立与健全、鼓励社会化的法律服务的提供等，以期实现对我国大众体育宏观调控司法制度的完善。

参考文献

著作类

1. 董玉明．与改革同行——经济法理论与实践问题研究[M]．北京：知识产权出版社，2007．
2. 董玉明．中国经济法学导论[M]．北京：光明日报出版社，2011．
3. 董玉明，李冰强，等．宏观调控视野下的体育政策法规理论与实践问题研究[M]．北京：法律出版社，2012．
4. 冯国超．中国传统体育[M]．北京：首都师范大学出版社，2007．
5. 顾拜旦．奥林匹克宣言[M]．北京：人民出版社，2008．
6. 国家体委政策研究室．体育运动文件选编（1949~1981）[M]．北京：人民教育出版社，1982．
7. 黄美好．体育学概论[M]．北京：人民体育出版社，2007．
8. 李昌麒．经济法学：第3版[M]．北京：法律出版社，2016．
9. 李昌麒．经济法理念研究[M]．北京：法律出版社，2009．
10. 卢炯星．宏观经济法[M]．厦门：厦门大学出版社，2005．
11. 鲁威人．体育学[M]．北京：清华大学出版社，2016．
12. 潘静成，刘文华．经济法[M]．北京：中国人民大学出版社，1999．
13. 漆多俊．经济法基础理论[M]．武汉：武汉大学出版社，2000．
14. 史际春．经济法：第3版[M]．北京：中国人民大学出版社，2015．
15. 王继军，董玉明．经济法[M]．北京：法律出版社，2006．
16. 王晓晔．经济法学[M]．北京：中国社会科学出版社，2010．
17. 谢卫．休闲体育概论[M]．成都：四川大学出版社，2014．
18. 杨紫烜，徐杰．经济法学：第7版[M]．北京：北京大学出版社，2015．
19. [英]约翰·梅纳德·凯恩斯．就业、利息和货币通论[M]．宋韵声，译．北京：华夏出版社，2005．
20. 张朝尊，陈益寿，黎惠民．社会主义中观经济学[M]．成都：成都出版社，1992．
21. 张守文．经济法学：第6版[M]．北京：法律出版社，2014．
22. 张守文．经济法学[M]．北京：高等教育出版社，2016．

论文类

1. 蔡治东，汤际澜，虞荣娟．中国大众体育政策的历史变迁与特征[J]．体育学刊，2016(4)．
2. 常利华．俄罗斯体育管理体制及其对我国的启示[J]．体育文化导刊，2016(11)．
3. 陈嵘．中美体育社会化比较研究[J]．体育文化导刊，2003(8)．
4. 陈祥和，李世昌．中国古代足球——蹴鞠[J]．体育成人教育学刊，2011(5)．
5. 邓毅明，王凯珍．大众体育孕育和发展的生态观——基于美国加利福尼亚州的参与式调查分析思考[J]．体育文化导刊，2005(7)．
6. 董新光．美国大众体育管理印象与思考——以洛杉矶市为例[J]．天津体育学院学报，2002(3)．
7. 董玉明．试论中观经济法治化的几个基本问题[J]．山西大学学报·哲学社会学版，1998(3)．
8. 冯炎红，张昕．日本发展大众体育的理论与实践对完善我国大众体育环境的启示[J]．沈阳体育学院学报，2005(5)．
9. 韩勇．美国体育法学发展及对中国的启示[J]．体育与科学，2015(3)．
10. 侯海波．德国大众体育发展现状及成功经验探析[J]．山东体育科技，2013(3)．
11. 黄旭晖．我国体育管理体制的改革趋势[J]．社会体育学，2015(21)．
12. 贾文通，赵捷．再论体育法律与体育政策的关系——对体育法学著作内容的进一步阐释[J]．武汉体育学院学报，2007(2)．
13. 江亮．对国外大众体育与我国社会体育有关法制的比较研究[J]．湖北体育科技，2005(4)．
14. 姜熙．中国体育法治建设的宏观理路——于善旭教授学术访谈录[J]．体育与科学，2017(1)．
15. 蒋铮璐．韩国大众体育现状研究[J]．体育文化导刊，2015(4)．

16. 景俊杰，肖焕禹．二战后日本体育政策的历史变迁及借鉴建议[J]．体育与科学，2013(2)．

17. 梁国力，刘德会．我国体育管理体制的发展变迁研究[J]．安徽体育科技，2016(4)．

18. 刘波．德国体育政策的演进及启示[J]．上海体育学院学报，2014(1)．

19. 刘飞宁．论我国大众体育功能的充分发挥[J]．湖湘论坛，2008(1)．

20. 刘子华．我国大众体育运动场地宏观调控的法制完善[J]．山西政法管理干部学院学报，2011(2)．

21. 刘子华．大众体育组织形式宏观调控法律问题研究[J]．山西经济管理干部学院学报，2013(1)．

22. 鲁毅．德国体育管理体制及其对我国体育发展的启示[J]．广州体育学院学报，2016(4)．

23. 吕俊莉．美、德体育政策嬗变的经验与启示[J]．体育与科学，2014(2)．

24. 谬佳．德国体育政策3大特征[J]．上海体育学院学报，2014(1)．

25. 马生来．韩国全民健身推广研究[J]．体育成人教育学刊，2016(6)．

26. 马忠利，叶华聪，陈浩，孙林．苏联解体后俄罗斯体育政策的演进及启示[J]．上海体育学院学报，2014(1)．

27. 马宣建．论中国群众体育政策[J]．成都体育学院学报，2005：31(6)．

28. 南尚杰，马克．日本《体育立国战略》对我国政府体育管理职能转变的启示[J]．西安体育学院学报，2015(4)．

29. 彭国强，舒盛芳．日俄体育战略嬗变的经验与启示[J]．西安体育学院学报，2016(3)．

30. 浦俊义，吴贻刚．澳大利亚体育政策设计的历史演进及特征[J]．武汉体育学院学报，2014(5)．

31. 秦剑杰，李继东，张晶，崔蕾．俄罗斯国家主导体育管理模式的基本特征及其启示[J]．体育学刊，2017(2)．

32. 商允祥．韩国公共体育发展研究[J]．安徽体育科技，2017(1)．

33. 石立江．我国大众体育权益及其保障系统[J]．山西师大体育学院学报，2007(1)．

34. 孙传宁．韩国体育管理分析[J]．体育文化导刊，2014(12)．

35. 唐盛，Elizabeth Pike．英国大众体育场地设施的供给、管理与使用[J]．体育与科学，2015(2)．

36. 王程，张雁．大众体育和谐社会的呼唤——论和谐社会下我国大众体育的发展[J]．南京体育学院学报，2005(4)．

37. 王磊，司虎克，张业安．以奥运战略引领大众体育发展的实践与启示——基于伦敦奥运会英国体育政策的思考[J]．体育科学，2013(6)．

38. 汪颖，李桂华．澳大利亚新一轮体育改革特点及其启示[J]．体育文化导刊，2016(9)．

39. 翁捷，肖焕禹，陈玉忠．俄罗斯体育复兴计划及其对我国的启示[J]．山东体育学院学报，2015(3)．

40. 夏成前，田雨普．新中国体育60年发展战略重点的变迁[J]．武汉体育学院学报，2010，44(1)．

41. 夏成前，田雨普．新中国农村体育发展历程[J]．体育科学，2007：27(10)．

42. 夏书红，邹师．日、韩在主办奥运会后大众体育发展策略的分析与借鉴[J]．体育与科学，2008(1)．

43. 肖金明．为全面法治重构政策与法律的关系[J]．中国行政管理，2013(5)．

44. 徐兰君，付吉喆，宋玉红．二战后英国大众体育发展战略的变迁[J]．曲阜师范大学学报·自然科学版，2012(3)．

45. 徐士伟．澳大利亚大众体育政策的演进述析[J]．沈阳体育学院学报，2016(6)．

46. 徐通，孙永生，张博．英国"社会投资型国家"体育政策研究[J]．沈阳体育学院学报，2008(5)．

47. 颜运秋，范爽．法理学视野下的中国经济规划[J]．法治研究，2010(3)．

48. 杨帆．论我国体育纠纷诉讼解决机制的不足与完善[J]．成都体育学院学报，2006(2)．

49. 杨平．俄罗斯群众体育发展战略研究[J]．体育文化导刊，2013(6)．

50. 杨榕斌．澳大利亚体育体制与政策研究及对我国的启示[J]．浙江体育科学，2014(5)．

51. 于善旭．试论我国全民健身法治系统[J]．天津体育学院学报，2000(1)．

52. 于善旭．我国全民健身事业发展的法治之路[J]．天津体育学院学报，2006(2)．

53. 张军. 对目前我国大众体育的功能及其发展优势的探析[J]. 怀化学院学报, 2007(11).
54. 张秀丽. 英意西大众体育政策特点及其启示[J]. 体育文化导刊, 2008(8).

后　记

窗外灯火阑珊，经过多少个夜晚，今天终于该写后记了。曾经多少次设想在后记里该写这写那，比如，写作的艰辛、思考的艰难等，但到真正写的时候反而觉得不知如何去写，姑且写些以表心中所思所想。

从下定决心写此著作，就开始了一系列的准备工作，收集相关的资料、购买相关的书籍。当资料基本收集完毕之后，就开始认真地拜读。在此过程中，不断地汲取着知识的营养，不断地对前人的研究成果感到钦佩，同时，也不断地激起自己思考的浪花。此后，真正地开始动笔，准确地说应该是敲击键盘，此中的滋味真是一言难尽。有时候，思路清晰，写起来心情欢畅，感觉很是满足；有时候，毫无头绪，盯着电脑难以去写，深感懊恼与无奈；有时候，写写删删……太多的有时候。直到最后写完，才感觉到尽管其中经历了很多，但收获也是颇大。

通过此次写作，要说收获最大的应该是磨炼了自己的意志。曾几何常读到"有志者，事竟成，破釜沉舟，百二秦关终属楚"，但此番之后，终于明白"纸上得来终觉浅"的奥妙之处。在面对毫无思路之时，一定要不断地去坚持，去想如何去解决问题，而不是去回避甚至逃避。同时，在阅读资料的过程之中，学习了很多知识，开阔了自己的视野，启迪了自己的思维，为写作提供了莫大的帮助，对前人感到钦佩，对前人表示感谢。感谢前人的研究成果对自己写作的指引，使自己在写作的路上并不感到孤单与无助。此外要感谢的还很多很多……

感谢我的导师山西大学法学院董玉明教授。我在山西大学法学院读研究生期间，是董玉明教授让我接触到大众体育宏观调控法律领域的研究，准确地来讲是2007年。这一年自己有幸参与了董玉明教授主持的国家体育总局的课题"宏观调控视野下的体育政策法规理论与实践问题研究"（编号1112SS07069），并且承担了大众体育宏观调控政策和法律问题研究部分。现在已经是2017年，蓦然回首，十年一晃而过。在这十年间，在导师的鼓励与悉心指导之下，自己围绕大众体育宏观调控法制方面进行了相关的研究，成果主要体现在：《大众体育宏观调控法制完善浅探》（载《山西煤炭管理干部学院学报》2008年第3期）、《宏观调控法视角下的社会体育指导员法制完善探析》（载《山西经济管理干部学院学报》2010年第4期）、《我国大众体育运动场地宏观调控的法制完善》（载《山西政法管理干部学院学报》2011年第2期）、《大众体育组织形式宏观调控法律问题研究》（载《山西经济管理干部学院学报》2013年第3期）。这些研究成果的不断累积使自己有了对大众体育宏观调控法律进行系统性研究的冲动。俗话说"师父领进门，修行在个人"，非常感谢导师董玉明教授把我领进了大众体育宏观调控法制化研究这一扇门，使我有了一个明确的研究方向，并且不断地鼓励支持我，这样自己才能够不断地坚持下去。

感谢我的家人。从事研究与写作需要占用大量的时间，在这样的情况下，为了让我安心写作，我的家人给予了大力支持，对此表示真诚的感谢。

感谢知识产权出版社刘睿编审、刘江编辑以及其他人员为本书出版付出的辛勤劳动。

感谢所有参考文献的作者，正是你们的研究成果为我提供了知识的营养，为我的研究提供了重要的指引与帮助。

最后，需要说明的是，本书只是自己对大众体育宏观调控法律方面的粗浅的认识，甚至存在不妥之处，恳请学界前辈以及读者给予批评指正。

刘子华
2017年9月于太原